财富大变局

新钱从哪儿来?

李光斗◎著

中国财富出版社有限公司

图书在版编目（CIP）数据

财富大变局：新钱从哪儿来？/ 李光斗著. --北京：中国财富出版社有限公司，2024. 7. --ISBN 978-7-5047-8189-5

Ⅰ. F713.3

中国国家版本馆 CIP 数据核字第 2024G8G770 号

策划编辑	贾紫轩	责任编辑	贾紫轩	版权编辑	李　洋
责任印制	梁　凡	责任校对	庞冰心	责任发行	黄旭亮

出版发行	中国财富出版社有限公司		
网　　址	http://www.cfpress.com.cn		
社　　址	北京市丰台区南四环西路 188 号 5 区 20 楼	邮政编码	100070
电　　话	010-52227588 转 2098（发行部）	010-52227588 转 321（总编室）	
	010-52227566（24 小时读者服务）	010-52227588 转 305（质检部）	
封面设计	沐云　兰茹	排　版	宝蕾元
经　　销	新华书店	印　刷	廊坊市靓彩印刷有限公司
书　　号	ISBN 978-7-5047-8189-5/F·3693		
开　　本	880mm×1230mm　1/32	版　次	2024 年 8 月第 1 版
印　　张	14	印　次	2024 年 8 月第 1 次印刷
字　　数	351 千字	定　价	88.00 元

版权所有·侵权必究·印装差错·负责调换

PREFACE 前 言
财富大变局

百年未有之大变局，也是财富的大变局。

大家都觉得钱越来越难赚，这是很正常的。任何行业包括中国互联网的头部企业阿里巴巴和房地产龙头企业万科也都面临巨大的挑战。

为什么会发生财富的大变局？因为财富的产生、流动、分配和消耗方式都发生了巨大的变化。

香港人常说：打工不出头，出头就该入土了，话糙理不糙。你的钱是从哪里来的？挣工资发不了大财，除非你是打工皇帝，或者拥有上市公司的原始股，俗话说"人无横财不富，马无夜草不肥"。中国有钱人的横财——原始积累从何而来：有的人开厂赚了钱，有的人做买卖赚了钱，有的人挖矿赚了钱，有的人炒房赚了钱，有的人办网站赚了钱，有的人搞直播赚了钱，从前也有的人炒股赚了钱……八仙过海，各显其能。

但所有人都不得不承认这样一个事实，那就是中国人的财富之旅始于1978年的改革开放。这之前我们处于整体贫困的状态，土地还是那片土地，资源还是那些资源，人也还是那些人，从国民经济濒临崩溃到世界第二大经济体，这翻天覆地的变化从何而来？

从前同样地大物博，但为何人们一贫如洗？因为资源静静地躺在地下，没有被开发。从前中国土地同样广袤，但没通高速公路和高铁，土地不能交易，产品不能出口，没有房地产行业，也没有个人贷款。

资源凝固创造不了价值，没有流通就没有财富

人们看《狂飙》看得热血沸腾，之后人们又对《繁花》情有独钟，潮流的变化快得让人猝不及防。"80后"开始怀旧，是因为现实的环境太过逼仄，繁花盛开代表着青春的美好，但人们更怀念的是那个遍地黄金，处处都是机会，人人都可以发财的年代。

改革开放后，中国人的第一个财富机会是由商品经济带来的，而计划经济是一种指令性经济。奥地利经济学派的掌门人米塞斯有句名言："如果你在撒哈拉沙漠里实行计划经济，那么连沙子都会短缺。"早在20世纪20年代，米塞斯就对计划经济有过深入的研究。他认为：如果没有自由市场，价格机制就无法形成，权力寻租最后会导致所有商品的短缺。中国改革开放初期，市场的大门打开了：企业只要把产品做出来就不愁卖不出去。从短缺到过剩似乎是一夜之间的事。

如今是品牌创富、创新创富和服务创富的时代

以前是"人傻钱多"，是卖家垄断信息：一切交易源于信息不对称，买的没有卖的精。现在是一切的交易源于信息对称，消费者买任何东西之前先上网比价，一切都是透明的，利润也是透明的。这个时候利润就会越来越薄，赚钱变得越来越困难。

中国经济"上半场"我们的财富从哪来？

现在公民可以办企业是一种当然的权利，人人都可以注册公司，但这个权利是从什么时候开始被赋予的？是1984年。1984年中国的老百姓才可以创办私营企业，直到1997年还有投机倒把罪，

倒买倒卖按法律规定是有可能坐牢的。联想和海尔这些中国产业的巨头都是在1984年成立的。

全世界都有一种传统：喜欢老钱不喜欢新钱。

什么可以称为老钱？仓廪实而知礼节，有恒产才有恒心，老钱是一代一代积累下来的。财富需要积淀，艺术也需要积淀。所谓"老钱风"就是品位、从容和优雅，有老钱的才有贵族风范；暴发户则是财富有余而品位不足：树小、墙新、画不古……

中国人往上数三四代大都是穷人，因为那个时候是计划经济、平均主义，虽然土地还是这些土地，资源还是这些资源，人还是这些人，但改革开放后生产关系一变，经济的活力就迸发出来了。

中国经济的"上半场"

第一个财富机会是商品经济。

在1984年之前，商品经济这个词还是负面的，和资本主义联系在一起。计划经济的核心是配给制，一切商品都由公权力分配。直到20世纪80年代中期，吃饭还要凭粮票。

网上有个段子：交警查车，查到路边有辆车违停，一男一女俩人卿卿我我。交警问，车是谁的？司机说，车是单位的。又问，身上的制服呢？答道，制服也是单位的。再问，旁边这女的是谁？回答也是单位的。

这样的单位，谁都想去。

计划经济时代，单位管一个人生活上的一切，前提是要上交一切的个人权利。

中国人致富的第一步就是发展商品经济，哪怕炒瓜子也能发大财。当年一块来路不明的电子表带到内地就能换一块"袁大头"银元，各行各业都有巨大的套利机会。只要胆子大，干什么几乎都能发财。正所谓饿死胆小的，撑死胆大的。但当时正处于新老体制交替期，第一批下海经商做买卖的个体户很多是没有单位、被体制边缘化的人，被戏称为"山上下来的人"。

计划经济的特点是一切商品都由组织分配凭票供应。双轨制就是允许国家计划外的私营商品经济发展：一个产品两种价格，内宾是内宾价，外宾是外宾价，人民币都有两种价格，外汇结汇要有外汇券。"倒爷"能够拿到计划内的价格，然后以市场价销售，从中赚取差价。买大件商品需要指标，一辆桑塔纳轿车要倒20多手之后才能到真正的使用人手里。

第二个财富机会是制造业。

从1949年到1978年改革开放之前，中国什么东西都缺，买自行车、缝纫机、手表都要凭票。改革开放之初，厂家只要把产品造出来，就不愁卖不出去，甚至质量有问题的不合格产品标个二等品、残次品，也能卖出去。中国一下子涌现出几百家电冰箱厂家。当时的腐败现象之一就是买电冰箱要找厂长批条子，上菱电冰箱厂的厂长就是因为批条子收钱私下卖冰箱被判刑了。

第三个财富机会是外贸。

进入21世纪，经过漫长的谈判，2001年中国加入了WTO。

WTO就是世界贸易组织，以前中国外贸面对的一个最大的壁垒就是关税。加入WTO之后，等于打破了和西方国家的关税壁垒，取得了和世界主要经济体的贸易最惠国待遇。人民勤劳、土地广袤、劳动力充裕、产业链完整等竞争优势一下子体现出来，中国制造开始在全世界横扫千军：纺织业一枝独秀，欧美不是对手；服装制造全球第一；家电超过日本；新能源汽车独占鳌头。

中国已成为唯一一个拥有全产业链的工业大国，据联合国的统计，工业产品全球500多个类目，其中200多种工业产品产量中国位居世界第一。

第四个财富机会是能源。

随着制造业的扩张，能源价格飞涨。煤炭在中国加入WTO之前，最便宜的时候只有30元/吨，到了2008年，企业一级焦炭价格已经突破2000元/吨。正是因为2001年中国正式加入世界贸易组织，融入国际经济大循环，为全世界制造产品，全面带动中国的能源需求，也正是在2002年国家取消电煤指导价，开启了"煤炭黄金十年"，"煤老板"成为一个时代财富的代名词。

第五个财富机会是房地产。

计划经济年代，房子不是商品，国家盖好房子之后根据有分房资格人的职务高低来分配，科长住多少平方米，处长住多少平方米，都有相应的标准，一个人可能要排上几十年才能分到房子。

中国的改革开放之路充满了艰辛，1978年12月在安徽省凤阳县小岗村，20位农民为了承包分地、包产到户甚至写下：我们干部坐牢杀头也甘心，大家社员也保证把我们的小孩养活到18岁……这份按了手印的合同书现在收藏在中国国家博物馆。

农村改革成功了，城市改革开始启动，但无法做到"一包就灵"，甚至出现了工人下岗等社会问题。亚洲金融危机之时，中国的地方经济也陷入了三角债之中，相互拖欠的情况经常出现。

为寻找新经济发展动力，时任副总理兼中国人民银行行长到广东考察。在深圳的经济发展座谈会上，万科房地产公司的王石讲了这样一个故事：

有一个美国老太太和一个中国老太太死了之后在天堂相遇了，中国老太太说我一辈子省吃俭用临死前才攒够钱买了一套属于自己的新房，但没住几天就上天堂了，美国老太太说我从大学毕业的时候就开始向银行贷款买了一套房，还了几十年的贷款，到临死前才还清房贷，但住了一辈子大房子。

领导很聪明，听懂了其中的含义。很快中国人民银行开放了个人住房贷款，以前各大商业银行只有"批发"业务，就是贷款给企业，此后才有了"零售"业务，可以贷款给个人。中国房地产进入大发展的黄金时代。

第六个财富机会是互联网浪潮。

当年搜狐、新浪、网易、百度、腾讯、阿里巴巴、京东这些互联网巨头，它们巨额投资的钱是从哪来的？是从华尔街来的，这些公司按照中国的会计法则是不可能上市的，因为当年互联网企业并不赚钱，它只是卖愿景讲故事：未来我会赚钱。全世界只有美国的纳斯达克是允许亏损企业上市的。这些公司采取VIE结构，也就是可变利益实体，通过签订合同把实体在中国的公司的利润划归开曼群岛离岸公司，即实体公司在中国，而境外公司有利润。这些中国概念股公司就可以到美国去上市，上市后从华尔街融到更多的钱，跑马圈地大举扩张，互联网公司在中国得到了超过世界平均水平的大发展。接下来还有中国两大互联网公司上市的财富机会，一个是字节跳动——抖音和今日头条的母公司，还有一个是蚂蚁金服也就是支付宝的母公司。另外一家做工业互联网的希音（Shein）也值得关注。

第七个财富机会是IPO。

海外上市的巨大财富效应展现了资本的力量，通过公司IPO上市赚钱让很多资本大鳄一夜暴富，截至2023年年底中国上市公司数量多达5346家，但这巨量财富并没有形成涓滴效应，从一级市场溢出到二级市场（股市），而是形成了财富的马太效应，上市公司的原始股东都发了大财，买上市公司股票的中国股民却很少赚到钱。

商业模式的核心是资金周转率，资金周转得越快赚得越多。

第一产业很容易亏钱，因为农牧业是长周期产业。北方一年只能种一季小麦，周期长达7个月；南方种橙子一年也只能挂一次果；养猪10个月才能出栏；肯德基的快餐鸡在笼子里养成，也需要30天。

工业品可以靠生产线，只要有需求，造汽车、造火车、造飞机都可以随时扩充产能，不受时令的限制。

但是资本市场可不是这个玩法，资本市场卖的不仅是产品，还有未来和故事：我这里有1000亩的土地，假如一亩地能种10棵橙子树，我就有1万棵橙子树；如果我有10个万亩橙园，想想未来20年我可以赚多少钱，而且未来20年，我每年的利润都会增长。上市公司卖的是至少未来20年的利润，是未来、是愿景、是故事……资本市场为什么会给你20倍的溢价，是因为相信了你的故事，它购买的是未来20年你的财富增长，通过IPO上市，企业成为可变利益实体，把未来20年的利润提前变现。

上市公司赚的是两份钱，一份是企业经营赚的钱，一份是资本市场的红利。

很多人认为公司不上市才是正道，这其实是一种误解。公司上市说明得到了资本市场的认可，而且公司上市后变成一家公众公司，具有融资功能，抵御风险的能力会大大加强。

上市是企业发展的路径选择。上市之后企业变成公众公司，决策过程更透明，管理受到的监管也更严格，企业犯错误的机会大大减少。

公司上市不等于圈钱。不上市也会遇到各种挑战。

很多老板认为自己的公司现金流充沛，不需要上市。

贵州老干妈品牌创始人陶华碧一直坚持不借贷，不融资，不上市，不炒房地产……她坚守8~15元一瓶的辣椒酱生意，高频、海量、刚需，老干妈通过规模效益把大部分对手挡在了竞争的大门之外。但性价比筑起的防火墙终究是不牢固的，当原材料成本大幅度上涨时，为守住15元钱的终端定价，老干妈选择了用河南辣椒取代贵州辣椒。食品产业的核心是口味，消费者的味蕾是有记忆的。于是，消费者纷纷转投其他品牌的怀抱，高端辣椒酱趁势出炉，竞争对手一涌而入，没有品牌溢价，老干妈的市场开始被竞品蚕食。

蒙牛刚进军中国纯牛奶市场时，采取的也是以利乐枕产品打开市场的低价策略。但从2006年开始对产品和品牌全面升位，特仑苏的横空出世，使蒙牛在品牌高端化进程中领先其他乳品企业一步。如今特仑苏占蒙牛所有产品线销量的20%，利润值贡献却达到了50%。

所谓靓女先嫁，就是趁着姑娘年轻漂亮的时候结婚成家，"有花堪折直须折，莫待无花空折枝"。海底捞为什么能够成为中国餐饮行业的顶尖品牌，就是因为借助了资本的力量。海底捞和西贝莜面村这两大餐饮企业发力全国市场的时间差不多，都是从20世纪末开始，2008年海底捞在香港上市后市值即破千亿元大关。新冠疫情期间，海底捞一看房地产的铺租这么便宜，迅速在全国开了500家新店，结果没想到消费增长乏力，有300多家开不下去关店大吉，减值损失近40亿元人民币。但人们不知道的是，海底捞逆势开店，股价迅速拉升，海底捞的核心股东趁机套现，百亿现金落袋为安。如今，海底捞已开始大举进军海外市场，成为全球"能见度"最高的中餐火锅品牌。2023年，海底捞全年营收414亿元人民币；2024年，海底捞又全面开放连锁加盟，创造新的利润增长点。

IPO上市之后，公司就有了高维优势，同一个行业，上市公司对非上市公司就可以降维打击。因为上市公司有两套赚钱的逻辑，一套是产品消费的逻辑，一套是资本市场的逻辑。

而西贝莜面村错过了市场高速成长时上市的最佳时机，成为疫情期间出来呼救的企业，相较于海底捞上市后雄厚的资金实力，西贝莜面村当时的现金只能撑三个月。"度尽劫波"后，西贝莜面村2023年创造了全年62亿元的营收佳绩，但和海底捞414亿元的收入差距越拉越大。

第八个财富机会是5G。

5G带来直播带货和个人IP的繁荣。5G不仅引发短视频革命，更重要的是因为流量便宜了，每个人都可以实现电视级的传输，实现一个人的电视台、一个人的百货公司，从而启动了直播带货。

某头部主播2023年"双十一"期间收入超过250亿元。为什么俞敏洪千方百计也要"hold住"董宇辉，因为董宇辉一年给新东方带来超过50亿元的收入。

2023年，后起之秀拼多多的市值一度超过了老牌电商巨头阿里巴巴，它凭什么？是因为两家企业不同的战略选择，阿里巴巴把战略重心由淘宝转向天猫，赌的是产业升级和消费升级，赌的是中产阶级人数不断扩大，人们买东西会越来越重视品牌，消费会越来越讲面子。拼多多赌的则是下沉市场，是消费者越来越理性，赌的是平替市场、极致的性价比。

阿里巴巴本质上是一家广告公司，你投入广告费越多，我就越帮你推荐，你的位置就越来越靠前。

拼多多则是游戏思维，让亲朋好友"砍一刀"。谁的东西便宜，谁的位置就越靠前。网上有个段子戏称，当拼多多上的商品卖得比阿里多时，阿里就会连夜开会，搞出很多新名词，像什么中盘、打法、战法、情绪价值……甚至世界观都搬出来了。但拼多多就两个字：降价，甚至还搞了一个"仅退款"的名头，不满意直接退钱就是了，货都不用退回去。

过去的增长是钢筋水泥硬经济，现在的增长是直播网购软经济。过去是刚性需求，现在是弹性需求，以前买房子后才有资格叫丈母娘，现在很多年轻人不婚不育和丈母娘脱钩了。世界上没有永远的刚需，从炫耀性消费到理性消费，再到治愈性消费，消费的风向也在变化。

中国经济的"上半场"，是伴随着改革开放、打开国门、工业化的突飞猛进的大发展，用短短几十年走完了资本主义国家几百年的发展之路。然而，当第三次工业革命临近尾声，资源红利、人口红利吃尽，第四次工业革命开始萌芽，接下来的财富机会在哪里？很多灵敏的人已经开始向外寻求更大的市场机会了。

第九个财富机会是从"内卷"到"外卷"。

内卷是指没有效益的内部竞争。大学生送外卖，研究生当保安是职场竞争白热化的结果，因为机会少了。内卷之后我们要想方设法外卷，像希音一样，打通中国的产业链赚全世界消费者的钱。向内求生存，向外求发展。

区域经济的内循环要谨防东北化，历史上东北是计划经济的大本营。有人说东北重工业是烧烤，轻工业是直播，人人都考编。2000年的时候东北三省黑龙江、吉林、辽宁人口约1.067亿，到2022年下降到了9600多万，新生儿只有30多万。人口负增长不仅仅体现在新生儿少了，还体现在人口外流。2022年东北三省的人口较上年减少了约86万人，其中很多有钱的东北人去了三亚。

看一个地方发展有没有后劲，就看饭局上的座次，如果企业家请客都是科长坐上首，那说明这个地方官本位严重。有句话叫物极必反，发展靠思想，致富靠观念。观念一变，黄金万两。中国经济

"下半场"如何创造财富，激活财富？

冰冻三尺，非一日之寒。哈尔滨的冬天是怎么"热"起来的？哈尔滨的冰雪节搞了几十年一直不温不火，是如何突然火爆的？因为改变了思维和推广的方式，以前是传统媒体和计划经济的方式。2023年把黑龙江电视台的一个金话筒主持人、文艺部的主任导演，提升为正厅级文旅公司的总经理，全面负责哈尔滨冰雪节的推广。就像1984年的洛杉矶奥运会一样，不光只请导演执导开幕式，而是请商人尤伯罗斯负责整个奥运会的运营。

从商业和文化的角度来看，哈尔滨冰雪节上的第一个热搜是向消费者承诺，像拼多多的"仅退款"一样，只要消费者来了不满意，就可以退款。网上还有很多的秘籍，教人怎么样玩完之后把钱给退回来，这其实是主办方故意露的一个破绽，目的是引爆口碑。游客怕冷，就在街上搭临时暖房；游客怕雪天路滑，就在路上铺红地毯……在一轮一轮把游客视为上帝的举动下，哈尔滨终于引发全国性的热潮，变成了全国网红必到打卡地。这就是体验经济的魔力。

过去是以房为本，土地是财富之母，现在是以人为本。

第十个财富机会是人工智能（AI）。

英伟达已联合三星、安谋、爱立信、微软、诺基亚、软银等半导体、电信、软件巨头发布了6G通信标准，把华为和中兴排除在外。全世界的人工智能正在发生翻天覆地的变化，6G将实现从手机到脑机的跨越。Sora人工智能视频生成器将促使影视、广告、短视频等行业产生颠覆性的改变。司机、秘书、外卖员、绘图员、插画师、保洁、导游、初级律师、翻译、播音员这些职业可能都将不存在了。

6G时代，将迎来自动驾驶的时代。智能汽车会改变人类的生活方式。汽车将成为一个公共资源。人将被智能家居包围，和脑机融为一体。

从碳基生命到硅基生命，和全球化密不可分的中国新经济时代还会迎来"泼天的富贵"，关键要看你能不能接得住。

所以中国经济发展的"下半场"，缺的是人工智能、高新科技人才，而科技的高速发展带来的是人和人之间原始朴素的情感沟通能力。这也给新品牌的诞生提供了巨大机会。

中国经济"下半场"的新商业趋势和三大法宝

第一，营造新消费场景。构建"人、货、场"，找到流量的入口。

第二，释放情绪价值。人们之所以更愿意去买董宇辉推荐的产品，甚至因董宇辉而打破网上只能卖低价的魔咒，是因为董宇辉卖的不仅是产品，还有产品背后的故事。

董宇辉一夜"出圈"缘于一篇文采飞扬的"小作文"："我无法牵你的手，去看长白山的皑皑白雪；我无法牵你的手，去看那里熟透的稻穗弯下的腰；我无法带你去五常市吹那个稻田吹过的风；但是我可以让你尝一口那里的大米，它散发的香气，是我想带你穿越的人间烟火。"这让成千上万的人在当晚涌入东方甄选直播间，买了半年都吃不完的大米。

第三，品牌赋能。品牌有三个价值：使用价值、情感价值和社交价值。

为什么消费者不愿意分享你的产品，不愿意在朋友圈晒你的品牌。很大可能是因为消费者觉得不够"高大上"。可见，做产品不能只卖功能，功能之外还要有故事。

正因如此，未来创造财富的三大法宝就应运而生：创业AI化、个人IP化和企业品牌化。

目录
CONTENTS

1 第一章
财富的变迁：新钱从哪儿来？

第一节　中国经济"下半场"：财富大变局和品牌新趋势　003

第二节　新财富时代的挑战和商机　010

第三节　新质生产力　025

第四节　贫穷的本质：穷人为什么穷，富人为什么富？　027

第五节　社交货币：如何成为社交富翁　037

第六节　从荷尔蒙经济到内啡肽经济　043

掘金之道
财富故事

1. 商业大佬们的第一桶金　045
2. 钻石的崩塌，黄金的崛起　046
3. 为什么梵高是"穷死的"，毕加索是"富死的"？　049

2 第二章
财富大趋势

第一节　中国新首富和快消市场　055

第二节　宗庆后一生最正确的决定　063

第三节　元宇宙时代的新财富商机　066

第四节　电动汽车和物联网　070

第五节　点石成金：让资源变现　074

第六节　通往富裕之路："睡后收入"　078

掘金之道
财富故事

1. 新能源产业的百亿财富新航标　080
2. 马斯克下一个征途，颠覆地产行业？　081
3. 干不掉大疆，就利用大疆赚钱　082

3 第三章
经济新动能

第一节　营销大趋势：从产品、品牌到生活方式　087

第二节　移动互联网时代品牌的粉丝效应　091

第三节　从工具思维到玩具思维　101

第四节　新消费、新机遇：智能化的"懒人经济"　108

第五节　"她经济"和"他经济"：女人花钱狠还是男人花钱狠　113

第六节　"Z世代"和新消费　119

第七节　银发经济：互联网"下半场"的新蓝海　127

第八节　颜值经济　130

掘金之道
财富故事

1. 让成年人解压，21岁小伙登上福布斯榜单 136
2. 故事营销，把破布包卖到上千元 137
3. 小县年入25亿元的"穿戴甲"产业 138

4 第四章
财富新思维

第一节　网红品牌养成秘籍：从网红到长红 143

第二节　跨界联名：破的是圈层，跨的是场景，联的是盟友 154

第三节　互联网时代下的KOL营销 158

第四节　人格化电商的掘金之道 165

第五节　节庆营销：西方情人节为什么比中国情人节更流行？168

第六节　从狂欢到沉淀：流量经济之后，品牌经济如何破局？172

第七节　从流量红利到品牌红利 177

第八节　平台经济与平台战略 184

掘金之道
财富故事

1. 轻工业：普通人的创富机会 186
2. 表情包里蕴藏的财富商机 187
3. 贩卖季节成财富密码 188

003

5 第五章
新财富革命：粉丝、流量、个人IP

第一节　打造企业IP：三化一信条　193

第二节　打造个人IP：积累故事资产　197

第三节　霉霉经济学　203

第四节　贾玲的财富秘籍　206

第五节　威震天的"话痨"诡计：北京环球影城的沉浸式营销大招　209

第六节　迪士尼，打造爆款IP的秘密　213

第七节　两败俱伤的李子柒品牌争夺战　216

掘金之道
财富故事

1. 雷军专业拿捏人心　221
2. 景德镇IP如何爆火"出圈"　222
3. 文创雪糕撬动千亿市场　223

6 第六章
文旅的黄金时代

第一节　赌场经济VS芯片经济：新加坡为什么赶不上硅谷？　227

第二节　小巷经济学　229

第三节　城市品牌的烟火气如何出奇制胜？　238

第四节　淄博烧烤热度不再：如何从网红经济到品牌经济？　244

第五节　湾区经济：新财富的引擎　248

掘金之道
财富故事

1. 卡塔尔是如何逆袭的？ 254
2. 老牌网红城市长沙，为何爆款频出 256
3. 上海鸿寿坊：新模式重塑老弄堂 257
4. 番禺变身大湾区新CBD 258

7 第七章
如何搭上财富快车

第一节　达维多定律：你的客户因何一夜之间消失不见了？ 263

第二节　颠覆式创新 267

第三节　马斯克的"钢铁侠"式科技复合体 269

第四节　唯快不破的背后：希音的爆红密码 277

第五节　奈飞腾飞启示录：企业如何转型？ 285

第六节　管理创新与变革：防止大企业病 294

第七节　如何让你的企业更智慧 301

掘金之道
财富故事

1. 可口可乐如何穿越周期 304
2. 陕西女企业家把芯片植入布草，改变酒店卫生危机 305
3. 长隆公园不学迪士尼，每年3000万游客抢着去 306

005

8 第八章
新财富王国

第一节　大国崛起需要品牌助力　311

第二节　傍大牌结苦果，品牌告别草莽时代　313

第三节　洋品牌攻城略地，本土企业凭什么反击？　318

第四节　中国企业应该向国际品牌学什么？　321

第五节　国潮和本土意识：从文化自信到品牌自信　327

第六节　如何把握品牌的"六脉神剑"　337

掘金之道
财富故事

1. 那些消失的中国品牌　341
2. 新中式成爆款"战袍"，年轻人"血脉觉醒"　342
3. 年轻人爱上中式健身，催生亿级新商机　343

9 第九章
品牌创富大趋势

第一节　资本的逻辑：老品牌如何讲新故事　347

第二节　以中国服务提升中国品牌　351

第三节　中国茶品牌如何突出重围？　360

第四节　中国餐饮品牌如何逆势而为，应时而变　368

掘金之道
财富故事

1. 古越龙山如何实现销售额一年翻五倍　374
2. 胖东来"倒贴"5000万元帮扶竞争对手　376
3. 中国品牌抱团出海，未来还有哪些机会　377

10 第十章
新财富对话：拥抱变化

第一节　李光斗对话远大集团张跃：中国第一个买私人飞机的企业家，知天命后的新选择　381

第二节　李光斗对话抖音图书销售一姐王芳：直播带货品牌发展之道　392

第三节　李光斗对话西贝贾国龙：企业如何度过寒冬　398

第四节　李光斗对话小咖主景建华：世界咖啡品牌的中国新赛道　417

第一章
CHAPTER 1

财富的变迁：
新钱从哪儿来？

SECTION 1 第一节

中国经济"下半场"：财富大变局和品牌新趋势

中国经济的"下半场"，钱从哪来？

最大的挑战其实就是不确定性。

曾经有一金句："这一年是过去10年中最艰难的一年，但将是未来10年中最好的一年。"虽然这句话到现在无人认领，不过艰难已成常态。如今，我们面临三大挑战，第一是需求收缩，第二是供给冲击，第三是预期减弱。这是对未来形势的一个总判断。

百年未有之大变局，也是财富的大变局，这个财富的大变局第一是会出现阶层的变动，会消灭一批旧富人，产生一批新富人；第二是财富的洗牌；第三是行业重组还有品牌的迭代。在这样一个变局的情况下，新产业、新消费、新品牌、新传播，让人应接不暇。所有人都面临着一个如何重生、如何创新的大考。

财富的大变局意味着财富的产生、流动、分配和消耗都发生变化。我们过去讲东西南北中，发财到广东。过去财富是怎么产生的？有句话"饿死胆小的，撑死胆大的"。过去有两个办法，一个是寻租，一个是赚差价。所谓寻租，意味着只要你手中有权就可以变现。过去停车场的收费员都比较牛，因为他可以决定收钱的多少。包括北京路边管停车的大爷，这个停车位归他承包后，他就可以产生寻租，更何况是各级管理者。所谓赚差价就是所有的生意都源于信息不对称，买的没有卖的精。传统经济学告诉我们，差价是产生利润最好的方式。互联网大数据时代来了，寻租机会变小，当停车场全部使用人工智能的时候，老板不用派收费员在那里收费，每天多少辆车、停多长时间，电脑统计得清清楚楚，自动扫码支付。

财富的新产生方式使得无差价可赚，互联网经济就是"干掉"中间商。低买高卖的财富创造方式发生了变化，甚至财富的定义也发生了改变。过去有句话"一铺养三代"，买一个临街铺面房，就可以靠收房租把日子过得很不错，但是现在，一个网红在卧室里支一顶帐篷，一年赚的钱比一间路边店赚的钱还多。水往低处流，人往高处走。财富出现了新马太效应，财富的分配方式也发生了变化，过去有句话：闷声发大财，赢家通吃。但是现在不一样了，如今提倡的是共同富裕。无论是功成名就的企业家还是刚下场的创业者，无论企业规模有多大，我们都要清醒地意识到：时代不同了，要做好准备迎接这个大变局时代。

如何实现逆势增长？在经济下行的时候把握住上行的机会，这是我们面临的一个大考。过去人和人的联结靠的是什么？靠的是面对面，而腾讯单是一个微信，就给它增加了数千亿元的市值，没有增加多少额外的支出，只是软件的一个升级。

中央电视台曾经做过一个纪录片《公司的力量》。片中介绍公司的出现增加了社会的活力，并解释了什么是企业家。企业家就是把传统的生产要素——劳动、土地和资本，以及在新经济条件下的生产要素——技术、信息和数据进行有效组合与创新并实现价值最大化的人。

美国1979年获得诺贝尔经济学奖的芝加哥经济学派的西奥多·W. 舒尔茨教授，起初研究的是农业经济学，后来转向人力资本，Human Capital（人力资本）这个词就是他发明的。他发现同样的土地、厂房、设备交给不同的人最后得到的结果是不一样的。决定这个结果的最大的变量是什么？是人。也就是企业家精神。

企业家精神的核心是什么？胆识、冒险、创新。所谓胆识，胆在识前，首先要够胆。

企业家要具有冒险精神，他们调查市场先机，押上了全部身家，然后用冒险精神获得了利润；而利润和风险是成正比的，利润越大，失败的风险也越大。企业家也要具有永不言败的精神。越是经济下行，我们越要弘扬企业家精神。

企业家是能够在不确定性中寻找到确定的人，是在前途未明的情况下，依旧能够砥砺前行，奋发有为，创造财富新世界的人。星光不负赶路人，江湖眷顾奋楫者。我曾经专门写过一篇文章《企业家是推动历史进步的强大动力》。弘扬企业家精神，尊重企业家，会成长出年轻的新一代的企业家，长江后浪推前浪。

新的商机是什么？是从"高刚海"中寻找到"高刚痛"，从高频、刚需、海量的需求中发现消费者新的痛点。消费者没有被满足的需求就是你创业的机会，只要你比竞争对手做得更好，任何行业都可以重新被颠覆。中国内循环的底气源自于中国拥有全球最大的消费市场。

众多的"00后"大学毕业生步入社会，这些"00后"是互联网的原住民，也是伴随着中国加入世贸组织一起长大的人，他们的本土品牌意识更强，见证了大国的崛起，他们也是文化自信和品牌自信空前高涨的一代。如今国潮在年轻一代中已经蔚然成风，中国的本土品牌迎来了黄金时代。中国经济的"下半场"我们要考虑两个问题，第一，如何满足现代消费者的需求，第二，如何让自己的品牌升级换代。尽管当下消费疲软，但是新快销仍然爆品迭出。为什么你卖不出去产品，但是很多网红店仍然人潮汹涌？因为他们把握住了年轻化的潮流，提供了沉浸式的新体验。需求、流量、创新、品牌是互联网"下半场"的关键词，从电视到社交媒体，从大屏到小屏，从过去读文字到现在刷抖音，以前人们获取新闻的渠道是传统媒体，现在的新闻你不想知道都不行，因为朋友圈时时刻刻会给你提供免费的新闻。

冬天是积蓄能量的季节，在经济下行的时候，如何把握住品牌提升的机会，是对每一个企业家的考验。我有一个观点，如果你开冷饮店，应该在冬天开张。很多人认为冷饮店不是应该在夏天开张吗？因为冬天正是冷饮销售的淡季，顾客稀少，营业额增长缓慢，但只有在这个时候，你才更能建立起良好的服务规范，锻炼员工的意志，让他们真正感受到赚钱的艰辛，让各个部门度过磨合期，真正做到默契的相互配合。当销售旺季盛夏到来的时候，冷饮店才可以在残酷的竞争中生存下来，立于不败之地。

对于企业来说要积极寻找第二增长曲线。第二增长曲线是英国的管理学大师查尔斯·汉迪提出来的。他发现任何的增长都从起始期、成长期、成熟期，最后到衰退期，就像抛物线一样，到达顶点之后一定会下滑。经济的增长，品牌的增长都是如此。那么要想保持长盛不衰，一定要寻找第二甚至第三增长曲线。也就是在你的第一增长曲线开始下滑之前，就要寻找新的增长点。汉迪还有一句名言："当你自以为该往何处走时，其实你往往已经错过了转向的最后机会。"

对于企业来说，一定要在传统业务衰落之前就去寻找新的商机，这是第二增长曲线理论的奥秘。这个时候时间、资源和动力都足以使新曲线渡过它起冲、探索、挣扎的过程，就像我们开车一样，发动机达不到一定的马力是很难爬坡过坎的。

当然企业不能被现有的核心竞争力拖累。要时刻关注消费者的需求，一个不能持续更新和扩张核心竞争力的企业将逐渐没落，退出历史舞台。不能只盯着自己的长处，而是应该瞄准消费者的需求，去满足他们。

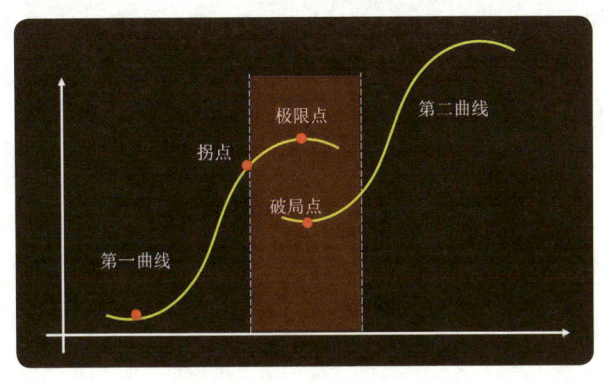

第二增长曲线示例图

有人把罗永浩称为"行业冥灯"。他干过直销、英语培训,做过锤子手机,卖过电子烟,后来直播带货。罗永浩有一句话,生命不息折腾不止。他在2020年4月1日开始直播带货时还欠了6个亿债务,他上演了一出真实的"真还传",一年半的时间6个亿债务还清了,今天他已经从"老赖"的名单中剔除了。可见他是一个能够绝处逢生、绝地反击的人。当大家还从新冠疫情中没有醒悟过来的时候,罗永浩已经果断地投身到直播卖货中。在这个赛道里一枝独秀,名义上说是交个朋友,实际上他赚了大把的银子。我觉得罗永浩不是"行业冥灯",而是一个真正地把握住了行业先机的人。一个人的成就不是看你第一次的成功,而是看你最后一次的成功。所以对于我们企业家来说,要把握住一点,只有夕阳的思维,没有夕阳的产业。中国有一句俗话"有人辞官归故里,有人星夜赶科场"。就是你不干了,还有大把人等着"上位"。

有为青年俞敏洪,几年前他还是无限风光,身边都是新青年、高知、海归,个个都靓丽青春,谁也没想到他所有的消费者在一夜之间突然消失了。俞敏洪在美国纽约证交所上市公司,在最艰难的2021年,一年市值下跌了90%,并计划2022年裁员4万人,遇到这样的情况怎么办？"躺平"不就得了吗？但是他没有，他已经开启了新的赛道，开始做他的东方甄选，带着那些高颜值的留学生开始直播卖货。永不放弃，奋斗到底正是企业家精神的体现。

行业有起伏，财富在重组，很多行业都遭遇了冬天。过去有句话，成大事者不纠结，其实纠结不是关键的，应该是成大事者不焦虑。那么对于企业家而言，正确的心态应该是什么？"该吃吃该喝喝"，要有一种博大的胸怀。像俞敏洪那样，即使公司解散了，咱们从头再来，带着小哥哥小姐姐一起做直播，但问耕耘，不问收获。耐克有句广告语——Just Do It。你只管去做，最后上帝一定会眷顾你，随着一些行业退出历史舞台，新的行业也会兴起。东方不亮西方亮，新兴行业会带来新的造富机会，诸如素质教育、职业技能培训、人工智能、在线游戏等。

对于企业来说，如何把握住新的财富机会？如何让你的企业能够逆势增长？过去许多人认为网瘾是一种病，但如果人人都染上了网瘾，这种病自然就消失了。区块链技术、元宇宙、新能源、互联网医疗、大健康养老、乡村振兴、个性化消费等都是未来的财富机会。

中国品牌能不能有高科技含量？我们深厚的文化是优势，但对文化的挖掘，价值观的输出却是我们的弱点。

中国品牌的新逻辑可以归结为四点：数字化、高端化、年轻化、时尚化。

中国音乐学院副校长曾在演讲中表示：中国的三代企业家中，第一代企业家靠胆子大；第二代企业家光胆子大不行，还要有学识；但第三代企业家要像乔布斯那样有艺术修养、有美学的直觉。年轻一代消费者注重颜值，先看你的产品好不好看，然后才看好不好用。

数字化转型必须是一把手工程。数字化转型不仅是人上网还包括货上网，最后把你的企业变成一个智慧企业，所以数字化转型不仅仅是在网上卖东西，而是能够实现网上的全流程营销。成为一个智慧企业是一项功能再造的系统工程。

中国品牌的新逻辑是高端化，最贵的牛奶、最贵的茶、最贵的咖啡，乃至最贵的家电、最贵的手机、最贵的汽车都会在中国诞生。早在2006年蒙牛就策划推出了特仑苏——全世界领先的高端牛奶。广告语是：不是所有牛奶都叫特仑苏。它迅速成为蒙牛的"黄金奶牛"，这一爆款产品至今仍是为蒙牛贡献利润最多的产品。海尔推出的卡萨帝已经成为中国高端家电中市场占有率最高的品牌之一；美的电器也推出了定位高端的AI科技家电品牌Colmo，为用户提供起居、洗护、厨房、卫浴四大高端智慧生活消费场景的全系列产品，实现了从价格战到品牌高端化的华丽转身：卖的不是一件产品，而是一种全新的生活方式。

互联网的"下半场"从以产品为中心，到以粉丝和用户以及IP为中心，从单向的传播到双向的互动，从品牌形象到互动体验，从单一的增长到复式的增长。寻找新赛道，发现新商机，建立新认知，从高大上到"宅萌宠"。每个人都是自媒体，每个人都应该做自商业，每个人都可以做网红，都可以打造个人的IP。

年轻化也是中国经济"下半场"的品牌新逻辑。百年老店要想新生，就必须要年轻化。同仁堂在做和年轻人沟通的"知嘛健康"，它推出的熬夜水，靠一根人参打动了年轻人；迪士尼能够一百年长盛不衰，是因为它不断地推陈出新：不仅有米老鼠和唐老鸭，近年还推出了妖娆的小狐狸玲娜贝尔，一下子勾住了年轻一代的消费者的心，排长队都买不到，网上都炒到了上千元。

文化自信带来品牌自信，中国本土品牌和年轻一代的消费者保持精神沟通，中国企业的崛起就会一浪高过一浪。

SECTION 2 **第二节**

新财富时代的挑战和商机

新财富时代翩然而至，挑战和商机并存。一夜暴富的大机会显然越来越少，跑马圈地的时代结束了，但其实小机会（碎银子）遍地都是，个人、小团体的财富时代到来了，过去是要搭上便车，现在是自己要成为自己的码头。

如何因时而变，抓住大变局时代的新商机？

中国改革开放前四十年，可称之为经济的"上半场"：中国成为全球最大的制造强国，但随着反全球化思潮和人口红利的式微，大国竞争优势面临诸多挑战。

李光斗跨年演讲：2024经济挑战和财富商机

第1个挑战：告别高增长

我国经济发展已进入高速增长向高质量发展转变的阶段，许多行业面临着转型升级的关键期。同时我国对全球主要市场出口的下降趋势短期内难以彻底改变，产业链重构势必导致"逆全球化"的风险加大。在出口引擎拉动力量减弱的现实条件下，中国经济最大的潜力更在于14亿多人的消费，在于扩大内需，在于大规模家庭消费的持续释放，但中国消费者背负的不敢消费、不愿消费、不便消费"三座大山"，却成为压制需求的重要桎梏。我们只能在中低速增长的大环境下，寻找经济的新动能。

第2个挑战：机会总量会越来越稀缺

某种意义上可以说，过去的大发展至少在理论上为每个人都提供机会，创造出普适性发展机遇，每个人都有赚到钱的可能性。既然从高增长到低增长已是大势所趋，那么以前凭借经济高速增长带来的商业机会将会更加稀缺，传导到工作机会上也会越来越稀缺，金字塔塔尖的效应将会进一步放大。

一方面增长本身就会受限于自身的极限，对于企业来说，一定要在传统业务衰落之前就去寻找新的商机，这就是第二增长曲线理论：任何一条增长曲线都会滑过抛物线的顶点达到增长的极限，持续增长的秘密是在第一条曲线到达顶点之前就要开始发现新的增长曲线。

另一方面，AI创新、技术革命、机器人替代的扩张与深入范围越来越广。也许不久的将来，不仅是工农业，服务业中80%的餐厅、75%的零售、59%的娱乐都可能被机器人所替代。

从2024年开始，考研人数已开始降温，但考公务员的人数则激增。2024年度中央机关及其直属机构国考报名人数首次突破300万人，平均约77人竞争同一岗位，而2024年全国硕士研究生考试报名人数为438万人，较2023年减少36万人。这是自2016年以来连涨八年后，考研报名人数首次下降。"宇宙的尽头是考编"，考研读博的也怕以后不好找工作。参照国家实行稳健的货币政策，个人与家庭更要保持住财务的稳健，尽量去杠杆，而不是轻易加杠杆。

第3个挑战：从强刺激到弱反弹，财富增长的趋势受限

正如我们必须接受并忍受经济的低速增长，消费是中国经济复苏的第一要务，也是最大的焦虑和瓶颈。以前的经济是W型的波动性增长，有繁荣、有衰退、有萧条、有复苏。但是现在的经济发展已呈L型。层层传导之下，投资与金融也面临着挑战，钱的空转对金融的影响更加明显。

对于企业而言，远离风口应成为一种主动意识。以前有句很励志的流行语激励人心：在风口上，猪都能飞起来。但是现在风口停了，越大的猪跌下来伤得越重。做小池塘里的大鱼反而更安全，更易长久地生存。在经历不可抗力之时，商业地产大跌的情况下，海底捞以为抓住了抄底机会，将战略重点进一步锁定在"扩大覆盖率"，大规模进军下沉市场，在全国开了一大批新店，结果海底捞以为是享受了一波"租金红利"，其实是踩进了一个大坑。不得不在一年之后，宣布逐步关停300家门店，这一波大规模关店及餐厅经营业绩下滑等因素导致的处置长期资产的一次性损失、减值损失等近40亿元。

火锅业态是中国餐饮行业的第一大品类，2022年市场规模在总市场份额的占比约11%，2023年市场规模逼近万亿元。截至2023年11月，全国火锅相关企业数量达41.6万家，2023年前11个月，火锅相关企业新增6.6万家，但相应的火锅相关企业注销吊销

量达到3.1万家，火锅赛道的风口虽大，但竞争的残酷性更大，越是风高浪急之时，大江大河之中的小鱼面临的生存难度就越是远高于小池塘里的大鱼。

第4个挑战：风险资产去杠杆的压力越来越大

所谓风险资产，有句老话描绘得很生动："家财万贯，带毛的不算。"牧区养殖大户家里有五千只羊，五千头牛，一场疫病可能全都没了。在经济形态更加丰富的当代，除了生物资产是直观的风险型资产，金融资产更是一种风险型资产。无论你有多少股票、证券、债券、数字货币，一旦遇到金融波动，其可变现的价值就会出现巨大的不确定性。

房产实际也是一种风险型资产，中国人历来的投资信仰就是买房，甚至到全世界买房，想当然地认为房产是最值钱、最保值、最有升值空间的固定资产。以前中国人觉得"一铺养三代"，商业地产更没有风险。但是近年来，房地产尤其是商业地产的风险型资产属性越来越凸显。

是信心比黄金重要还是黄金比信心重要？这是一种平衡博弈。故此要寻找更多的非风险型资产配置，找到并拥有硬通货。减少风险资产，拥有非风险型资产在应对无常风险时能增加更大的保险系数。对企业而言，需要从高杠杆依赖转向现金为王。在中国经济高速发展的时代，投资曾是长期拉动经济增长三驾马车的头马，也是企业高速成长的重要手段。如今，越来越多的企业认识到"现金为王"的价值，保持流动性资金的安全与现金充裕才能抵御风险，长治久安，同时对大型投资要更加慎重，转变经营思路，度过这个冬天。

李光斗发表关于中国品牌创新发展的主题演讲

第5个挑战：老龄化程度加深，总和生育率下降

国民经济发展的长远态势，短期看宏观、中期看结构、长期看人口。对比2000年的第五次人口普查，2020年第七次人口普查数据显示：20年来，我国14~35周岁的青年人口占比已经从39.74%下降到了28.33%。与之相对的中国60岁及以上人口已达2.64亿人，占比18.70%，其中65岁及以上人口为1.91亿人，占比13.50%。在北京，2022年60岁及以上常住老年人口为465.1万人，在总人口中的比重为21.3%。按现行国际标准，当一个国家或地区60岁以上老年人口占人口总数的10%，或65岁以上老年人口占人口总数的7%，即意味着这个国家或地区处于老龄化社会。中国正在迈入中度老龄化社会，中国60岁及以上人口比重，在2030年将超过25%，2050年或达到35%，即大约每三个人中就有一个老年人。我们面临着加速老龄化的社会现实。

同时，中国人口下降已呈长久趋势，人口出生率持续走低。2023年中国总和生育率已下滑至1.0左右，虽高于韩国的0.8，但已低于同期的日本，在目前世界上人口过亿的国家中属于最低生育水平。总和生育率是指总出生数与相应人口中育龄妇女人数之间的比例，是指一个国家或地区的妇女在育龄期间，每个妇女平均的生育子女数。实际上从1993年开始，中国的总和生育率即逐渐下降。虽然2014年和2016年曾反弹至1.8，但从2017年开始，总和生育率迅速回落，2020年为1.3，2021年为1.15，2022年进一步下降至1.09，2023年低至1.0左右，不足更替水平的一半。

第6个挑战：社交的萎缩

社交也是创造财富的一种重要形式，2020年到2023年的经历，使有些人觉得社交不社交无所谓，当这种情绪状态形成习惯，就会减小财富通过流动增值的规模。加之移动互联网在颠覆人们衣食住行习惯的同时，也占据了个体，现实生活中的社交变得可有可无，越少人出门"逛吃逛吃"，实体店就会越来越雪上加霜。服装实体店的经营更加困难，成为夕阳产业的趋势更加难以逆转。

更令人担心的是，在年轻人中甚至中老年人中，社交障碍的情绪也有所蔓延。甚至诞生出一个新词"蛰居族"，蛰居族有一个很明显的共同特征：拒绝社交、拒绝沟通。他们就是"大门不出，二门不迈"，有些蛰居族是因为遭遇过校园霸凌；有的是遭受过职场欺凌，进而对人产生恐惧；而大多数是一旦选择"蛰居"就会自动与社会解除联结，不愿与社会接触，更不愿与社会上的人交流，小小的房间是他们的安稳之居，这就是他们的"安全感"。

例如，日本的蛰居族最早可以追溯到20世纪80年代，那时的互联网技术发展不如现在，蛰居族为解决吃饭问题，还会偶尔去便利店，可随着互联网为人们提供的生活服务越来越方便，"宅"也可以生活得很好，于是越来越多的人宅在家里，这也是"家里蹲"人数逐年上升的重要原因之一。

第7个挑战：逆城市化

城市化本是中国经济高速发展的原动力之一，在国家顶层战略规划层面，《"十四五"新型城镇化实施方案》已指出了我国城镇化"下半场"将加速开启，从量增到质增成为新的发展趋势。

如果说政策主导与市场动力是中国城镇化"上半场"的两大利器，进入城镇化"下半场"，我国经济已由高速发展向高质量发展转变，城镇化发展水平也由速度型向质量型转变，依托产业结构升级与消费升级，城市更新与城市品牌化将成为新的法宝。一方面，城市更新是城市发展到一定阶段的必然要求，城市品质的有效提升才能满足人们追求更健康、更安全、更宜居、更高品质生活空间的内在要求。城市更新就是一种将城市中已经不适应现代化城市社会生活的地区作必要的、有计划的改建，加快推进城镇老旧小区、老旧厂区、老旧街区改造，提高新型城镇化建设质量。另一方面，城市品牌的发展将引领着品牌经济的发展，成为不断释放内需潜力和发展动能的关键。

虽然城市化在过去几十年一直是中国发展的最大出路与动力，但是目前大城市的空心化现象日益加重。很多年轻人因为生活成本高和就业机会减少逃离大城市，返乡创业或重新择业。北上广深的房子，包括写字楼的空置率上升。重燃烟火气，繁荣城市经济也是当务之急。

虽然挑战与趋势如此之多，但有巨国效应和统一大市场前景，新的商机与财富机会也会不断涌现。

第1个财富机会：从"以房为本"到以人为本

中国经济高速增长的前四十年相当程度是靠房地产拉动起来的，"以房为本"造就了巨大的财富效应。但根源上还是在于房地产曾被赋予了过多的金融属性，通过房地产市场用金融杠杆发展借贷经济，用明天的钱圆今天的梦，成为社会各阶层的投资与生活理念。但是现在提倡房住不炒，房子越来越回归居住功能的本质，甚至正逐渐失去金融功能。跟房子有关的生意不好做了，与人有关的生意才更好做。

第2个财富机会：从硬经济到软经济，从刚性需求到弹性需求

硬经济是指从 GDP、储蓄、财政等维度综合确定的经济实力，核心仍旧是 GDP 的向上增长，产能持续放大的路径依赖。要真正实现向高质量发展的转变，就必须加大、加强 Soft Power 即软实力的提升，靠软实力保证高质量的增长，靠软实力直抵人心获取更大的竞争优势。中国企业需要一手提质保量，巩固中国制造的硬实力，另一手更要修炼中国品牌的软实力，摆脱低质、廉价的标签向中高端化发展，从而将积累的制造红利尽快转化为品牌红利。

正因为经济的新动能已转向以人为本的软实力方向，企业就要明晰自己的产品与品牌处在哪个阶段，可以满足消费者哪个阶段的具体需求。满足人的五大需求具体是指生理需求（Physiological needs）、安全需求（Safety needs）、社交需求（Love and belongingness needs）、尊重需求（Esteem needs）和自我实现需求（Self-actualization needs）。其中的后三项即精神需求占据了人类总需求的3/5。人类对精神的需求是与生俱来的、人人都有的，且占据了绝大部分。

马斯洛需求层次理论

同时消费者的需求更具弹性化，理性与主动的消费选择与需求弹性越来越正相关。无论从宣传还是认知上，买房是绝对的刚需曾是很多人的信念与共识。但是人们突然发现刚性需求减弱，"丈母娘需求"也在弱化。现在弹性需求的表现越来越普遍，尤其是年轻人的心态大为改变，买房不行可以租房。

第3个财富机会：从流量经济到粉丝经济，从品牌人格化到电商人格化

如今，各大平台从流量时代进入存量时代，企业尤其是消费品企业也感受到巨大压力。流量经济的不经济性促使流量红利大幅减少，内卷加剧，争夺存量的竞争日益白热化。同时在政策红利、渠道红利、人口红利与流量红利日益摊薄的大趋势下，当下已进入粉丝与品牌的红利时代。以往争夺的焦点是看得见的市场，接下来要比拼的则是看不见的"人心"市场，粉丝数量与质量，品牌共识与品牌忠诚的价值更加凸显。

很多年轻一代的创业者，可能在线下看不到他们的品牌的产品，

他们只做线上。把握一个新的商业模式 D to C（Direct to Consumer），即直接卖给消费者，这就把握住了品牌发展的趋势。服装行业的希音一家门店都没有，却将目标消费者锁定在欧美的年轻人，以价低质优的商品获得巨大成功，超越 Zara 和 H&M。

下一个互联网时代就是人格化电商的时代，要想提升与保持品牌的高势能，就必须进一步强化品牌的社交功能，塑造品牌的人格化魅力。新经济时代，消费者对品牌的消费操作上虽然更加便捷，但购买决策却更加复杂。仅电商就由平台电商、社交电商、AI 电商等多层级属性构成，消费者越来越看重电商的人格化属性。

第 4 个财富机会：银发经济蕴藏大金矿

中国正在迈入中度老龄化社会，这既是挑战也是机遇，正所谓拿退休金一万元的老年人消费能力可能会超过拿工资一万元的中青年消费能力。老龄化意味着银发经济有了更多的机会。

中国老年人口呈现"规模庞大""老龄化水平城乡差异明显"和"老年人口质量不断提高"等特点。近年来，中国银发经济市场规模持续上升，例如 2020 年年增长率超过 25.6%，已达到 5.4 万亿元，但 GDP 占比不足 10%，而欧美等发达国家养老产业占 GDP 比重都在 20% 以上，中国养老产业仍有很大的发展空间。中国养老产业尚处于起步阶段，现阶段我国养老产业供需不匹配，国家对养老产业政策支持力度逐年加大，银发经济迎来新机遇。对健康长寿、社交情感、老有所享、老有所为的广泛需求使得银发经济蓬勃发展，成为经济增长的新引擎，银发族对健康服务类商品的需求成倍增长。随着老年人"触网"更加普遍，养老消费市场可挖掘潜力的方向更加多元。除了医疗健康、日常消费以外，老年旅游、保险理财、精神生活、智能健康管理、居家照护、营养与保健品等都有巨大发展潜力。

中国人口结构的改变，让银发人群逐渐被市场重视，他们的消费习惯和方式也影响着市场的变化。有一部分银发人群是新增的，他们的生活态度和消费习惯、方式等都与过去的银发人群有着很大的不同，他们更富裕、知识素养更高、更喜欢享受生活，并且更舍得为自己花钱。在中国经济的"下半场"，无论是传统产业还是互联网，企业都要研究如何在银发经济中发掘更多的商业机会。

同时，我们也应看到互联网智能技术对日常生活的渗透，加大了老年人融入数字生活的难度。老年人不但网上预约出租车、预约医生挂号难，使用智能产品也难。

第5个财富机会：宠物经济

以2022年统计数据为例，中国的宠物数量已接近2亿只，其中城镇宠物猫、狗数量已超过1.1亿只，仅城镇宠物（犬猫）消费市场规模就达2793亿元。而中国1～5岁学龄前儿童人口数量是7788万，中国宠物市场的巨大潜力可见一斑。

在这个超过2700亿级的宠物市场中，消费人口数量增长明显并逐渐年轻化。对于许多单身的年轻人来说，宠物的陪伴能够极大缓解内心的孤独感，并且不惜在宠物身上花大价钱。养宠物有各种各样的理由，缓解压力、提供陪伴、慰藉孤独是最主要的原因，宠物给主人带来的满足感、幸福感和被需要感，在养狗养猫的人群中则最为常见。除了宠物本身之外，猫粮狗粮、宠物玩具、衣服装备和医疗用品等，都需要一定的支出。伴随着宠物市场规模的放大，养宠物的人也会越来越多，对宠物周边用品的消费需求将会迎来更大的增长。

《2023—2024年中国宠物行业白皮书（消费报告）》中数据显示，从消费结构上看，食品市场仍是宠物经济的主要消费市场，市场份额占比52.3%。主粮、零食相对稳定，营养品小幅上升。其次是医疗市场，市场份额为28.5%，其中，药品、体检小幅上升，诊疗、疫苗有所下降。宠物用品与服务市场的份额较低，为19.2%，但有较高上升空间。

宠物消费是现代都市人情感消费的一种方式，宠物的本质是市场所提供的一种情感化的休闲产品，其作为商品的诉求都在于通过购买和消费，满足人们的情感需求。宠物消费因为其情感化的特点，在休闲体验中的情感功能主要体现在情感替代、情感补偿、情感转移、身份表现等方面。对此，经营宠物品牌的企业，要想让消费者对产品产生感情，必须先为产品注入情感，增添更多的感性因素。最直接的方法就是增加消费者接受或体验产品时的感觉，完成产品与消费者的情感联结。

第6个财富机会：独居经济与宅经济

据民政部数据显示，中国单身成年人口已超过2亿人，其中独居成年人接近8000万人。一个人上班、一个人吃饭、一个人逛街、一个人唱歌、一个人去游乐园……独居也成了一种生活方式。就像曾经的"蜗居"和"蚁族"一样，独居青年是伴随着社会经济发展和城市化进程加快而出现的。网上曾有人这样调侃独居青年："各方都已经盯上了单身人士，除了爱情。"在调侃之下，这句话揭示了独居青年带来的巨大商机：一人食餐厅、迷你KTV、宠物经济等，面向单身人群的"孤独经济"越发火热，创造出了一个又一个庞大的市场。

孤独的一人食餐厅

　　许多独居青年居住在一线城市，大多拥有较高的可支配收入和较高的消费水平，追求良好生活品质，于是各式各样的小家电广受追捧。甚至有人说：你要问什么可生死相许，小家电肯定是第一位的。

海尔便携式榨汁机

　　买小家电的人非常多，尤其是一人份电饭煲、迷你小烤箱等。同时从传统制造向智能制造和年轻化制造转变，年轻人已成为消费的主角，新家电、单身家电的需求越来越大。以海尔为代表的家电企业嗅到这个商机，推出"一人份"家电，迷你洗衣机、复古小冰箱、迷你音箱、迷你电饭煲、便携榨汁机成为"新单身时代"的标配。

　　虽然线下社交的萎缩一定程度上影响到线下经济，但宅经济的前景却更加广阔，对个性化、定制化的消费需求更加旺盛。随着宅经济规模的扩大与模式的深化，宅男宅女对游戏的消费升级需求也会越来越旺盛。年轻人可以靠游戏来"续命"，还能过得很"嗨"。许多年轻人为什么不愿社交，因为他们在以游戏为代表的虚拟世界里得到的刺激和快乐远甚于真实世界。这就要求游戏产业全方面围绕着人的五大需求层次去设计，即生理、安全、社交、尊重、自我实现，实现帮助人们替代真实生活的体验、满足人的好奇心和控制欲等功能。更重要的是发展宅经济不能仅仅局限于游戏和外卖，而需要提供更大的社交平台，带来更多、更好的社交体验，逐渐营造出现实的平行世界，满足人的绝大部分需求，使人足不出户就能体验不亚于甚至比现实更精彩的工作、社交、娱乐和生活。

第7个财富机会：从直男思维到颜值经济

所谓直男思维表现在企业经营上，就是过于注重产品的技术与功能，总想着直白地与消费者沟通，跳不出自身优势的桎梏，却忽视了与消费者深度的情感联结能力，正如诺基亚陷入"我们什么都没有做错，但是我们输了"的认知陷阱。而以苹果与特斯拉为代表的成功品牌，则洞悉到"先好看再好用"是人的一种本能需求，把产品做成了一个具有美感的识别性的载体。苹果手机的成功首先在于设计的成功，在研发上已经把颜值放到了十分重要的位置。同样，特斯拉电动皮卡Cybertruck的预售火爆，也得益于高颜值设计直观地表现出其在性能和创新方面开创出的全新的领域。

第8个财富机会：活成一道光，打造个人IP

无论是企业还是个人，打造品牌价值，想办法让自己的粉丝多起来、好起来都是未来的长久趋势。活成一道光，打造个人IP，发现、挖掘、强化、放大自己的个人优势，每个人都可能成为一个流量的入口。

打造个人IP具有巨大的价值，王石与董明珠就是提前抓住这一趋势的成功代表。当年的王石还在万科时，不仅给自己的品牌代言，还给其他诸多品牌代言，包括摩托罗拉、吉普汽车、中国移动全球通、8848手机，赚得盆满钵满，后来甚至自己做起了直播，给自家的太太代言。而董明珠停掉了成龙的代言，自己来代言，一下子成了一个大网红。董明珠想明白了：与其花大把银子让明星代言，不如自己把自己培养成明星，培养成品牌。第一，对于企业掌门人来说，除了推动企业发展，也需要打造个人品牌。第二，企业家打造个人IP更能为企业带来巨大的关注度和流量。第三，企业只要在一个方面建立起品牌优势，就能更有助于品牌变现。如果三个层次都能做好，并形成相辅相成的互补互助优势，就更具有品牌集团优势。

第9个财富机会：品牌出海，海阔天空

"双循环"的最终目的还是走出去，更好地参与国际市场的竞争。在中国品牌出海的过程中，中国品牌应该加强品牌核心竞争力的塑造。品牌本身是由两个字组成的，品是品质，牌是牌子。国际的消费者已开始对中国品牌有越来越广泛的深入认识。我们必须改变单纯向海外卖产品的定式，不能还是按照茅台到国外卖的时候便宜，在国内卖的时候贵的思路来做出口。高档品牌本来应具有倒挂优势，一个香奈儿的包，到法国买的时候可以免税便宜5000元，会引发全世界的消费者蜂拥而至。当一种产品在海外卖得比国内贵的时候，大家才能有荣耀感。在美国的超市买到一罐老干妈辣椒酱，很多出国的人会"晒"，在我们中国习以为常的老干妈，在美

国居然成了奢侈品,价格要翻几倍,这会带来品牌自豪感。

要成为世界性的品牌,不仅要成为国人的最爱,也要成为全世界人民的最爱。中国经济要想保证长远稳定的发展与提升,最终还是要靠中国企业立足服务国内国际双循环,以全球视野谋划和推动发展,打造更多拥有全球知名品牌形象的典范企业,向世界贡献中国品牌的力量。

刀郎那首歌的歌词"2002年的第一场雪,比以往时候来得更晚一些",唱出寒冷冬日里的浪漫情感。新的冬天可能会比所有的冬天都要更长一些,但冬日里的浪漫总是能给人力量。为了更好地度过这个漫长的冬天,就要用登山运动员和马拉松运动员的方式,要用最小的力气做最好的动作。不是追求做各种花样动作,而是要最大限度地减少自己的耗氧量才能抵达终点;行百里者半九十,保持匀速还要注意不能过早地冲刺,则是跑完马拉松的秘诀。像登山运动员与马拉松运动员一样,我们就能更好地应对新的经济挑战。

SECTION 3 第三节

新质生产力

在发展新质生产力之前,中国已着重布局发展新质战斗力。新质战斗力是指由于新的科技元素的介入,导致战斗力因素的改变,从而提升战力。军事力量的发展就是新质战斗力的不断加入的结果。以前的坦克,后来的火箭,现在的无人机,都是提升新质战斗力的关键因素。

而新质生产力和传统生产力有着显著的区别。在传统生产力即劳动者、劳动资料与劳动对象的三要素中，最核心的是劳动者。如今，由于新技术的发展，生产力要素各构成部分所起的作用也发生了很大改变，其中最关键的则是科技创新力。

劳动密集型产业曾为中国改革开放前三十年带来了高速发展，当时依靠的正是低廉的劳动力成本。但是现在由于智能机器人的全面发展，科技的力量在加大。科技真正地成了第一生产力。凡是涉及新领域、新技术、新驱动的，都是新质生产力发展的关键。新质生产力涉及领域新、技术含量高、知识密度大，是传统生产力在信息化、智能化生产条件下因科技持续突破创新与产业不断升级发展所衍生的新形式和新质态。

正因为受制于核心技术与创新能力，中国企业的整体综合竞争能力还不够强大。虽然以出口为导向的外向型经济发展战略，为中国带来了多年的经济持续增长，创造了巨大的财富，但我国产业链结构中的高端核心技术、核心工艺、核心原料、核心环节、核心零部件一直面临着发展瓶颈。尤其是我们许多大型企业的发展主要依赖规模，创新引领力、国际竞争力与世界一流水平还存在差距；中小企业市场竞争力有待增强，升级任务紧迫。

新质生产力正是由于科技创新，源源不断带来的生产力革命，在新质生产力的推动下，"钱从哪儿来，钱到哪儿去"都会受到全面影响，财富的来源和流向也会发生变化。土地是财富之母，传统财富是以土地和能源为基础的财富，而新质财富是以科技、创新、流量和IP为基础的财富。为了更好地抓住新质生产力和新质财富带来的变革机会，必然要求在更高层次上激活品牌，以焕新活力的品牌塑造新质品牌的势能。

科技创新是第一生产力，与技术进步相关的高科技领域更是未来的投资高地与黄金车道。我们必须大力推动提升中国本土化高科技企业在政策与资源配置上的支持。从经济学角度来看，科技创新在新质生产力中发挥的主导作用，会提供高效能、高质量的发展动力。区别于以前依靠大量的资源投入，高度的劳动密集型的投入，新质生产力将着眼于摆脱传统的增长模式。在未来的全球化竞争中，投入的资源与劳动力再多，也仍旧属于成本优势的竞争范畴。转型主要就是提升新质生产力，新质生产力考量的是科技竞争力，品牌竞争力。

科技的跃迁，技术的更新，都要求中国的企业与企业家们进行深刻的改变，采取新的措施与方法。中国品牌正在摆脱低质、廉价的标签向中高端化发展，中国的品牌正迎来一个新时代。在新品牌时代的发展浪潮中，从新质生产力到新质财富再到新质品牌，将为中国经济跨越式发展提供新的经济发展路径。

SECTION 4 第四节

贫穷的本质：穷人为什么穷，富人为什么富？

常言道，富不过三代，但穷起来却总是无穷无尽。努力奋斗就能发家致富吗？做不成富二代，能当上富一代吗？贫穷的本质是什么，富人的基因又是什么？为什么穷人摆脱不了贫穷，富人却往往可以东山再起？

诺贝尔经济学奖得主阿比吉特·班纳吉也曾发出这样的疑问。2019年诺贝尔经济学奖把奖杯颁给了来自麻省理工学院的阿比吉特·班纳吉（Abhijit Banerjee）、埃丝特·迪弗洛（Esther Duflo）和哈佛大学的迈克尔·克雷默（Michael Kremer）三人。组委会表示：他们的研究"大大提高了我们消除全球贫困的能力"。

2019年诺贝尔经济学奖得主阿比吉特·班纳吉（左）、埃丝特·迪弗洛（中）和迈克尔·克雷默（右）

我们知道，全世界百分之八十的财富永远掌握在百分之二十的人的手中。同时，全世界还有10亿最底层人口，生活在每天收入不足0.99美元的贫困线之下。

但班纳吉发现：穷人一有多余的钱就买好吃的；就算吃不饱饭也要买电视；他们的孩子即使上了学，也不爱学习；穷人放着免费的健康生活不去享受，却会在买药看病上倾家荡产；而且，大多数人认为小额信贷、穷人银行没什么效用，宁可去借高利贷……

在班纳吉的《贫穷的本质：我们为什么摆脱不了贫穷》这本书中阐述了，究竟是什么导致穷人的长期贫穷：懒惰？不自律？这都不是最根本的原因，更多是因为穷人只顾眼下，从不投资未来、信息匮乏、不注重教育、借不到钱、没有机会……

越吃越穷还是越穷越吃？究竟什么是穷人？有很多种不同的描述，大致上"穷人"被定义为吃不饱饭的人。"消除贫穷与饥饿"已经被列入联合国千年发展目标（MDGs），从《贫穷的本质》中我们发现,"吃货"往往不容易获得成功。

班纳吉在书中写道:在摩洛哥的一个偏远山村,我们遇见了一个叫欧查·姆巴克的人。我们问他,如果有更多的钱,他会用来做什么,他说会用来买更多的食品。我们接着问他,如果有更多更多的钱他会买什么,他说会买更多好吃的食品。于是,我们开始为他和他的家人感到遗憾,因为在我们坐着的房间里,我们注意到了一台电视机、抛物面天线及DVD播放机。我们又问他,如果他觉得一家人都吃不饱,为什么还要买这些东西呢?他笑着回答道:"哦,电视机比食物更重要!"

英国著名小说家乔治·奥威尔也在《通往威根码头之路》一书中描述英国穷人的生活:"他们的食物主要有白面包、人造黄油、罐装牛肉、加糖茶和土豆——这些食物都很糟糕。"但是他们并不愿意花钱去买更健康的食物,甚至花更少的钱吃到健康食物也不愿意。"一位百万富翁可能喜欢以橘子汁和薄脆饼干当早餐,但一位失业人员是不会喜欢的……当你陷入失业状态,你并不想吃乏味的健康食品,而是想吃点儿味道不错的东西,总会有一些便宜又好吃的食品诱惑着你。"

追求口味的满足是人的本性,而自律的人会让自己吃得更健康,健康的食物往往口感上稍逊一筹。而对于美味的诱惑,穷人更没有抵抗力。穷人不仅不注重自己的健康,也不注重孩子的健康,即使是在当今社会,有些国家的穷人,哪怕只是花极少的钱给孩子吃一片驱虫药片都难以做到,可他们却在追求食物的口味上"浪费"金钱。因为穷人除了吃之外,难有什么其他途径获得身体和精神上的满足了,干脆今朝有酒今朝醉。穷还怕意外,一次计划外的支出,一场突然的变故,失业、生病等都可能让本就不富裕的家庭雪上加霜。

知识脱贫终归还是有大用的！信息渠道匮乏，也让穷人更容易受谣言蛊惑。富人之所以富有，除了拥有敏锐的商业嗅觉，还有就是他们拥有广泛、畅通的信息渠道，总是能够快速地获取关键信息，从而进行决策判断、商业投资。

富人越富越能够接触到更有价值的一手信息。普通人的信息来源，则需要通过手机朋友圈、电视新闻联播等媒介获取二手信息。生活在底层的穷人，更是十分缺少信息来源，或者生活的压力让他们连获取信息的动力都没有。缺乏判断能力，使得他们更容易相信那些以讹传讹的错误信息。

我们有时候看到一些这样的社会事件：有人通过微信添加好友等各种方式给你介绍投资机会，号称有一个稳赚不赔的好项目。然后，把你拉进一个投资群，群里大概已经有那么二三十人，还有人陆陆续续加进来。拉你进群的人会私下跟你说，你先不用投资，先看看别人效果怎么样。于是，接下来今天张三投资1000元赚了200元，明天李四投资2万元赚了更多。用不了几天，你就跃跃欲试了。等你把钱掏出来转账给介绍人的时候，你确实能拿到一些回报。但是，等你放下戒备加大筹码的时候，悲剧就发生了，这个投资群一哄而散，你再也找不到介绍人，再也追不回自己的投资款了。原来，那个群里所有人都是骗子，人家是一个团伙，所有人都在做戏等你上钩。

所以，当一个人既没有获取信息的渠道，也没有足够的技能，还想发财的时候，结果只能是被别人"割了韭菜"。

常言道，"要想富，先修路"，在当今社会不论是马路还是网路，道路信息是否畅通，在一定程度上决定了这一地区经济发展的水平。

富人还懂得运用各种政策、信息、自身技能获得更多的财富，举个例子，电影《肖申克的救赎》里面有这样一段情节，男主角安迪入狱后，偶然听到一个狱警为税务的问题而烦恼，而安迪是受过良好教育的银行家，他很懂得如何合理避税，于是跟那名狱警做了个交易，他免费帮狱警报税免除大笔税金，而事成之后，狱警要给安迪的伙伴们每人三瓶啤酒。

结果呢，安迪不仅为狱友们争取到了喝啤酒的机会，还帮自己摆脱了各种繁重的体力劳动，越来越多的狱警找他帮忙解决税务问题。他还建立了监狱图书馆，帮助狱友学习或者减刑。这就是知识改变命运。

很多人认为穷人读不起书、学校不够用或者读书无用，不让孩子读书。事实上，目前全球有170多个国家与地区已经实现了不同程度的义务教育，让6～14岁甚至更高年级的少年儿童享受义务教育的权利。但是在一些地区，辍学率依然很高。

《贫穷的本质》中有这样一个实验，让贫穷地区和发达地区的家长分别看图说说对孩子未来的希望，贫穷地区的家长更多选择的都是金钱、豪车，而发达地区的家长对孩子未来的希望更加多元化。

所以在班纳吉看来，穷人面对的教育出路更窄，往往只有通过拼命地学习考试才有可能突破现状，精英教育无从谈起，成绩不好的孩子还会被学校和老师踢走，这也让很多家长和学生过早地放弃了在教育方面的投入。

同时，在印度等一些国家雇用童工被普遍认可接受，直到2006年印度才立法明确禁止使用童工，但这一现象仍然非常普遍。一些家庭贫困的孩子甚至5岁就开始工作养家糊口，所以就算教育免费，书本都不用花钱，他们的家长也不愿意让他们上学，花费几年甚至十几年的时间去搏一个不确定的未来。

比起原生的穷更令人心酸的是成长环境对一个人的影响是至关重要的,有一部纪录片叫《孪生陌生人》,讲述了一家机构做的残酷实验,他们有计划性地把三胞胎兄弟分别送给蓝领家庭、中产家庭和富裕家庭收养,每隔一段时间以跟踪回访的名义去记录他们的成长历程。

最开始,这是一项没有人知道的计划。可是没想到,十八年后,被富裕家庭领养的鲍比和被中产家庭领养的艾迪竟然上了同一所大学。在学校里,所有人都把鲍比误当成艾迪,这让外表几乎一模一样的兄弟俩终于见面了,然后他们又找到另一个兄弟大卫,一下子,外貌、性格、爱好都近似的三胞胎兄弟成了媒体关注的焦点。他们想合伙开一家餐厅,这时候问题来了,虽然三个人看起来什么都一样,但在不同背景下长大的他们,知识、人脉、理念是完全不同的。

富裕家庭长大的鲍比非常有主见,并且由于父母良好的社会地位,他的人脉、见识都是另外两个兄弟不能比的;蓝领家庭长大的大卫最平庸,没有什么出众的地方,好在他的父亲是个乐观开朗的人,所以大卫的性格很好;而在中产家庭长大的艾迪,按说是比上不足比下有余,但是他的父亲非常严厉,从小在冷酷的环境下长大,他也得了严重的躁郁症,最后开枪自杀了。

被人为安排的三兄弟,命运就像《楚门的世界》中的楚门一样悲剧,但是这个实验也让人看到,一个人的外貌、性格、爱好可能跟基因相关,但是未来的人生却离不开环境和教育。

还有一部更加真实的英国纪录片叫《人生七年》,导演用几乎一生的时间跟踪采访了14个来自英国不同阶层的7岁小孩,这些孩子有的来自孤儿院,有的来自普通家庭,有的则是上层社会的孩子。制作这部纪录片的初衷是英国的一句格言:Give me a child until he is seven, and I will give you the man. 意思类似我们常说的"三岁看大,七岁看老"。

在第一次拍摄了这些孩子之后,导演艾普特对这件事产生了更大的兴趣,于是此后每隔七年,他都会重新采访这些孩子,记录他们7岁、14岁、21岁、28岁,甚至有的到60多岁的状况。整体来看,父母的阶层决定了孩子接受的教育,而教育又决定了孩子以后的眼界和高度。

影片中富家三兄弟之一的安德鲁就说:"人无法确定能留给下一代什么财富,但至少可以确定,一旦给了他们好的教育,他们终生都可以受用。"

号称不给孩子们留钱的比尔·盖茨,其实为了孩子的教育付出了很多心血和资金。比如他的大女儿詹妮弗·凯瑟琳·盖茨爱好马术,在这项爱好上,父母从来都是毫不吝啬地支持她。2013年,比尔·盖茨花费870万美元在佛罗里达州威灵顿购置了一块赛马场,目的是将女儿培养成一名世界级的骑手。

当然,大多数父母没有足够的资本支撑孩子所有的梦想,但是总应该尽力给他们创造一个更好的机会,何况很多教育都是不需要花钱的。

在中国安徽省六安市大别山东北麓余脉的毛坦厂镇,有着号称全亚洲乃至全世界最大的高考工厂——六安市毛坦厂中学。这里因把学生当成刷题机器而受到社会广泛关注。这个学校在安徽省六安市毛坦厂镇,跟河北衡水的学霸们不同,到这儿读书的很多都是学习成绩不怎么样的、第一次没考上理想大学的学生。但是,经过一年刷题,很多人能够考上一所比较不错的大学,有的家长还会放弃工作、放弃自己所有的私人时间到这里来陪孩子读书。

当人们在议论到底是要注重素质教育还是应试教育的时候,事实上对于一些人来说,或许在这样的"高考工厂"苦干一年,争取接受更优质高等教育的机会,才是对未来人生最负责任的一种方式。

每个人的起点和所处的环境不同,所以当我们看到他们深夜打着手电也要多做一道题的时候,不能轻易地用书呆子来下定义。

很多人苦于怎么教育自己的孩子,我们来看看教育学家、心理学家们给出的答案,都是身教大于言传——你希望孩子怎么做,首先你得做到。你自己抱个手机不停刷,一会儿看看综艺,一会儿看看直播,你想让孩子好好读书那是不可能的。

最好的脱贫帮扶是多给穷人机会。还有一种现实的情况就是,穷人的机会微乎其微。前面我们说穷人往往缺乏信息渠道,事实上,即使他们能够获得财富信息,也通常没有能力投入启动成本。

很多人认为穷人之所以穷,是因为没钱创业,由于缺少抵押物也很难借到钱,为此,2006年诺贝尔和平奖得主尤努斯,推动了发放小额贷款的穷人银行。但是,这样的银行出现了,也不是就万事大吉了。这类银行给穷人的贷款利息比富人更高,因为银行收集借贷人信息、催讨借款的成本相对富人都太高了。机构和穷人之间难以形成良性循环,很多穷人宁可向民间高利贷借款,也不会找正规的小额贷款银行。

网上曾流传过一个这样的段子:王思聪他爸给他5亿元,他做股权投资挣了40亿元,翻了8倍;我爸给我5块钱,我买了一副手套和一瓶水,到工地搬砖挣了200块钱,翻了40倍。事实证明,我比王思聪要厉害得多。但是,由于起点不同,结果却是大相径庭。

富人起步的基数远大于穷人,而且越富有的人,越可能会贷款买房买原始股。但这对于穷人来说几乎是不可能的。

相对于穷人来说,富人有更多的本钱、机会和人脉;他们的信息渠道更畅通，也可以轻易调动很多钱；他们的性格中有更多冒险基因，而成功的概率也更高。这让富人更加相信自己是上天的宠儿。圣经《新约·马太福音》中说："凡有的，还要加给他，叫他多余；没有的，连他所有的，也要夺过来。"穷者越穷，富者越富，成为经济学中的"马太效应"。

穷人都不给穷人机会，让人们对这种"一夜暴富"的方式越来越不抱希望了。俗话说"富贵险中求"，而穷人攒不下钱也缺乏冒险精神。

广东有句俗话，老板都是孤寒的。意思是说，你不抠门是成不了老板的。但是，穷人总是无法克制浅显的欲望，攒不下钱。比如《贫穷的本质》一书中，在食物陷阱中提到的：穷人会无法控制过度消费，卖水果的小贩每天进货花费1000卢比，要背负4.65%的债，如果他们控制一下用度，每天少喝两杯茶攒上几天就可以不用借款了。可现实的情况是，他们无法控制自己消费的欲望，就像网友对"剁手党"的形容，就算事后"剁手"，也无法不"买、买、买"……

穷人攒不下钱也冒不起险，他们面对失败的风险会更高。比如一户印度的家庭，本来日子还可以，结果被骗子骗了2000万卢比。为了追回钱款，他们给了警察250万卢比，而追回的400万卢比又被警察拿走一半。夫妇俩想要东山再起只好借了债，制作了一批短裤打算售卖。结果，订购商突然不要了。在库存和债务的压力下，夫妻二人最终也分道扬镳，以离婚收场。

多数穷人创业通常不是为了追求理想，仅仅是生活所迫而已，不是所有地摊都能摆成义乌小商品市场，穷人的目标也不是成为受人尊重的企业家，他们只能经营一些小本生意，卖着没有竞争力的货品，他们不会轻易扩张店面或者更新商品，因为那样做的结果更加不确定。

获得2020年奥斯卡最佳影片的韩国电影《寄生虫》,就讲述了生活在社会底层的一家人生活。宋康昊饰演的金基泽一家其实原本并不是很穷,最起码不是住在半地下室里的人,就因为一次投资失败他们就再也无法翻身。他做了什么呢,其实就是受别人的诓骗,以为加盟一家台湾古早味蛋糕店能赚钱,就搭上全部身家,结果一败涂地。跟他有同样遭遇,甚至比他更惨的是躲藏在富人地下室里的人家,他们也是投资古早味蛋糕店失败,弄得债台高筑,只能躲在暗无天日的地下室苟延残喘。

穷人容易被骗,也难有从头再来的机会。穷人之所以永远生活在最底层,往往就是因为他们熬不过黎明前最黑暗的时刻,而一旦有了机会又不珍惜,贪婪、一夜暴富的欲望让他们爬不出贫穷的深渊。

其实一时的贫穷并不可怕,可怕的是思想和身体一起变得贫瘠。在《当幸福来敲门》中,我们看到的是一个濒临破产、妻子离家的落魄业务员,如何刻苦努力、奋发向上成为股市交易员,最后成为知名的金融投资家的励志故事。

这个故事改编自投资家克里斯·加德纳的同名自传,家境贫寒,从小没有父亲,为了获得更好的生活机会,他加入过美国海军,流浪过、入狱过,但是无论在哪种境遇下,他都没有放弃自己的理想——成为一名股市交易员,获得财富和尊重。班纳吉在《贫穷的本质》一书中最后写道:大多数情况下,我们很难预测哪个国家的经济会增长,也不明白为什么有些事会忽然发生。

创富需要勤劳和智慧,但无论何时,如果男人和女人都受过良好的教育、拥有健康的身体,如果市民们在为孩子投资方面具有安全感和更多信息,让孩子们走出家门,到城里去找一份新工作,那么人们就更容易摆脱贫困。许冠杰在歌曲《沉默是金》中这样唱道：冥冥中都早注定你富或贫。是错永不对真永是真，任你怎说安守我本分，始终相信沉默是金……自信满心里，休理会讽刺与质问，笑骂由人，洒脱地做人……

SECTION 5 第五节

社交货币：如何成为社交富翁

社交是人的天性，社交更是财富的沃土，其财富创造力不亚于金融、能源等行业。为什么人爱社交？如何用社交创造财富？如何储存社交货币，成为社交富翁？

早在20世纪90年代，华盛顿大学的学者戈登·舒尔曼在神经影像学研究领域发表的一篇重要论文就提出了一个关于大脑天生爱社交的重大谜团：当人们从一项任务中抽离出来并处于空闲状态时，人们的大脑反而比忙碌状态时更加活跃。后来，我们称这种在完成任务时会默认打开的脑部神经网络为"默认网络"。

再后来，一项关于对人类新生儿脑区协调活动的研究发现：初生婴儿脑中的默认网络活动模式竟和成年人的一样活跃。我们知道，刚出生两天的婴儿对人、对玩具事物等这些人情世故都是毫无概念和兴趣的，连说话都不会，更别提社交了。这也就意味着，默认网络会在大脑处于空闲状态时，触发我们对自己以及与他人关系的认知和思考。换句话说，这种认知就像是热恋中的人在自己闲暇之余便会想起另一半；离家在外的游子在自己闲暇之余会想起故乡的青山绿水和家中的老母亲一样。所以说，爱社交是人的天性。

社交永远是年轻人的天下，年轻人的市场。社交的原动力是荷尔蒙，是性。性+技术是社交产品的基础。"约"是最基本的社交需求，也是做社交产品的出发点。大家知道Facebook的目标是"链接整个世界"但最初，在哈佛校园里流行起来的Facebook的目的很简单："能够找到校园里的美女，然后和她们打招呼。"

一直以来大多数人相信赚更多的钱会给我们带来更多的快乐和更美好的生活。因此，我们将赚更多的钱视为人生目标。你会发现即便像王健林这样的人，也仍在不断地给自己定小目标。但事实上，我们这种认知是错误的。伊斯特林悖论已经证实了金钱与幸福并不存在相关性，表现最为明显的一个国家是日本。他研究发现，1958—1987年这30年间，日本人的物质生活得到了巨大改善，实际收入增长高达500%，但他们的幸福水平却始终持平，无递增趋势。可见，更多的钱并不能让我们更幸福。而研究发现，社会因素却与幸福存在直接的关联性。

大量研究表明，参与社会因素可以为幸福增值：

每周至少参加一次志愿活动的人幸福感=年收入增多5.5万美元

拥有一位随时可见的好友幸福感=年收入增多10万美元

结婚的幸福感=年收入增多10万美元

以上是经济学家已经通过大量研究得出的社交价值转换成果。

所以说，和朋友泡茶聊家常、参加社区志愿者活动、拥有一个疼爱你的伴侣、出席一场高端的超级盛典……这些能够分享你喜怒哀乐，展现你真善美以及个人能力的社交活动，能够转换成改善我们生活、提升幸福指数的能量剂。

人们喜欢社交，不仅因为天性，还因为社交利于缓解心理压力、润滑人际关系、提升个人价值和社会地位。除此之外，社交还给我们带来了新的财富商机。

社交无疑是财富的沃土，更是互联网的本质。全球最大社交网络Facebook创造了超3300亿美元的市值神话，中国最大社交App微信估值高达836亿美元，几乎是腾讯市值的一半，新浪微博更是创造近百亿美元的市值，推特的市值也超130亿美元。除了这些社交市场的巨头，还有不计其数的社交市场独角兽企业存在，诸如陌生人社交、婚恋社交、职业社交，毫无疑问，社交为人们带来了巨大的财富红利。

今时今日，我们从线下社交逐渐拓宽到线上+线下社交，移动互联网为我们的社交生活带来了更多可能。哪里有需求，哪里就有市场。为此，因社交而起的财富商机不胜枚举。雨后春笋般的社交媒体平台、社交圈中的红火生意、社交众筹、社群经济，甚至网红经济等皆源起于社交。

当然，社交财富不止于此，还有很多已挖掘的在此就不再赘述，未来还有更多的新商机待挖掘和涌现。说不定你就是下一个扎克伯格，凭借社交商机而平步青云的时代风云人物。

没有社交货币，你就难以在移动互联网时代生存。

社交货币是移动互联网时代的虚拟财富符号，你的每一次转发和点赞都会让你的社交银行存款增加。如果你又能提供原创的内容，说明你的印钞机开动了。而你的社交货币和真实货币的比值完全取决于你的社交地位：是处于金字塔顶端还是底部。

社交大咖的江湖地位是这样的：你通过他获知各种新产品信息、秘闻、笑料、新颖观点；他是某个方面的行家、新事物的推销员、新关系的建立者；他就像你了解外部世界和陌生领域的一根电话线，总是带给你新的"情报"。

在社交媒体时代，如果你有很多钱，那么你只是个"土豪"，而如果你有很多的社交货币，你才是一个真正的"富翁"。前者是有钱，而后者是值钱。

可以达成对传播者个人 IP 的传播和塑造，以获得传播对象的认同感、联系感的信息都可换算成社交货币。货币是一种"以我所有换我所需"的信用凭证，货币的价值在流通，和货币一样，社交货币的价值也在于流通。

美国宾夕法尼亚大学沃顿商学院市场营销教授乔纳·博格和凯瑟琳·米克曼专门对社交媒体的内容分享进行研究，他们发现了人们在社交网络上分享信息的动机："我们与其他人谈话的时候，不仅仅是想传达某种交流信息，而是想传播与自己相关的某些信息。"也就是说，人们分享思想、观点和经验并不是无意识和无目的的，人们的分享行为是为了收获传播对象对自己的认知，完成对自己的"标签化"，塑造他人眼中的自己。

以微信朋友圈为例，人们在社交网络上分享最多的信息大致是这样几类：新颖的观点、参与的活动、搞笑资讯、情感状态，而目的则是在接受者中形成我是一个有思想的、生活丰富的、风趣的、"单身狗"的印象，而相应地收获别人的欣赏、羡慕、喜欢、追求。这些传播出去可以使别人完成对"我"画像的社交信息就是对人们社交货币的充值。向人们分享可以凸显自我独特性的信息以完成自我标签化的需求，是当今社交媒体和社交网络存在的基础。

由此看来，我们每个人都是一个社交货币发行银行，我们发行社交货币的目的是影响他人对"我"的看法、印象，即形成个人品牌。直观来看，我们使用社交货币是为了买到别人的关注、评论、点赞……这是在个体层面；而在企业层面：自社交媒体兴起，越来越多的企业认知到社交媒体的营销价值，开始自媒体建设，摒弃原有的购买第三方媒介进行营销传播的老套路，使用社交网络发行社交货币，进行企业品牌的"自传播"。

个人和企业在微信、微博、直播、Facebook等自媒体平台的每一次发送和分享都是一次社交货币的流通。一国货币的流通频率越高、流通范围越广说明该国的经济越活跃，增长潜力越大。评估社交货币有三个维度：其一是社交货币传播的范围，即个人和企业推送的包含个人和企业品牌的信息被多少人打开阅读了。其二是社交货币收获的认同，即个人和企业传播的资讯、观点被多少人分享、点赞了。评价社交货币的这两个标准指数越高，说明社交货币越有价值。其三是社交货币的匹配程度，即所分享的内容被越多的目标读者接受，越有价值。比如，某妇儿医院发布的关于如何育婴的文章被越多的准新生儿父母和备孕父母读到，其价值越大。

以微信为例，到目前为止微信的活跃用户已破10亿，微信传播已经成为政府、媒体、企业、个人新媒体传播的重中之重。微信之父张小龙在微信公开课上表示微信公众号的阅读量绝大多数来自朋友圈，即"20%的用户到订阅号去挑选内容，80%的用户在朋友圈阅读这些内容"。可见，个人和企业所发行的微信公众平台社交货币的分享次数是决定传播的好坏和成败的核心因素。

那么，如何打造人们乐于分享、收获认同的高价值社交货币？

我们已经理解人们在社交网络发布、分享信息的目的是"塑造别人眼中的自己"，那么易于流通的社交货币一定是那些能够帮助人们完成这一目的的内容，个人和企业发布的内容只有对用户有价值，人们才会乐于分享；个人和企业购买的是用户的朋友圈媒介，而社交货币是用户对帮助传播的报酬。概括来说有五种社交货币容易在社交网络上引起流通（分享传播）：

第一种是可以让用户"炫"的。用户分享之后可以满足攀比心理、炫耀心理，暗示自己生活层次、生活品位的内容。假装在纽约、微信定位、晒方向盘、晒与名人在高层次场合的合影等,这些恰恰反映了人们的"虚荣需求"。因此,那些能够满足人们虚荣心理的社交货币更容易在朋友圈获得转发和分享。《你真的懂英式下午茶吗?》《如何把方便面吃出法式大餐的感觉?》能够火遍社交网络概因于此。

第二种是可以"替"用户说话的内容。每个人都有表达自己看法的需求,但碍于写作能力或者时间没法自己表达,那么那些能够戳中某一类人痛点和代某一类人表达心声的社交货币便能够引起传播。例如,我们在公司老板的朋友圈经常会看到这样的一些内容《公司不需要二传手》《要么干,要么滚,千万别混》《请照顾好你的老板,他也不容易!》,诸如此类的可以代表某类人不便言明的心声的文章便能成为朋友圈的高价值社交货币。

第三种是思想深刻、创意新颖的内容。这些内容包含新奇的事物、观点,能够开拓人的眼界和思维,帮助人们了解自己不知道的领域。例如VR爆火,类似于《VR真的很火,一分钟让你看懂什么才是VR》的文章便能够火遍互联网。

第四种是与自身密切相关的技能、知识、经验。《月薪3000与月薪30000的文案区别!》《什么是顶尖的互联网产品经理?》便属于这一类型的典型。

第五种是重大的时事新闻和社会热点。这类社交货币有很强的时效性,而且发行能力掌握在有内容采写和制作能力的专业媒体手中。因这类时事新闻具有现象级的新闻传播力,也成为各大专业媒体、社交媒体、个人自媒体争相使用的优质的社交货币素材。

洞察人们在社交媒体上活动的目的——塑造他人眼中的自己,便给我们的品牌传播工作留下了巨大的想象空间。社交媒体时代,每个个体和企业都是一个发行社交货币的银行,和现实生活中的货币一样，社交货币越能满足用户参与社交网络的目的，其流通范围越广、频率越高，我们的品牌便越具有影响力。

赶紧到你的社交银行去存款吧！否则你会在社交时代老无所依、贫病交加的。

SECTION 6 第六节

从荷尔蒙经济到内啡肽经济

未来的商业大趋势：一是新场景构建，二是情绪价值营造，三是品牌赋能。

在2023年，拼多多的市值超过阿里，字节跳动的营收和增速超过腾讯，这是市场与消费环境变化的分水岭。从炫耀性消费到平民消费，同时精神压力的普遍化也创造出巨大的治愈性消费需求。

从荷尔蒙经济到内啡肽经济是未来的一大变化趋势。荷尔蒙在生物学意义上本身是指一种生长激素，无论是雄性激素还是雌性激素都是人生理与精神欲望的催化剂。而所谓的荷尔蒙经济，是一种追求消费欲望与刺激的经济发展需求。在消费欲望生长释放的过程中都会大大刺激经济的发展。

荷尔蒙经济又称为青春期经济，正如万物萌生，焕发出勃勃生机。有一部电影就名为《万物生长》，人本身具有生物属性，与孔雀开屏、白鹤亮翅一样，人都有尽情展现自己的需求与欲望。

当年，一句"杉杉西服，不要太潇洒！"的广告语传遍大江南北，更助推杉杉股份成为国内"服装行业第一家上市公司"，以及在20世纪末连续7年占据中国服装市场占有率第一的"中国服装第一品牌"。同样,"金利来,男人的世界"也是一句经典广告词,在20世纪八九十年代被国人耳熟能详,成就了金利来在领带、皮具、男士服装领域的辉煌地位,巅峰时期,金利来在全国的专卖店就超过了1300家。展羽毛、秀肌肉是取悦别人的经济模式,女为悦己者容,士为知己者死。荷尔蒙经济时代,一切都快速地生长,为众多行业与品牌提供了时代红利,这些行业中最早一批赚钱的包括服装、摇滚音乐、酒精刺激、夜场、KTV、商业地产、大型购物中心、快捷酒店等。

荷尔蒙经济时代是经济的黄金时代,但时代的红利也终会受限于时代。杉杉与金利来正是荷尔蒙经济时代的红利品牌代表,如今却快要被人遗忘了。当越来越多的"80后""90后"选择租房住的时候,不正折射出人口增长率的困境吗?现在已进入内啡肽经济时代,不再以美、以刺激、以生长为强烈而无限的追求,而是到了平常心时代,以一种自我奖励为普遍心态,转而注重自我感觉,自己怎么舒服怎么来。因此,年轻人就有了"躺平"一说,这也是一种快乐经济追求的体现。颅内高潮由感官刺激而来,眼耳鼻舌身,对应的是视觉、听觉、嗅觉、味觉与触觉。与内啡肽经济不同,多巴胺是补偿经济,一个是奖励你,一个是补偿你。从荷尔蒙经济到内啡肽经济,再到多巴胺经济,体现在消费端就有很多变化。

如今我们去逛商场,会发现许多服装的销售不再火爆。许多人去商场除了闲逛,最多只干两件事,要么是看电影,要么是吃饭。有两百块钱的预算,是买套衣服让别人看着舒服还是去喝点小酒,吃一顿?许多人选择了后者。

创造卖快乐是消费经济的一大核心。于是,新的内啡肽经济与多巴胺经济带火了餐饮、清吧、电影、旅游、香道、茶道、足道、SPA、快乐肥宅水、电子游戏、掼蛋,还有马拉松。马拉松就是典型的多巴胺经济。可见从"高刚海"到"高刚瘾",成瘾性的消费成为新热点。人们明明知道过度摄入糖分不好,但是没有甜品,一顿饭吃得可能就感觉不完美。同样咖啡的营销侧重点也属典型的从荷尔蒙到内啡肽再转到多巴胺,正因如此,就给了瑞幸咖啡从星巴克手中抢夺市场的机会。

掘金之道·财富故事

1.商业大佬们的第一桶金

有人说赚钱的能力是天生的。这种说法不无道理,很多商业大佬在年轻时就展现出了打破常规的赚钱思维。下面来盘点大佬们的第一桶金是如何赚到的。

科技狂人马斯克的第一桶金竟然是开夜店赚到的。当同学都在认真上课时,17岁的马斯克却想着如何赚同学的钱。马斯克和朋友一起在校外租下一间大房子,用很少的钱改造成了夜店,只需要5美元就能享受整晚的酒水和音乐。虽然布置单调,但胜在价格便宜,很受附近大学生的欢迎,每晚至少能来500人,一晚上就能赚到两三千美元。

同样是科技大佬的扎克伯格,也在大学时就忙着赚钱。2003年在哈佛上大学的扎克伯格,开发了一个叫Facemash的网站,用来让同学们投票选出"校花校草"。虽然很快学校就把网站关停了,但他也注意到了校园里的社交需求。2004年2月,Facebook上线了,仅仅6个月用户就突破了10万,成为最受欢迎的社交网站。Facebook的成功也让扎克伯格22岁时就赚得100万美金。

回看国内,商业奇才也是数不胜数。蜜雪冰城创始人张红超,大学毕业后拿着3000元创业,开了一家刨冰小摊,取名

"寒流刨冰"。因为价格低又解渴，吸引了很多顾客。那个年代人均月工资不过200元，张红超一天就能赚到100元。

波司登创始人高德康，用8台缝纫机开启创业之路。高德康24岁时，带领11位农民组建了缝纫组，用8台缝纫机和1辆永久自行车，开始服装加工生意。虽然条件艰苦，但高德康靠着勤勉经营有了一些积蓄，也为之后的羽绒服帝国积累了资金。

巾帼不让须眉，"国货之光"华熙生物的创始人赵燕，21岁就开始创业。1987年大学毕业的赵燕来到海南淘金。她和同事们注意到，一家外资刚撤走的工厂里有几百台旧冰箱。她们以成本价从老板手中收购了这批冰箱，又找师傅修好后卖出，赚了第一桶金——80万元。

玖龙纸业董事长张茵，28岁靠收废纸赚得第一桶金。她发现废纸回收大有前景，于是辞掉稳定的工作，带着3万元来到香港开办纸品厂，靠回收废旧纸品白手起家。

每个人的出身不同，但越早拥有赚钱思维就越早成功。

2.钻石的崩塌，黄金的崛起

河南老乡打破钻石垄断让更多人实现"克拉自由"，同时也让曾经的爱情神话梦碎了。

1888年，戴比尔斯公司横空出世，包揽南非钻矿，垄断全球钻石市场，又将坚硬、稀有的钻石，包装成浪漫爱情的象征和求婚必备品。"钻石恒久远，一颗永流传"，引无数男女掏钱包，也让囊中羞涩的人，在爱情面前折了腰。

然而现在，河南老乡把钻石价格打下来了，人工培育出和天然钻石一模一样的钻石。这种经过打磨的金刚石，本质上是一种天然矿物，化学成分是碳，在地壳深处经历万年漫长的高温高压环境，形成透明晶体。人工培育钻石，则是在实验室里模拟自然环境，仅用一周生产出来的。

两者不仅外观一样，其晶体结构、物理性质、化学性质、光学性质等也完全一样。不同的是，他们的价格相差数倍。同样一克拉，天然钻石动辄数万元到数十万元，而同等品质的培育钻售价只要1万～2万元，钻石越大，价格优势越明显。

值得注意的是，人工培育钻石不是莫桑钻，不是假钻石，它是真正的"科技与狠活"。

人工培育钻石让更多人实现"克拉自由"，然而它的初衷并不是为了爱情，而是为了解决我国被"卡脖子"的技术难题。

我国虽是金刚石生产大国，却不是这方面的强国，高端、功用性金刚石制备长期以来是我们"卡脖子"的技术之一，为攻克这一难关，我国科研人员经过两年努力，终于开发出高质量的量子钻石，低成本、高效率的制备工艺，在工业方面突出重围。

如今，天然钻石矿藏已经越来越少，且开采难度极大，成本极高，而在河南商丘柘城这个小镇，人工培育钻石年产量可高达400万克拉，拿下全球50%以上的人造钻石市场，成为全球最大的人造钻石生产基地。只要有需求，随时可生产。

在终端领域，美国消费了全球80%的培育钻石，我国消费占比不到10%，行业渗透率相当于2020年的新能源汽车，未来提升空间很大。潮宏基、中国黄金等都开始进军培育钻石领域。

钻石不再遥不可及，拥有一颗钻石也不再被年轻人追捧，与此同时，黄金投资、黄金饰品却一路高歌猛进，还被商家玩出了新花样。

现在的年轻人囤起黄金比大妈还疯狂，发了工资就去买金豆，黄金背后的暴利你想象不到。

深圳水贝黄金批发市场，曾经是全国大妈买金条的"圣地"。这里聚集了数千家黄金珠宝企业和个体户，行情好的时候一夜暴富的人屡见不鲜。最近几年，水贝的线下生意一落千丈，于是思维活跃的"金二代"们，在线上推出"集金豆"模式，打出"每月买一两颗小金豆，一年变成小富婆"的标语，没想到点燃了年轻人的囤金热情，生意火爆，最高的一天卖了170万元，每年能卖超过亿元。

把不起眼的小金豆做成大生意，"金二代"们靠的是这三条爆款思路。

一是低单价打破黄金壁垒，创造养成型理财产品。数据显示，现在黄金珠宝的消费群体中，25～35岁人群占了75%。小金豆稳定保值、投资门槛低，每月拿出几百元，攒上一年也是一笔小财富，恰恰击中了想理财又没钱的年轻人。

二是赠"存金罐"，拉升复购。小金豆造型简单，不收加工费，利润不高，靠走量赚钱。商家利用存钱罐的心理拉升复购率，每单会附赠一个空瓶作为"存金罐"，消费者为了装满瓶子，会进行复购，小金豆的复购率超过30%。

三是创造社交价值，"种草"裂变。商家用私域流量运营，积攒忠实客户。老玩家不仅经常晒出积攒的小金豆，宣传"种草"，还会分享攒钱目标，吸引新玩家加入。通过一层层裂变，从年轻人的潮流拓展成为全民热潮，现在大妈们也卷入"集金豆"热潮。

不仅水贝的商家们做金豆产品，连头部的黄金品牌也纷纷效仿，推出"金瓜子""金花生"等。总结一下，小金豆迅速成为爆款，是因为它兼具投资价值和社交价值，如果你也想做爆款，不妨发掘一下这两类价值。

3. 为什么梵高是"穷死的",毕加索是"富死的"?

穷人有穷的原因,富人有富的理由。穷人为什么穷?富人为什么富?因为富人会讲故事,而穷人不会。梵高与毕加索都是天才画家,但毕加索生前就是故事大王,而梵高只会默默作画,他们人生的境遇有着天壤之别:梵高是"穷死的",而毕加索是"富死的"。

梵高生前穷困潦倒,虽然一生画了900多幅油画,但有生之年只卖出过一幅画,收入是400法郎……几个月后梵高就自杀了。梵高的一生平淡无奇,过着十足的潦倒生活,但画作却色彩艳丽,充满着对未来美好生活的各种憧憬。从《星空》到《向日葵》,都表达着梵高内心对自由的极度渴望。贫穷会杀人:梵高疯了!他把自己的耳朵割了下来。在弟弟不再提供给他生活开支的时候,37岁的梵高选择了死亡:最终开枪自杀了。

相比于梵高,毕加索的人生则灿烂辉煌。在其91岁辞世时,毕加索留下了7万多幅画作、数幢豪宅和巨额现金。据测算,毕加索的遗产总值达到395亿元人民币。很显然,毕加索是"富死的"。

同样是画家,为什么毕加索会如此富有?原来,毕加索不仅是个绘画天才,也是位营销天才,更是个会讲故事的金钱达人。故事比画值钱,每当毕加索要出售他的画之前,都会先办画展,然后召集大批熟识的画商来听他讲故事。讲作品的创作背景,讲作品的创作意图,讲作品相关的故事。一幅画想要卖得好,先要画得好。可如果仅仅只是一幅画,恐怕没人愿意为它付出高价。人们更感兴趣的是这幅画背后的故事。有了这个兴趣,故事就值钱了,故事里的画也就值钱了。这是一种产品"货币化"的过程,很多人不明就里,而天才的毕加索却深谙此道。如今，价格昂贵的产品无不是有着生动的品牌故事，而且这些品牌故事每天还在被创新地演绎。

据说，毕加索出名之后，即使购买很小件的生活用品也喜欢用支票付款。为什么？其实，这里面有个小秘密。当毕加索已经是位声名显赫的画家的时候，如果他用支票购物，得到支票的店主会怎样处理那张支票呢？毕加索认为，店主与其拿着这张支票去银行兑换那么小额的一点现金，倒不如将这张有着毕加索亲笔签名的支票当作艺术品，赶紧装裱收藏起来，至少也是一件十分有意义的纪念品，说不定以后还能升值卖出去。于是，为了不花钱也能购物，毕加索就用支票去结账，这就相当于现在的名人"刷脸"。

毕加索深谙品牌溢价原理。法国波尔多有座极其神秘的罗斯查尔德家族的酒庄——木桐·罗斯查尔德酒庄，木桐酒庄出产的高级葡萄酒享誉世界。自从1945年以来，木桐酒庄的庄主菲利普·罗斯柴尔德每年都会邀请众多绘画大师来为其设计酒标，其中就包括毕加索，毕加索为其设计了1973年的酒标。但是毕加索并没让酒庄付他钱，而是接受一批葡萄酒作为稿酬。毕加索认为，这批酒因为贴上了自己设计的酒标，其价值必然会飙升。除了可以留下来自己喝，将来拿出去卖，也一定会有更高的溢价。可见，毕加索真是一个深谋远虑的理财高手。

巴勃罗·迭戈·何塞·弗朗西斯科·德·保拉·胡安·纳波穆西诺·玛莉亚·狄·洛斯·雷梅迪奥斯·西普里亚诺·狄·拉·圣地西玛·特里尼达·路易斯·毕加索。这是毕加索的全名，恐怕连毕加索自己也未必记得住。但这个名字却显示毕加索家族本身就蕴含着的现代商业基因。据说，毕加索家乡的人在起名时，除了会把祖先的名字加进去，还喜欢把和自己关系亲密的亲友的名字加进去，其真实目的是想拉近自己与对方的关系。在他们看来，构建诚实可靠的人际关系无比重要。

我们现在说，移动互联网的本质是社交，移动互联网时代的商业是社交商业，而社交商业的基础就是互信。可见，毕加索天生具备社交商业的基因。梵高穷的原因在于有生之年无法实现与他人的价值共享，而毕加索生前就实现了品牌溢价。

毕加索有言："我画的不是事物的表象，而是不能用肉眼看出的本质。"

2

第二章
CHAPTER 2

财富大趋势

SECTION 1 第一节

中国新首富和快消市场

财富风云，变幻莫测，我们拉长历史的时间线回首过往，你依然会发现，历来只有时代的首富，没有首富的时代。

2000年以来，中国首富的舞台你方唱罢我登场。2001年农业起家的刘永好兄弟以超80亿元人民币财富登顶财富榜首。2003年则换成了门户网站网易的创始人丁磊，随后几年家电零售行业的国美电器创始人黄光裕、地产大亨杨惠妍、比亚迪汽车董事长王传福、快消品牌娃哈哈创始人宗庆后等轮番登上各类财富排行榜。

2010年之后的十年，是中国地产和互联网的黄金十年，万达集团创始人王健林、阿里巴巴董事局主席马云分别3次、4次成为中国首富。

2020年以来，布局生物医药、民生领域的农夫山泉董事长钟睒睒4次成为中国首富。

从首富的轮替可以发现财富正从刚需大宗商品转移到满足个人消费需求的快销品行业。

2020年9月4日农夫山泉正式在港交所上市，开盘价高达39.8港元，公司创始人钟睒睒手握84.4%的股权，再加上持有的万泰生物股份，其个人身价一度达到578亿美元，超过马化腾成为媒体争相报道的中国新首富。

在此之前，钟睒睒很少在大众媒体亮相。"农夫山泉有点甜"人人都知道，钟睒睒是谁就没多少人知道了。甚至他的名字很少人读得准。他为人非常低调，此前万泰生物上市敲钟都没有现身，同是浙商，马云组织的各种浙商大会钟睒睒也从不露面。

但是低调的首富名号，更让一瓶水和它背后这位颇为神秘的操盘手被大家热议、分析。

钟睒睒是怎么从名不见经传到走上首富宝座的？包装水为什么能成为现代商业里最赚钱的生意之一？未来水市场还有多大的空间？由此延伸的快消市场有哪些新的变化和机会？这些都是大家关心的话题。

我们先来说一说这位"闷声发大财，人狠话不多"的中国首富钟睒睒。钟睒睒下海前当过五年的报社记者，但是经商以后他个人很少在媒体曝光，2005年我参加央视《对话》节目的录制，曾和钟睒睒有一次深度交流。同是浙商，都是卖水起家，他和娃哈哈的宗庆后有很深的"瑜亮"情结。在竞争对手眼里，钟睒睒是个稳、准、狠的角色，面对镜头的时候，他对自己的商业直觉也非常自信。

李光斗与农夫山泉创始人钟睒睒（左）共同参加央视《对话》节目

钟睒睒是白手起家的杰出代表，1954年出生在杭州，小学五年级就辍学打工，不是不爱上学，而是那时候有很多家庭供不起孩子上学，只能小小年纪出来赚钱，贴补家用。钟睒睒小小年纪当过泥瓦匠、木匠，打各种零工，恢复高考后他也积极报考想继续求学，但是考了两年也没考上。不过他没有放弃知识改变命运的道路，上了浙开大。30岁考进了《浙江日报》社当记者，而立之年算是找到一个铁饭碗，有了一份体面的工作。命运也在这时开始发生转折。

他在当记者的时候采访了大量的企业家，这让他有机会拓宽自己的思维，积累了不少人脉资源。

浙江人一向脑子活络。到20世纪80年代末的时候，钟睒睒看到国内的经济形势又发生巨大变化，冯仑、潘石屹这些人到海南搞房地产，还有在中关村买一台电脑，租几平方米小屋就开干的人比比皆是，钟睒睒也在寻找机会，他看准了投入低、见效快的保健品市场，想赚一把快钱。

那么问题来了，想赚钱得先有投资，一个记者能有多少钱，想自己做保健品根本没有初始资金，好在记者这个职业信息灵通、人脉广，正好这时有一个机会：当时海南正享受经济特区的优惠政策，还是保健品品牌的娃哈哈给海南的经销商放出了超低价。钟睒睒就抓住机会利用人脉关系，成了娃哈哈在海南和广西的总代理。

20世纪80年代末90年代初，到处都是"喝了娃哈哈，吃饭就是香"的广告，钱就像流水一样流进宗庆后和代理商们的口袋里。但钟睒睒并不满足，金鳞岂是池中物，没多长时间，钟睒睒就与娃哈哈分道扬镳，自己创业单干了。

就这样，人狠话不多的钟睒睒从娃哈哈那里完成了原始资本的积累，开始自己做品牌。1993年钟睒睒成立"养生堂"保健品公司开卖自主产品龟鳖丸，一年就挣了一千万元，他乘胜追击打造自己的保健品帝国，开发出多款产品，让清纯玉女高圆圆崭露头角的清嘴含片，就是旗下品牌之一。

在大家靠保健品赚得盆满钵满的时候，还是经商经验更丰富的宗庆后先知先觉，他看到保健品市场的乱象，在监管不严的情况下行业鱼龙混杂、问题频出，宗庆后开始悄悄退出，转向饮料市场发展，钟睒睒也紧随其后发展多元业务。到了20世纪90年代中后期，果然市场的风向变了，疯狂一时的保健品迅速降温，宗庆后、钟睒睒都全身而退。

1996年，瞄准瓶装水市场的宗庆后上线第一瓶娃哈哈纯净水；1997年，农夫山泉第一个工厂也开始生产，随后该品牌饮用水凭借"农夫山泉有点甜"的广告语畅销全国。

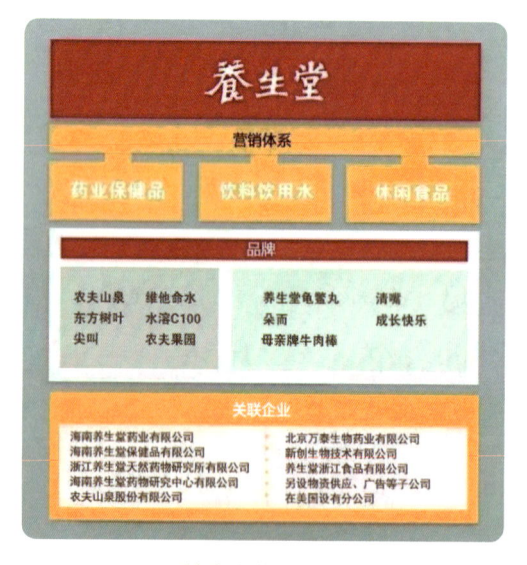

养生堂

营销体系

| 药业保健品 | 饮料饮用水 | 休闲食品 |

品牌

农夫山泉　维他命水	养生堂龟鳖丸　清嘴
东方树叶　水溶C100	朵而　成长快乐
尖叫　　　农夫果园	母亲牌牛肉棒

关联企业

海南养生堂药业有限公司	北京万泰生物药业有限公司
海南养生堂保健品有限公司	新创生物技术有限公司
浙江养生堂天然药物研究所有限公司	养生堂浙江食品有限公司
海南养生堂药物研究中心有限公司	另设物资供应、广告等子公司
农夫山泉股份有限公司	在美国设有分公司

养生堂营销体系

钟睒睒平时话不多，一出口总是掀起狂风骤雨。刚进入瓶装水市场之时，他就打着"天然水"旗号喊出"纯净水对人体有害无益论",他们做了一个实验,宣称:水仙花在天然水中生长状况更好,被摘除肾上腺的大白鼠喝天然水存活率更高。

那时候不光是娃哈哈,乐百氏、怡宝等几十家企业都是生产纯净水的,一石激起千层浪,动了人家的奶酪,大家自然要纷纷声讨农夫山泉,娃哈哈还以"不正当竞争"为由,向法院起诉了农夫山泉,但农夫山泉也不是"吃素的",反过来也把娃哈哈给告了。

虽然最终农夫山泉败诉被罚款20万元,但经过这么一折腾,不管纯净水到底对人身体有没有影响,消费者心理都开始起变化了,也对农夫山泉的印象更深了。殊死一搏,让农夫山泉换来了和娃哈哈平起平坐的江湖地位。

挑战完做纯净水的娃哈哈,农夫山泉又开始进军矿物质水,并向做成整个行业老大的康师傅发起进攻。康师傅水的工艺是在生产中添加食品添加剂形成矿物质水,而且康师傅成本控制做得非常好,卖的价格很低,这对竞争对手形成了压力。

2007年,农夫山泉先是引导消费者关注水的pH值,讨论水的酸碱性,输出弱碱性水更加有益人体健康的概念,还免费向消费者发放pH试纸,让大家拿回去做实验,自己去看看喝的水健不健康。等把大家的热情都挑动起来之后,就直接向目标"开炮",这时候农夫山泉提出,反对在水中添加人工矿物质,一下子把康师傅打了个措手不及。

这一轮操作不仅挫了竞争对手的锐气,而且把市场从娃哈哈、康师傅的1元水领域引到了自己的2元水上来,一下子有了更大的利润空间。

农夫山泉不光"三国杀"玩得溜,自己的营销也做得相当经典。"农夫山泉有点甜""我们不生产水,我们只是大自然的搬运工"的广告语国人都耳熟能详了,农夫山泉准确地把在消费者心中的定位放在了"天然水"位置上。

农夫山泉还非常会玩噱头、讲故事,它第一个在视频网站推出"五秒过后可跳过广告"的创意,本来广告主都希望自己的广告播的时间越长越好,Logo越大越好,但农夫山泉却洞察出消费者心理,反其道而行,完美地引起了大家的兴趣,让大家说这个广告我还非看完不可了。

那么这个广告是什么呢,其实它是一部微电影,第一次向大众展现了一个农夫山泉的真实故事,曝光自己的生产车间,还让消费者见证了农夫山泉从取水到成品的全过程,拉近和消费者的距离。

农夫山泉先后推出了《最后一公里》《一个人的岛》《一百二十里》《一天的假期》等微电影广告,用讲故事的方式让消费者对品牌增加了信赖和亲切感。

2011年,农夫山泉市场占有率首次超越康师傅坐上瓶装水老大位置。到了2018年,农夫山泉营收209亿元,净利润36亿元,由于对水源和渠道的有效控制,净利润率达到20.6%,远高于国内软饮行业9.6%的平均净利润率,市场占有率达28%,把娃哈哈甩到了后面。

凭空入局,以一己之力跟行业对抗,农夫山泉的发展之路一波三折。在渠道上,农夫山泉开始做轻,采取大经销制度,精简各层经销渠道,以此大力提高销售毛利润率。

农夫山泉稳坐包装水领域老大位置多年,但公司最赚钱的却不是"水",在企业发展过程中,农夫山泉不仅做"大自然的搬运工",还推出了尖叫、水溶C、茶π、农夫果园、东方树叶、维他命水等诸多果汁饮料、功能性饮料品牌,多个品牌的市场占有率排在全国前三。

如今,农夫山泉、怡宝、康师傅、娃哈哈、冰露、百岁山、雀巢这几大品牌牢牢抓住了中国的瓶装水市场，再加上依云这些国外品牌，可以说在卖水这个世界上最赚钱的行业里，高中低端市场都被占领了，既然有利可图，想入局的人肯定还有很多，那么后来者还能有机会吗？

依云是世界高端矿泉水的佼佼者，它背后是世界乳品行业巨头达能。

中国高端矿泉水的市场潜力巨大，内蒙古伊利收购了阿尔山矿泉水资源准备大干一场。中国矿泉水品牌有两大来源地，一是长寿之乡广西巴马；二是世界屋脊西藏。

有一个品牌大家很熟悉，5100西藏冰川矿泉水，以前坐高铁都会发一瓶，现在不主动发了，得拿车票自己去换。"5100"是内地第一个走高端水路线的品牌，也是国内第一家上市的高端矿泉水企业，它的崛起，在一定程度上改变了国外品牌主导中国高端饮用水市场的格局。

还有一个我们全程参与策划的西藏矿泉水品牌后起之秀——珠峰冰川，我们为珠峰冰川撰写的广告语是"世界之巅，圣水之源"。其水源地距珠峰大本营80公里，这里人迹罕至，终年被冰雪覆盖。降落在珠峰的片片雪花，历经上万年的岩层溶滤、矿化、高寒及地磁活化等层层淬炼，才成为今天的珠峰冰川自涌天然矿泉水。

而水源同属青藏高原的"昆仑山"水，凭借其母公司加多宝强大的渠道能力，市场铺货和品牌能见度都名列前茅。

不论是20世纪90年代靠大众市场起家的娃哈哈、农夫山泉，还是后来走高端路线的"5100"、珠峰冰川，都证明中国瓶装饮用水市场空间巨大。

既然做水这么赚钱，农夫山泉的利润率控制又如此优秀，被戏称为"大自然的印钞机"，那还上市干什么？况且钟睒睒曾经和老干妈的陶碧华一样，都公开表示过不希望企业上市。

如果我们深入研究就会发现，农夫山泉新增加的水源地情况其实并不乐观，主要生产基地还是2005年以前的浙江千岛湖、吉林长白山等基地。随着环保意识增强，农夫山泉近年来新增水源地的取水量越来越小，虽然短期内不存在取水量不足的问题，但集中在浙江、广东、吉林和湖北水源地的产品，受到运输半径限制，未来也不利于产品升级。

农夫山泉完成了1元到2元的进化，那么在2元领域的混战，以及到更高价格区间的争夺战怎么打，这就必须在产品、营销、渠道各方面来一次全面调整升级，品牌需要投入大量的资金，才有可能继续占据第一梯队领先的位置。

同时，中国瓶装水经过高速发展，如今发展增速已经下滑，预计未来几年增速还将继续下滑。在农夫山泉、康师傅这些老牌水企业积极寻求突破的同时，元气森林汽水等新锐网红品牌也在飞速地抢占细分市场，发展十分迅猛。

屹立多年的农夫山泉也感受到来自四面八方的威胁。

农夫山泉现阶段的收入主要来源于水，营收结构单一，也在尝试进一步拓宽业务线，企图从多渠道增加营收，2017年农夫山泉进军化妆品行业，推出桦树汁面膜和保湿液，还推出了一款农夫山泉喷雾。2019年推出植物酸奶，又进军咖啡界，推出跨界型饮料碳酸咖啡，甚至联合TCL入局家电行业，上线新品空气净化器。

这些新品效果怎么样呢？想必大家和我一样，目前基本没从哪些渠道看到过这些产品，更别说消费了，这也说明农夫山泉多元化的产品，并没有在市场上形成良好的反响，为企业带来正向利润。

2020年9月8日农夫山泉在港交所上市，IPO融资81.49亿港元，公司表示这些资金一半将用于打广告和全面铺货，1/4用于品牌建设，1/4用来购买终端零售设备以提升线下销售能力。

2020年的上市，钟睒睒显然不是仓促决定，而是早做好了"充分准备"，农夫山泉的招股书显示，近三年农夫山泉累计净利润119亿元，而分红累计却高达103亿元，其中钟睒睒所获得的分红回报超过了90亿元。简单地说就是，在上市之前，钟睒睒和他的家族已经先把农夫山泉的家底快分完了。

不管是他的企业还是他个人，钟睒睒赚起钱来从来都是毫不手软的，而且他的商业布局还涵盖了保健品、生物医药等板块。

SECTION 2 第二节

宗庆后一生最正确的决定

宗庆后一生最正确的决定是什么？就是他在和法国达能合资的过程中，千方百计保住了娃哈哈的商标与品牌！

1996年时，历经10年创业发展的娃哈哈已成长为一家全国性大企业，拥有儿童营养液、含乳饮料、瓶装水三大明星产品系列。但也正是在此时，宗庆后非常缺钱，娃哈哈的发展也进入了瓶颈期，亟需新的资金与技术投入来扩大产能、升级换代、加快发展，从而深度开拓全国市场。这个时候世界食品工业巨头法国达能伸出了橄榄枝，提出以4500万美元投资，外加5000万元的商标收购费来和娃哈哈成立合资公司，达能集团占股51%，拥有控股权。

宗庆后签订了这个城下之盟。有了达能的资金与技术支持，宗庆后开始大展宏图，娃哈哈进入了快速发展的新阶段，成为全国食品饮料业的龙头企业。在与达能的合资合作过程中，宗庆后以浙商的智慧，留下了一个伏笔。在娃哈哈商标转让的过程中，有人提出娃哈哈出身校办工厂，有着国有企业的先天色彩与背景，5000万元的商标转让费没有经过评估程序，涉嫌国有资产流失。于是，娃哈哈商标就一直控制在宗庆后的娃哈哈集团手里，没有转让到与达能合资的公司名下。而且在与达能的合作过程中，宗庆后始终牢牢掌握住了娃哈哈的实际控制权，没给达能找到架空自己，把自己踢出局的机会。十年之后，情况大变。法国达能新上任的亚太地区总裁范易谋（Emmanuel Faber）开始找后账了。虽然在与娃哈哈合资的这十年中，达能赚了不少钱，从娃哈哈的合资企业分走了30亿元人民币，但是对这个世界级食品工业巨头来说，这点钱还是太少了，更重要的是没能真正实现对娃哈哈的全面控制。于是范易谋提出以40亿元收购娃哈哈所有的其他工厂。但是此时，宗庆后的实力与话语权已今非昔比。通过多年的积累与运作，宗庆后已经"明修栈道，暗度陈仓"。在合资公司发展的过程中，宗庆后和经销商以集资的方式，在全国各地成立了很多非合资企业，都使用娃哈哈的商标与品牌。可是达能范易谋的战略目标却是要一统江湖，完全控制娃哈哈，但发现这个时候娃哈哈的商标仍旧在宗庆后的手里。于是，双方的矛盾在2006年不可调和地爆发了。

达能以各种各样的方式提起了几十宗诉讼，一路从美国打到中国，最后打到瑞典斯德哥尔摩商会仲裁院，甚至还惊动了当时的法国总统萨科齐。最终，宗庆后硬扛了下来。2009年9月30日，达能不得不与娃哈哈集团达成和解，达能以3亿欧元的价格出让合资公司全部股份，宗庆后完全掌控住了娃哈哈这一民族饮料品牌。达能在与娃哈哈合作的10多年间，虽然从合资企业赚走了大概60亿元，但是并没能"吃掉"娃哈哈。

李光斗与娃哈哈创始人宗庆后（右）共同参加
"2019十大经济年度人物颁奖典礼"

与娃哈哈的硬气相比，中国曾有一个食品品牌乐百氏却没有这么幸运。2000年，乐百氏被达能全面收购。当时的乐百氏是和娃哈哈齐名的本土食品饮料业的双子星，年销售额达20亿元。说起来江湖非常有戏剧性，当年乐百氏和达能的合资还是经宗庆后介绍，从中"牵线做媒"的。达能迅速果断地出手，将乐百氏从产品到品牌，从厂房到渠道整体收入囊中。可惜，远嫁法国洋巨头的乐百氏并没有笑到最后。仅被收购一年之后，乐百氏创始人何伯权和创业团队所有高管被逼辞职，乐百氏品牌在被达能雪藏了16年后，贱卖给了广东一家投资公司，交易的价格都没有对外宣布。乐百氏品牌就此失去了影响力。

达能对乐百氏采取的是消灭式合资手法。正如很多跨国公司到中国来，发现中国市场的巨大潜力，对中国本土竞争品牌采取的长远战略就是"打得赢就打，打不赢就买，买了之后就束之高阁，等着它自然消亡"。这曾经是跨国公司在中国市场实现品牌垄断的标准套路，也是它们打压、消减中国本土品牌的重要战略之一。正因如此，评价宗庆后的一生，他最正确的决定就是在合资过程中千方百计保住了娃哈哈这个商标，这个品牌。娃哈哈品牌自创立以来，累计销售额已超9600亿元，也曾让宗庆后以800亿元的身家荣登福布斯和胡润双料中国首富。

更重要的是，宗庆后深刻地洞悉了品牌的价值。一个企业最宝贵的资产是什么？不是企业的那些土地、厂房、设备，而是企业的商标，企业的品牌。把自己的商标擦亮，你的企业才能够世世代代以品牌的名义传承下去。对中国的企业家来说，保住并擦亮自己的本土品牌，是对宗庆后最好的纪念，也是中国企业家的价值传承与赓续。

SECTION 3 第三节
元宇宙时代的新财富商机

"跳出三界外，不在五行中"，人们对另一个世界总是满怀憧憬。如今，随着高速无线通信网络、交互技术、云计算、VR/AR、人工智能、物联网以及区块链等技术创新的深入融合，催生出新型虚实相融的互联网应用和社会形态，这就是正在逐渐变为现实的平行世界——元宇宙。

2021年被称为"元宇宙元年"，人类社会虚拟化的临界点正在被突破。2021年10月28日，扎克伯格宣布Facebook的战略方向全面向元宇宙转型，甚至将公司名称Facebook更名为"Meta"，即元宇宙（Metaverse）一词的前缀；与此同时，微软也正式宣布全面进军元宇宙，并将旗下混合现实会议平台 Mesh 融入 Teams 中，重点打造办公与合作应用，把不同元宇宙连接起来。

除了 Meta 与微软，包括中国企业在内，越来越多的科技巨头正在跑步入局元宇宙，国内较早布局元宇宙的企业就有腾讯、网易、字节跳动等。

元宇宙："新新人类"的两栖理想国

如今的元宇宙，已被视为下一代互联网的基本形态，它是一种整合多种新技术而产生的新型虚实相融的互联网应用和社会形态，对"新新人类"的吸引力更加显著，它的出现不亚于哥伦布发现了新大陆，是一个可以让"新新人类"完全沉浸其中的平行宇宙，在这个虚拟世界里"新新人类"更具优势，能够重建人类现实世界里的一切，同时栖身于现实与虚拟的这两个"平行"世界。

著名的射击游戏《堡垒之夜》曾经在全球各大服务器上演了一场名为"Astronomical"的"沉浸式"大型演唱会

当"60后"与"70后"还在因中国足球疲软而遗憾,"90后"与"00后"已经为EDG战队夺冠而狂欢。

许多年轻人现在之所以不愿社交,是因为他们在虚拟世界里得到的刺激和快乐远甚于现实世界。元宇宙的新井喷基于智能硬件(头盔、眼镜、耳机)等可穿戴设备和卫星互联网的升级换代,通过VR(虚拟现实)、AR(增强现实)、MR(混合现实)和XR(扩展现实),年轻人会发现元宇宙除了吃喝,可以满足人的绝大部分需求,足不出户就能体验比现实更精彩的工作、社交、娱乐和生活。未来元宇宙的沉浸感会让"新新人类"更加耽于一切尽在掌握的美丽新世界。

元宇宙世界里的新财富机会

元宇宙重构的是人类精神世界,在这个无形胜有形的世界,"新新人类"更加看重虚拟财富,以房子、车子、票子为代表的传统财富将被新财富符号取代。

"室雅何须大,带宽定乾坤。"如果未来"10后"成为元宇宙的原住民,就可能不再攀比房子大小,而只是炫耀网速的快慢,房地产的升值概念将可能被重新定义。

汽车将不再是社会地位的象征,而会回归到代步工具的本质;当无人驾驶汽车满街跑,招之即来,"新新人类"就没有买豪车炫富的动力;如果在虚拟世界打游戏挣的"工分"可以当代币,年轻人会更多地选择在现实世界"躺平"。

如果NFT(非同质化通证)成为共识,人们的收藏品会完全数字化,传统艺术品的价值体系也会被颠覆。

元宇宙时代人类的肉身不会消失,但人体的功能会重组,感官会替代一切。除了阳光、空气、水之外,网络成为"新新人类"的生存必需品。

　　未来人类将和机器人、智能人在元宇宙时代共存共处，但制造业仍然是根本，食品行业都会向快餐业转变，未来"新新人类"将认为吃饭不再有聚会的仪式感，"上天可戏嫦娥，入地可差阎罗"，他们从元宇宙中获得的快感将远胜于现实中的饮食男女。

Meta力图让玩家在虚拟世界中展示更加真实、自然的自我

　　元宇宙的核心在于对虚拟资产和虚拟身份的承载，我们甚至可以从中获得在现实世界中也被认可的利益。在元宇宙平行世界里，经济系统的运转需要区块链技术为其认证机制提供支持与保障。基于去中心化网络的虚拟货币，元宇宙中的价值归属、流通、变现和虚拟身份认证成为可能，具有稳定高效、规则透明、确定的优点。

　　这赋予元宇宙巨大商业价值的想象空间。

　　当元宇宙与工业物联网相融合，更具潜力与市场容量的场景恰恰是在日常与人们密切联结的衣、食、住、行、工作、娱乐、购物与社交等各个环节中。

当下"80后""90后""00后"已成为中国消费市场的主力军。年轻一代的消费群体更在意自我感受，追求新鲜、个性、独特的消费体验，具有互动型功能的品牌更受年轻人的青睐。他们生活在一个超链接化和信息饱和的世界中，也更加相信科技，依赖智能产品，推动元宇宙的实现，为虚拟世界添加更多内容，未来的元宇宙将成为他们消费的主要市场，蕴含着巨大的财富机会。所有的生意都可以重做一遍：新的阿里、新的京东、新的字节跳动……都可能在元宇宙诞生。

元宇宙时代的价值观和财富观都会重构，当你还在现实世界里打工，别人已经在元宇宙里买虚拟海景房了。在现实世界里，你可能混得不如意，但是在平行宇宙的虚拟世界里，你却可以活得风生水起。

SECTION 4 第四节
电动汽车和物联网

得益于中国在新能源汽车上的发展规划与政策扶持，电动汽车日益成为中国工业亮丽的新名片。

2023年，我国汽车产销量分别完成3016.1万辆和3009.4万辆，同比分别增长11.6%和12%，产销量连续15年稳居全球第一。其中，新能源汽车产销量分别完成958.7万辆和949.5万辆，同比分别增长35.8%和37.9%，市场占有率达到31.6%。更为抢眼的是，2023年中国的汽车出口表现更加优秀，并成为拉动汽车产销量增长的重要力量。2023年汽车出口量为491万辆，同比增长57.9%，出口对汽车总销量增长的贡献率达到55.7%，其中新能源汽车出口量为120.3万辆，同比增长77.6%。而且新能源汽车出口不仅仅是单一产品销售，更有推动整个产业链的国际化进程的趋势。当中国的新能源汽车实现品牌出海，也将全面带动配件、电池、电机及充电桩等相关产品和服务的需求增长。

新能源汽车是全球汽车产业转型升级、绿色发展的主要方向，也是我国汽车产业高质量发展的战略选择，以电动汽车为代表的新能源汽车快速发展已是大势所趋，是全世界众多企业极力抢占的行业风口。与此同时，近年来包括中国在内的世界各国消费者对电动汽车的认同度也越来越高。2020年7月至8月美国《消费者报告》对3392名持有有效驾照的美国成年人进行了一项调查，结果显示，公众对电动汽车的认可度正在慢慢提升。30%的受访者表示非常熟悉和了解电动汽车，其他人至少听说过电动汽车。人们对电动汽车的兴趣大幅增加，有71%的受访者表示，他们正在考虑在未来的某个时候购买电动汽车。同时，三分之一的受访者表示，他们下一辆代步车将选择电动汽车。而中国市场的一项调查报告显示，电动汽车等新能源车得到越来越多中国消费者的认可。49%的受访者表示，所购买车辆对环境的友好"非常重要"，86%的受访者表示非常看好电动汽车前景，称其将在未来10年内取代传统的汽、柴油车。对于电动汽车、自动驾驶汽车，以及共享汽车服务，中国消费者的热情要高于欧洲和美国的消费者。

全球与中国新能源汽车市场的春天越来越明媚。

未来汽车发展的大势之所以是以电动汽车为代表的新能源汽车，首先是环保这一人类命运共同体的共同要求所决定的。在这一大背景趋势下，以电动汽车为代表的新能源交通工具成为各国的重要战略性新兴产业，对于实现碳达峰、碳中和的既定目标也具有关键性的作用。中国提出的碳达峰、碳中和的目标，也为新能源汽车发展奠定了基础，拓展了广度与深度，创造出重要的机遇。电动化、智能化和网联化成为新的发展路径，中国汽车行业进入转型升级的关键时刻。

如今，包括中国在内的许多世界汽车大国纷纷宣布，积极推动汽车电动化，加速淘汰燃油车。主要目的除了碳减排，保护全球气候环境外，另一重要的原因也在于从汽车和科技产业的发展路径来看，电动汽车的大发展成为下一个时代的庞大新产业链的催化剂与重要平台。正如手机从通信设备到智能终端的跨越，当年我们使用的是以诺基亚与摩托罗拉为代表的通信功能为主的功能手机，今天用的手机已经是性能堪比PC机的智能终端。电动汽车除了环保，更重要的发展方向是智能汽车，最终实现从自动驾驶到大数据车联网的跨越。电动汽车成为自动驾驶与车联网的最佳载体。

物联网使得未来的汽车不仅仅是一种交通工具，更是一种可以让驾驶员脱离驾驶操控的平台，大幅度减少驾驶局限性和对人的依赖。在未来，物联网作为信息科技产业风口之一，蕴藏着巨大的市场机遇。从车联网到物联网，万物互联才是未来综合竞争力的高地。

物联网，顾名思义，就是物物相连的互联网，它是互联网基础上的延伸和扩展。如今，物联网已经开始走进普通老百姓的生活。物联网发展是实现国家产业结构调整，推动产业转型升级的一次重要契机。物联网技术未来会走进越来越多的寻常百姓家，为人们的生活带来极大便利。

作为未来科技竞争的高地，各国都开始建设自己的产业链，从消费互联网向工业互联网和智能互联网演进。中国的产业升级首先要引领消费升级。中国正在从传统资源驱动型为主导的发展模式向自主创新、科技驱动为主导的新兴模式转型升级。人工智能则被视为推进转型升级的新动能。令人鼓舞的是，中国5G、人工智能、大数据、区块链等基础资源领域核心技术已形成具有中国特色的高科技优势，自主创新能力不断增强，产业融合加速推进，激发产业链和供应链的创新。

未来的物联网，不仅车可联网，楼宇可以联网，每家每户的家电与家具也可以联网。有了物联网技术，人们可以远程操作家里的空调、热水器，下班回家前可以提前打开空调；天气变化时，出门在外的人依旧能够远程操控关好门窗。物联网还能够与社区物业以及公安部门联网，当家里有不速之客闯入时就可以主动报警，保护人民群众的生命和财产安全。

人工智能与物联网正一步步地渗透并改变我们的生活方式，掀起一场新的财富革命和分配革命，产生新的朝阳产业和新的经济增长方式。未来，物联网将更大范围地走进人们家中，除了智慧家居还有智慧养老、智慧停车、互联网金融等，改善人们的交通、健康、安全、工业、能源、城市规划等各个方面。

由此可见，电动汽车的革命性意义，不仅在于新能源的电动化，更在于智能化，在于自动驾驶。电动汽车厂商如果仅仅局限于卖汽车的电动化，难以突破技术门槛同质化的桎梏，并不能赚到新利润。价格战会迅速摊薄电动汽车的先发利润，就算具有高超成本控制水平的特斯拉，也不可能长久扛住价格战白热化的冲击。2024年4月，继宣布美国市场降价之后，特斯拉在中国的价格也很快随之下降。同时着力于特斯拉的"完全自动驾驶"（Full-Self Driving，简称FSD）的迭代更新，基于端到端的FSD V12逐步开始向北美用户大规模推送，并取消beta（测试版）的名称，推进向中国客户提供全自动驾驶软件功能FSD。

第二章 财富大趋势 | 073

所以，销售电动车不能单靠电池与电机性能，更要靠AI、自动驾驶技术，为消费者提供更好的体验。

SECTION 5 第五节

点石成金：让资源变现

我们来讲一个把1变成1亿的故事。

我有一个朋友叫王凯，原来是央视著名主持人，影视配音名家，主持的节目有《财富故事会》《走遍中国》等。突然有一天他变成了"孩子王"，人称凯叔，创立品牌"凯叔讲故事"，如今拥有千万用户，已经完成C轮融资。

王凯声音好听又博学多识，在家经常给自己的孩子讲睡前故事，有时候出差，他就提前把故事录好，给孩子放录音。后来有同学家长说，你录的故事能不能也让我们家的孩子听听，我们没有你讲得好。

很快，给孩子的全班同学录睡前故事就成了王凯的任务，因为讲得绘声绘色，特别受孩子们欢迎。在这个过程中，他发现了儿童故事这个巨大的市场需求。

2014年，王凯从央视出来创办"凯叔讲故事"，陆续推出儿童版《西游记》《三国演义》，凯叔讲历史、讲诗词等付费内容，可以在线收听，还制作了一系列播放故事的人物玩偶，大受欢迎。

如今"凯叔讲故事"，平台用户数超6000万，年营收过亿元。

王凯本身和他的产品，都是故事资产。通过故事，王凯把自身的资源更大程度地变现了。

我经常说，创业就是卖故事。故事是点石成金的利器，是品牌的重要资产。

奢侈品为什么能卖出超过生产成本百倍、千倍的价格，因为每个奢侈品品牌背后都有一个传奇的故事，它极大地满足了人内心的高层次精神需求，于是备受追捧。

我们来讲一个经典案例，戴比尔斯这个家喻户晓的钻石品牌，它究竟是怎么通过讲故事把石头变成巨额财富的，是怎么把一种原本叫"金刚石"的高密度切割工具，跟爱情绑定起来的。

钻石这种物质的存在比恐龙还早，经过上亿年历史的锻造形成了坚硬无比的特性，我们常说"没有金刚钻别揽瓷器活"，金刚钻就是钻石的原身，作为工具，它主要是一种高级的切割、研磨材料。

人类第一次发现钻石距今也有3000多年了，因为一开始发现的少，非常稀有，它就成了古代欧洲王公贵族们权力和财富的象征，路易十四执政期间拥有数百颗10克拉以上的大钻石，维多利亚女王登基的时候，也拥有几千颗大钻石。

那钻石是什么时候开始成为爱情象征的呢？

前面我们说过，讲故事的第一要素是传递信息，建立关系。

寻根溯源，1477年，奥地利马克西米连大公和法国勃艮第玛丽公主喜结良缘时，马克西米连就将一枚钻石做的戒指作为订婚礼物戴在公主的手上，这是钻戒第一次作为结婚信物出现。

从那时候开始，达官显贵、社会名流就开始流行"无钻不婚"的理念，这种理念也很快向下渗透。

因为原料稀少，价格一直非常昂贵，对于广大普通群众来说，想拥有一枚钻石戒指的意愿有了，但要实现还是不太容易。

直到1870年，南非发现了一个巨大的钻石矿，产量可以用吨来计算。一方面，量产是商业化的前提，普通人也能拥有钻戒的机会出现了；另一方面，原钻因为不再稀缺，可能面临走下神坛，价格大跳水的局面。

物以稀为贵，一旦泛滥就不值钱了。

但是聪明的钻石商们有办法，他们一商量，合伙成立了一家公司来控制全球钻石的开采量。他们干了三件事：第一，放慢开采节奏，稳定材料价格；第二，加速钻石商品化进程；第三，向大众讲故事，进行全球化品牌运作。

这家公司就是戴比尔斯。

戴比尔斯怎么讲故事？

他们到处宣传，钻石是目前地球上所发现的物质中硬度最高的一种，几乎没有任何东西可以击碎它。它还是极其稳定的，任何化学物质都不可能腐蚀它，它也不会因为时间的变化而变质。

那么人们理想的爱情是什么样的？不就是这种坚硬和稳定，海枯石烂、至死不渝的吗？

所以，他们给出了这样一个公式：钻石＝爱情＝永恒。

戴比尔斯还打出了一句经典广告语：钻石恒久远，一颗永流传。

前面提到，早期在上层社会就开始有"无钻不婚"的潮流，大众又从来就对上层社会有一种仰视和好奇的欲望。以前根本买不起的东西，现在给你定一个够一够，能够得着的价格，谁能忍住不买呢？

为了更进一步地推广钻石，戴比尔斯在全球建立起推广中心，用几十种语言进行宣传，找电影明星合作，在电视、报纸各种途径登新闻、打广告，使劲渲染某某名人又给女朋友送了多少克拉的钻石，不断强化钻石和爱情的关系。

戴比尔斯还让好莱坞明星玛丽莲·梦露在电影里说，"钻石是女人最好的朋友",这句话瞬间成为全世界女人想拥有钻石的箴言。

这还不算完,戴比尔斯还安排讲师到各大高校去演讲,早早地在年轻女孩们心里种下一颗钻石的种子,等将来她们谈恋爱结婚的时候,能不向男朋友要钻石吗?

还有,因为钻戒的价格很贵,一旦送出去了反悔的成本就很高,这就更加促进了全世界的姑娘们一定会要求男朋友买钻戒。

如今,"无钻不婚"不仅把一种商品抬高成了一种文化,更成了一种约定俗成的全民现象。

戴比尔斯为了一直保持垄断地位,哪里发现了大钻石矿,他们就第一时间兼并或者合作,它还成立了"中央销售组织",统一管理销售原钻。甚至在经济不好的时候,他们还从分销商那里回购钻石,来防止分销商降价处理,为的就是给消费者持续输出一种钻石价格非常稳定的感觉,让消费者具有购买信心。

后来,作为珠宝饰品的钻石有了越来越多的品牌。

一些钻石品牌在中国讲的故事更是青出于蓝,像"一生只能买一次,一辈子只能买给一个人"等,可惜一些企业为了赚更多的钱,把故事给讲崩了,有人就发现只要给商家几百元钱,他就把你的购买记录给抹掉,嘴上说一辈子只能买给一个人,其实你想给谁都可以,想买多少买多少。

当你的品牌不能向用户交付你承诺的确定性,故事就崩塌了。

所以我们要想把故事长久地讲下去,就要坚守你的底线和原则。

作为企业也好,个人也好,要想讲好自己的故事,就要挖掘你的独特性和竞争力,不是盯着自己没有的东西,而是要看自己拥有什么。

第二章 财富大趋势 | 077

资源、技术、创意、经验、管理等总有一样是你更擅长的。讲故事的能力，就是把你有的，变成你想要的。大家从现在开始树立一个观念：故事是资产。

SECTION 6 第六节
通往富裕之路："睡后收入"

"睡后收入"，字面意思，就连睡着觉也能挣钱，可谓真正的财富自由。它其实就是不需要花费多少时间和精力，就可以自动获得的收入，睡觉的时候还在赚钱，你的收入不随你停止工作而中止，也称为"被动收入"；与之相反，"主动收入"就是依靠工资生存，平时上班工作，一旦你停止干活，收入也随即停止。

打一天工有一天的工资，你要用你的体力去赚钱，哪怕你是一个讲师，一个演讲家，如果你不出现在演讲的现场，你就赚不到钱。所以把自己的"非睡"收入变成"睡后收入"，不干活也能挣钱，这就是财富的一个真谛。

伴随着"睡后收入"的话题频频被热议，网上也出现了不少调侃。有人说："觉得税后收入都是个问题，更别说'睡后收入'了，简直是不存在的。"很多人说："我现在每天一觉醒来又还房贷又还信用卡的，'睡后收入'没有，'睡后债务'倒是不少！"还有耐人寻味的回答，"睡后收入"取决于我睡了谁……

没有"睡后收入"的人，基本上属于"隐形贫困"群体，偶尔还伴随焦虑。表面上看起来很富有，实际上却非常穷；外表光鲜亮丽，实际却乌烟瘴气；看上去锦衣玉食，实际上却连大蒜都要一瓣一瓣算着吃。

而那些有"睡后收入"的人,他们的人生圈层、体验和心态完全不一样。他们不用按部就班地"朝九晚五"打卡上班,随性就能来一次欧洲度假游,很可能在巴厘岛上的一个灵感就能带来千万元收益,也可能一张版权摄影作品就值一套房。他们才是真正意义上的喜欢就做,想干什么就干什么的人,是众人艳羡的金钱的主人。

例如一个知识青年可以靠卖PPT模板为主,斜杠思维发展为辅,成为自由职业的佼佼者,精通课程开发、摄影、H5设计,身兼多职,斜杠越多,收入越多。钱花得越来越多,人变得越来越优秀,生活越来越好,挣得也越来越多。花在提升自我上面的钱越多,阶层就会越高,见识也越广,整个人生会进入一个良性循环的状态。

思维决定格局,格局决定阶层,阶层决定成就。

富人与穷人最大的差别是思维,富人之所以富,是因为富人会思考致富,有创造性发散思维,而不是仅靠"出卖体力"致富。他们会研究各种赚钱的方法,而不是只靠工资赚钱。

老板和员工的最本质区别是什么?

一个是用钱去买员工的时间,一个是牺牲时间去赚老板的钱。正如在冯小刚执导的电影《1942》里,地主和长工都破产了,两人外出逃荒。地主对长工说:"我知道咋从一个穷人变成财主,不出十年,你大爷我还是东家。"而长工对他说:"东家,到时候我还是给你当长工。"

长工的思维:若干年后,地主还是地主。而地主的思维很超前,见识、格局、心态统统超过长工一大截。

有个关于比尔·盖茨的故事:如果有一百美金掉到地上,他是不会弯腰去捡的,不是因为世界首富看不上那点钱,而是因为在他弯腰捡起的那几秒钟,所创造的价值要高出这一百美金百倍不止。

你以为你和别人差的是钱,其实最大的差距是思维。陈旧的思想是我们最大的债务,及时转变思维,把自己放空归零,多渠道拓展"睡后收入"来源才是王道。

人这一辈子一定要力争创造出被动收入,尽量不要局限满足于等到退休的时候才去领那点可怜的退休金,那点收入可能难以保证一个人晚年的幸福生活。被动收入一个最重要的来源就是属于自己知识产权的收入。诸如发明专利、出书版税、摄影作品版权费等,都可以获得持续而稳定的收入。如果你爱好写作,可以利用写作的优势转型,将"文化变现",通过在网上写文,去各大论坛、媒体群投稿,撰写广告文案和公关软文,再出几本畅销书,开办讲座培训课堂,每年凭借版税和课程收入就能获得持续不断的收益。

掘金之道・财富故事

1. 新能源产业的百亿财富新航标

如今新能源替代让汽车行业竞争进入白热化,其实除了地上跑的,连天上飞的、海里游的,都开始纷纷涉足这片蓝海市场。掘金新能源,可能会改变资源和财富格局。

一艘游轮在海上航行得安静又平稳,甚至没有燃油的味道,因为它是一艘纯电观光游轮。从珠江河畔到苍茫洱海,从三峡到福州,绿色新能源游船已经开始逐渐取代原有的燃油船只,在全国遍地开花。

私人豪华纯电游艇也方兴未艾,没抢到电动汽车头把交椅的宝马,已经打造出了令人惊艳的电动水翼船。

这种可持续的绿色智能船舶发展新模式，正在掀起一场船舶运输业的新革命。

据统计，全球2023年总计1837艘7960万总吨新船订单中，有563艘3490万总吨为替代燃料船舶。这之中包括224艘1930万总吨LNG动力船，约占总订单量的25%；137艘1080万总吨甲醇动力船，约占总订单量的14%；48艘LPG动力船，以及126艘电池混合动力推进船舶等。

对新能源的探索不仅将改变经济格局，更是国之重器。

2024年4月22日，我国首制江海直达纯电动力集装箱"中远海运绿水01"安全靠泊，进行装卸作业，这是全球首制万吨级纯电动力集装箱船，突破了江海直达船型安全等效设计、大容量电池监测及换电策略等多项"从0到1"的关键技术。

中国在新能源产业领域，无论是电机、电控、电池系统，还是相关供应链和人才，均在全球名列前茅，具有强劲竞争力。

绿色新能源不仅可以广泛应用于汽车、船只行业，甚至我国自主研发的多款新能源通用飞机也已经亮相国际航空展，在重工领域，各种型号的纯电挖掘机也纷纷上路。

2.马斯克下一个征途，颠覆地产行业？

马斯克会不会颠覆地产行业？发誓要把人类带上火星的马斯克，已经看不上地球的房子了。他陆续出售自己名下所有豪宅，住进一间37平方米的移动板房。

这间房子位于德州的私人太空探索公司SpaceX园区内，面积虽小，五脏俱全，一室一厅一厨一卫，还做到了浴室干湿分离。

这是一种可折叠的活动预制房，由Boxabl公司生产，整体采用最新的环保建筑材料制成，防火、抗震、防潮性能都比传统钢筋水泥房子要好，据说这栋小建筑抵御8级地震、12级大风不成问题，轻便又耐用。

房子主体的每一个面板都是通过工厂标准化流程做出来的，90分钟就能做完一套，配件生产完直接送到指定地点按图拼装，几个工人不到一天就能装好。可以根据需要盖一层、两层、多层，面积、户型均可自由定制，实现"今天付款，明天交房，后天拎包入住"。

想换一个城市生活也没问题，可以把房子一起打包带走，马斯克的这套小房子，一辆特斯拉就能拉动。马斯克公开带货后，已经有超过4万人预定了这种活动房，据说还可以全球邮寄。

3. 干不掉大疆，就利用大疆赚钱

那些干不掉大疆的企业，已经开始用大疆赚钱了。用大疆无人机组成的无人机表演队，飞十几分钟就进账千万元，报价巅峰高达一万元每架。

随着全国各地陆续限制燃放烟花爆竹、灯光秀，无人机表演近几年闪亮登场，频繁在北京冬奥会、春晚及各大城市宣传等大型盛会中惊艳亮相，一场千机表演，分分钟就"烧"掉千万元。

钱赚得多，当然从业门槛也很高，一场花样百出的无人机编队表演，背后是多个跨专业的技术融合。

首先需要策划表演的文字、图形等内容，然后用三维动画精准呈现百米高空的表演效果，规划好运动轨迹。每架无人机都必须精准计算、反复测试，行动范围精确到厘米，并确保现场GPS的定位精度，否则就可能出现图形错乱，甚至撞机坠毁等情况。

这样一套表演操作涵盖了自动控制、无线通信、航迹规划、LED灯光编程等专业，是真正的科技与艺术的结合。因此，一场大型原创表演往往前期筹备就要花费几个月时间。

文旅项目、景区、主题公园一直是需求主力。

无人机表演带来的视觉震撼和巨大的自媒体二次传播效应，让这一需求迅速向城市和企业蔓延。营销活动、庆典仪式、个人生日、婚庆都开始邀请无人机表演。

随着市场急速扩张，从业者激增，如今不少下游表演团队的收费已经下降到了七八百元甚至是一两百元一架。

当然，无人机编队表演不是想飞就能飞的，正式表演前，执行公司需获得空域许可，并提交相应的安保方案、应急预案、商业保险凭证等材料，由有关部门进行审批。

难度大、成本高、筹备周期长、回报率高等特点，也使得无人机表演行业呈寡头垄断状态。

3

第三章
CHAPTER 3

经济新动能

SECTION 1　第一节

营销大趋势：从产品、品牌到生活方式

该去的总会去，该来的总要来。人的理性、市场的逻辑与企业的力量会推动中国经济进入下一个周期，但历史上任何时期的递延效应巨大而深远，人们的生活方式、娱乐方式、生产方式、营销方式、传播方式、服务方式、管理方式都将发生巨大变化。世界已不是原来的世界，你我也不再是原来的你我。

"心病终须心药治，解铃还须系铃人。"无论报复性消费还是恢复性消费，都只是表象。中国的市场，已呈现出更加交织复杂的新态势。当时代变了，营销也必须改变，中国企业必须实现品牌营销新思维三个阶段的跨越，才能更有胜算与机会跨过整个寒冬，扛住倒春寒。

从概念营销到故事营销再到场景营销

概念营销曾在中国市场上无往而不利。只要找到一个好的概念就能打动消费者，褪黑素被包装成脑白金，就是一个成功的商业概念。"一切交易都源于信息不对称"曾是许多企业家最为追捧的商业信条。当年史玉柱在做脑白金时利用了信息不对称，把美国市场上极为常见的褪黑素包装成保健品卖给中国消费者。但在如今无远弗届的互联网社会，市场与消费信息实现了水一般的自由流动，消费者已经成为成熟的网民，信息不对称的时代已经一去不复返。想单纯地依靠概念和包装已经很难打动消费者。

于是，营销又进化到了第二阶段：故事营销。当单一的概念已打动不了人心，故事的魅力就更为显现。故事是和人的情感联系在一起的，好的故事才能够走入消费者的内心，建立情感的联系。品牌的背后都有一个动人的故事，无论你是卖真正的小米还是卖小米手机，讲好品牌故事，才能深入人心。品牌因故事而生动，传奇、生动、有趣的故事常常能够让品牌自己说话，把品牌从冰冷的物质世界带到一个生动的情感领域。会讲故事的品牌通常很容易就把别人带到那个场景，让人感同身受，传达的理念自然就比较容易被接受。

到了第三个阶段，就需要场景来加持。因为故事人人会讲，故事的母题本质都是一样的。当你创造出新的场景，新消费的机会就来了。场景是要和内容联系在一起的，目的在于渗透到目标消费者的生活中。新零售的人、货、场关键在于"货找有缘人"。新营销就是要营造新的消费场景。讲一个好故事就是为品牌赋能，营销是制造稀缺，营造氛围，同时也要提升品牌的价值。在地摊上买的衣服和在专卖店里买的衣服，即使产品一样，你穿的时候心理感觉也不一样。穿衣成本也不一样，买一件名牌的套装和买一件非名牌衣服，你发现最后哪件的穿衣成本高呢？是非名牌的穿衣成本高。买了非名牌之后，每次穿它的时候，你就觉得这件衣服太廉价，出席一些重要的正式场合不合适；反而你买了一件名牌大衣，每当隆重的场合，你都会穿上它，穿衣成本反而降低了。

把握新消费的升级机会，最重要的一点就是创造出新的消费场景。场景是和内容联系在一起的，能不能渗透目标消费者的生活就成为关键。

以诗为喻，让品牌诉求与人的生活息息相关

从产品到品牌到生活方式，就仿佛中国古典诗词的三重境界。第一境界就如同我们所说的场景："千里莺啼绿映红，水村山

郭酒旗风。南朝四百八十寺,多少楼台烟雨中。"只是一种白描的手法,就能让人们流连忘返、回味无穷。

但是到第二境界,就要融情入景,引发共情,月缺伤心、落花流泪:"我见青山多妩媚,料青山见我应如是。"让客观的产品融入主观的情感投射。最好的浪漫投射是:"你站在桥上看风景,看风景人在楼上看你。明月装饰了你的窗子,你装饰了别人的梦。"

第三重境界是意境。"大漠孤烟直,长河落日圆"——壮丽无比;"枯藤老树昏鸦,小桥流水人家,古道西风瘦马。夕阳西下,断肠人在天涯"——让人心有戚戚;"孤帆远影碧空尽,唯见长江天际流"——气吞山河。

诗词的这三重意境也对应着品牌营销的三个阶段

第一个阶段是场景营销阶段。企业卖的是一个产品,就要告诉消费者这个产品的消费场景是什么,突出USP(独特销售主张)。这就要求品牌成为品类的代名词。面对越来越复杂的国际竞争,中国的企业亟须抛弃单纯的产品思维,突破低成本与价格战的怪圈,调整方向,用品牌去竞争,成为某个品类的代名词,强化某一品牌在消费者心目中的印象,使品牌与某一品类利益点形成一一对应的关系,形成某一品牌对某一市场、某一利益点的垄断。同时强化品牌区隔,在某一特定市场占山为王,增加竞品进入的难度,才能实现更高的品牌溢价,更好地应对市场的风云变幻。

第二个阶段要诉诸消费者情感。好品牌要有超乎功能本身的诉求。其实大部分产品都一样,产品同质化是营销最大的障碍。所以要进一步塑造品牌,品牌满足的是消费者的情感需求,联结的是消费者的情感投射。最好的营销是激发目标受众发自内心的热爱,以情动人、真实感人才能引发目标用户的共鸣,让用户感受到品牌的内涵，建立起用户忠诚度，传递出强而有力的品牌价值观。那样他们甚至会主动为商家来传播广告语。正如麦当劳的广告语曾经就主打过一句"我就喜欢！"（I'm lovin' it），以年轻人的口吻道出了全球同步的新生活、新态度，一度成为广泛流行的情感表达语。可见，营销就是和消费者谈恋爱，让消费者动情，让消费者对品牌产生情感忠诚。品牌的作用就是让消费者爱上你，使消费者认同你的价值观，对你的品牌忠贞不渝。消费者偏爱购买某一品牌的产品，其原因是"我就喜欢！"，而品牌建设的目标也可以归结为"就要你喜欢！"。品牌的价值就在于在产品的物理价值之外再产生情感溢价。

第三个阶段就是最高的境界追求：生活方式与价值符号。品牌要向消费者传达出新营销、新思维，追求生活方式的联结与认同。让品牌成为消费者生活的一部分。这就对新营销提出了更高的要求，从产品到品牌再到生活方式，对应着场景营销、情感营销与意境营销的逐步升级，从讲一个概念，到传播一个故事，直至融入消费者的生活方式。

对于品牌而言，共识就是人们都知道你的品牌，认可你品牌的价值。消费者在选择产品的时候，往往会选择名牌，因为名牌就是付出最小购物代价的最优选择，作为一个整体概念，品牌代表着产品的品质、特色、服务，提示着产品在消费者偏好中所处的位置，因而，它在消费者心目中就成了产品的标志。这样，品牌就缩短了识别过程和消费者购买过程。于是具有品牌效应的名牌商品成为消费者与市场青睐的对象，向品牌靠拢已成为人们商品消费的一种主要趋势，而由于各类商品可选择性增多和受众的日渐成熟，受众对商品品牌的理性认识已上升到一个重要地位。即使小到一包纸巾、一瓶矿泉水，指名购买都意味着品牌拥有了更高的江湖地位，得到了消费者的普遍认可，可以卖得好、卖得快、卖得贵、卖得久，实现持续赚更多钱的目标。

当品牌蕴含的生活方式进一步提升为一种符号，一种象征，一种社交价值，不仅能满足消费者的物质需求，还会映射出消费者的情感需求。当你的品牌成为一个符号，它就能进入消费者的精神世界。随着人们生活水平和购买力的不断提高，消费者在购买产品时既希望获得里子也想获得面子，眼耳鼻舌身每处都想获得满足，正如越来越多的人热衷于健身，除了减肥，也为了增强生活的信心与大汗淋漓之后的容光焕发。于是消费者越来越多的追求更高层次的消费，追求个性化消费，消费者在消费过程中并不单纯追求生理上的需求（功能性需求），更多的是追求心理上的需求（识别需求、象征需求、情感需求），追求的是一种自我价值的体现，一种自身的价值和重要性得到认同后的心理满足。

SECTION 2 第二节
移动互联网时代品牌的粉丝效应

通过名人、关键点效应发展粉丝经济已成为流行趋势，那么，我们品牌本身能不能也做成一个具有粉丝效应的品牌，让它自己就具备吸引力和用户黏性呢？当然可以，像苹果、小米、星巴克这样的超级品牌，还有我们一些新兴的网红品牌喜茶、元气森林等，都具备这样的能力。

我们来分析几个实际的案例，和大家一起探讨品牌本身如何发展粉丝经济，这里面包含了品牌如何抓住用户心理，如何抓住时代浪潮，以及如何运营，把一般用户变成你的"铁粉"。

我们就先从苹果开始。乔布斯一手打造了苹果奇迹，他真正的开启了个人电脑时代、智能手机时代，乔布斯的个人神话不可复制，但是苹果的巨大成功，是有规律可以被我们借鉴的。

我们经常说，做产品、做品牌要了解用户心理，但是乔布斯有一句名言：用户根本不知道自己要什么。

一直以来，一个非常具有粉丝效应的品牌海底捞频频被推上热搜，创始人张勇的一番言论也引起大家的热议，谈到"洞察人性"这个话题时，他说："洞察人性其实很难讲，比如消费者说海底捞不好吃，其实可能是嫌价格贵。我老婆说我回家晚，可能是我对她关心不够。如果我信我老婆的话，每天都在家待着，我相信我老婆会更讨厌我。"

消费者说不好吃，不一定是真的认为不好吃，可能是嫌价格贵了，而他说价格贵也不一定真是贵贱的问题，而是在他的认知评价里，他认为不值。

苹果当年刚进中国的时候，肯定是贵的，但是消费者蜂拥而至，到现在大家又都不那么追捧苹果手机了，不仅仅是因为价格的问题，而是这个价格和它的产品升级不相符，可替代产品太多。大家认为不值了。

我们应该如何抓住用户心理？怎么才算是有效的洞察人性呢？

举个例子，索尼公司曾经准备推出一款Boomboxes音箱，就找了一些潜在用户，大家展开讨论，以确定这个新产品应该主打黑色还是黄色。

大家的讨论很热烈，有的说黑色是永恒的经典，到时候什么都不会出错，有的说，新品一般都是年轻人喜欢尝试的，黑色太闷了，最后得出的结论是大多数人更倾向于黄色。如果索尼就按照这个结果进行生产的话，那肯定会大量生产黄色音箱，对吧？但别着急，调研其实还没有结束，等大家开完会，品牌方为了表示对大家的感谢，让每人可以选一款这个 Boomboxes 音箱的样品带回去，有黑色，有黄色，喜欢哪个拿哪个，结果出乎意料的是，几乎所有被访者都拿了黑色音箱。

所以不要只看消费者在说什么，而是应该观察他们在真正干什么，这个观察的过程，企业不要试图去施加干扰。快手创始人宿华说过："让产品自然生长，不要去碰用户，不要去打扰他们，让他们自然地形成一种互动关系。"一旦你给用户一个角色设定，他会带着身份去思考问题，所谓位置决定思想，你就很难得到真实的信息反馈了。

乔布斯说，不要做用户调研，他们根本不知道自己想要什么。这句话怎么理解？

对于乔布斯这样改变世界的人来说，他思想超前，总是在引领时代，创造出大众连想都没有想过的好产品，但这也并不意味着，任何好产品生产出来就能够让消费者自动买单，好产品是基础，怎么营销更关键。

在这方面，乔布斯同样是深谙人性的天才。我们再来看一个例子，1984 年的 1 月 24 日是计算机发展史上的一个重要里程碑，这一天苹果电脑发布了全新产品——麦金托什（Macintosh，简称 Mac），这是世界上第一台采用图形界面的个人电脑，与当时采用 DOS 命令行纯文本用户界面的 IBM PC 形成了鲜明的对照。麦金托什的出现引发了一场个人计算机世界的革命。

那么怎么让这款产品一炮而红呢？苹果推出了一则极具争议和震撼力的广告：一个昏暗的大屋子里，跑进来一群人，排排坐下，仰头等待，表情木讷。在前面的大屏幕里，一位强硬固化的大老板

（暗指IBM），喋喋不休地告诉呆坐的人们什么是PC，他似乎是老师，表情同样的木讷。突然，一个白衫红裤的姑娘冲了进来，将手中的铁锤狠狠地掷向屏幕，充满了叛逆的激情。

这则广告的创意来源是乔治·奥威尔的小说《1984》，苹果之所以这么做，是因为当时"苹果II"系列电脑在经历了几年的热销后正在走下坡路，而1981年问世的IBM PC正值旺市，不断涌入企业和家庭，并以其备受企业信赖的品牌力推动PC市场迅速成长。在苹果的眼里，毫无疑问这位电脑世界的"老大哥"想要控制新兴的个人电脑市场。而乔治·奥威尔的这篇小说反映的内容正好能够充分表现和契合1984年PC世界的格局和苹果的心态，让顾客和看客们在获得视觉效果冲击的同时也了解了IT世界的竞争格局。

当年负责制作苹果"1984"广告的创意导演李·克劳回忆道，"'1984'这则广告表达了苹果的理念和目标：让计算机变得普通人可及而非控制人的生活"。苹果的这个60秒长的广告仅在1984年1月22日，美国超级杯橄榄球大赛的电视转播中播出了一次，却造成了空前的轰动，美国的三大电视网和将近50个地方电视台都在超级杯后重点报道了"1984"这则广告，还有上百家报纸杂志评论"1984"的现象和影响，这些都为苹果公司和Mac电脑做了免费广告，赢得了评论家经久不息的掌声。

一年后，苹果又一个令人毛骨悚然甚至有些黑暗的"旅鼠"品牌广告，继续把潜在用户推向一道选择题，你是选Mac，还是选PC？苹果把竞争对手的用户比喻成蒙着眼睛的商人，就像"旅鼠"一样，在悬崖上追逐赴死。苹果希望借此暗示：循规蹈矩，无异于自杀，这是苹果的用户永远不会做的事情！

于是，通过这样一系列信息的传递，苹果在用户的心里形成了一个概念，它不仅是一款颠覆性的产品，更代表了一种反叛、开创、追求完美和创新的精神。被咬了一口的苹果Logo就像图腾一样被粉丝们牢牢地记住并追捧。

到了2007年，苹果推出一款划时代的产品——iPhone，在此之前，谁也想不到手机还能长这样，还能这么操作，能简便地完成各种各样的事情，更重要的是，它的操作系统和App store真正打开了智能手机的大门。

简单、耐用、无比流畅、不用担心病毒的困扰，还同时具备精神属性和炫耀价值，试问谁能不爱它？iPhone不仅成为历史上利润最丰厚的产品，它更重新定义了手机，甚至重新定义了现代生活。

我们大部分本土消费者最早熟知苹果这个品牌，是从2010年iPhone4进入中国开始的，那时候4999元人民币起价的一台手机，是相当不便宜的，市面上大多数手机两三千元就已经不错了，iPhone4就像奢侈品一样，谁拥有一台，都具有炫耀性。

到了iPhone4s发布的时候，乔布斯去世，这成了他生前亲自参与设计研发的最后一款产品。人们对于这款产品主动寄托了怀念，新品一开售就被抢购一空，买不到的人开始加价求转手。乔布斯走了，但是他的精神却在流传。

到了iPhone5更是掀起了一阵销售狂潮，一方面大家都知道抢到一台iPhone转手就能加价出售，轻松赚一笔小钱，而且，新的手机在外观上进行了改善，终结了3.5英寸屏幕的时代，引入Lightning数据线，更重要的是，4G时代到来了，iPhone5作为苹果第一款4G手机，扎扎实实踩在了历史性节点上。所以这一年，大量黄牛涌入市场疯狂囤货。

如果说iPhone4s当年你没有买，iPhone5你没有买，到了iPhone5s你依然没有一台的话，那时候你会发现，在你的身边，多出来很多"果粉"。

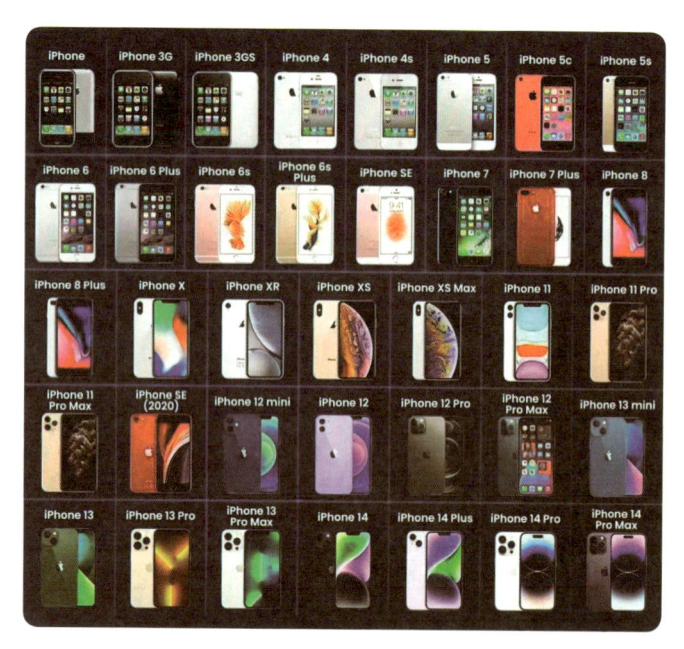

历代苹果手机

一流的产品加上一流的营销，再加上赶上时代风口，苹果成为全球用户追捧的品牌，成为无数企业竞相模仿的对象。

但乔布斯的衣钵没有被继任者库克很好地继承，倒是他的粉丝雷军学到了不少真谛。小米在粉丝营销上做得非常有一套。

小米作为互联网行业的后起之秀，短短几年手机销量就名列前茅，在全球范围内打开了市场。这很大程度上得益于小米的粉丝营销，它是怎么做的呢？

小米的粉丝营销源自100名种子用户起家的故事。2010年，小米公司刚刚成立，还没有推出手机的时候就先做了内测版的操作系统——MiuiROM。当时，小米的工程师一个一个地联系刷机爱好者和发烧友，向大家介绍这款新样品，他们找来了100位用户。那时候公司钱也不多，也没多少资源做推广，怎么激励这100位用户呢？小米采用了精神激励法，把这100个用户的论坛ID，全部写在小米手机的开机页面上，之后所有使用小米产品的人都会看到，以此表达对100位首批粉丝的敬意。

最初的这100名用户成为了小米品牌粉丝营销团队的原始股东，正是在他们的推动下，小米手机通过口碑营销建立起庞大的品牌帝国。

小米手机的营销步骤是什么？

首先要找到关键的"米粉"。

在小米社区，先根据产品特点，锁定一个小圈子，吸引铁杆粉丝，逐步积累粉丝。小米手机把用户定位于发烧友、极客的圈子，而这部分人群恰恰是自己生活圈子中电子产品领域的意见领导者，从小米营销的轨迹我们可以发现，这部分发烧友和极客，成为小米第一批忠实用户，同时也成为品牌最强大的免费营销推广人员。

其次，饥饿营销是小米常用的法宝。谈到饥饿营销，孟子有一句话能够很好地让我们领会其中的含义，"君子引而不发，跃如也"，这里的意思是强调行家教别人射箭的时候，只做出跃跃欲试的姿态，并不把箭射出去，饥饿营销的道理如出一辙，只发布关于产品的各种信息，举行各种新闻发布会，但是就是不见产品上市。"犹抱琵琶半遮面"，对于消费者就是一种引诱，让消费者心里想得发痒，让消费者求之而不能得到。当消费者一旦得到了这件产品，必将产生一种"且行且珍惜"的心态，而且比别人先得到了产品，也产生了一种心理上的优越感，这就是饥饿营销的精妙之处。

第一代小米上市闹得轰轰烈烈，让大家对它翘首以待。小米在论坛采取定时抢购，让一大批"米粉"疯狂地在线不停刷新，但大部分人往往失望而归。因为需求远远大于供给，不得不说，饥饿营销是小米取得成功的一大法宝。

创立伊始的小米手机，饥饿营销手法比苹果用得更加炉火纯青，小米手机饥饿营销的轨迹是：产品发布→消费者等待→销售抢购→全线缺货→全线再抢购→全线再缺货。在小米刚刚上市的时候，它仅做互联网销售。

再者，体验营销也带火了小米。总体而言，如果小米单靠粉丝营销和饥饿营销那仅仅是做一个传播的噱头，产品体验跟不上，小米就会成为在消费者看来言过其实的产品。让小米取得成功的关键是抓住了互联网产品的精髓——体验营销，除了产品本身以外，还有高质量的互动和服务。

小米在和用户及时、有效、零距离的互动上下足了功夫，包括用户互动、品牌公关、微博营销、客服等，小米团队都亲力亲为，从而有效地保证了和用户的零距离沟通，执行力更强。

从整个团队上看，小米的营销队伍大部分也来自产品、技术团队，他们的优势在于对产品的理解远远超出普通的市场营销人员，尤其在面对手机发烧友时，他们能很准确地找到消费者真实的需求，跟很多消费者也能产生共鸣，这就让消费者产生了一种天然的亲近感。另外，小米维护着一个用户参与度很高的论坛，开放性的论坛成为了小米品牌的"大众议事厅"，手机发烧友们甚至是一个普通的消费者都可以在论坛上对小米的产品提出各种各样的意见，这样一来，小米又得到了大批免费的市场调研员、义务产品检测员、义务宣传员。

小米还有一个20多人的专门团队负责微博营销，他们大都是对技术、产品精通的员工，会在微博上及时发现用户反映的小米的问题并迅速作出反应。因此，小米用户会觉得自己有了和小米公司直接沟通的渠道。小米非常注重让用户参与。例如小米开展的10万元悬赏小米手机默认壁纸的活动，用户上传的图片就可能成为小

雷军的表白：相信米粉　依靠米粉

米手机的默认壁纸，此类活动往往能有效提升用户的参与度，同时提升用户对品牌的认知度。微博也能起到用户教育的作用。小米的微博上还有着很多教用户怎样玩手机的内容，提供实用内容的同时，也教育了用户，提升了用户对品牌的忠诚度。

小米的营销创新还在于通过预售把手机卖成了期货。

表面上看预售是一种营销手段，其实是一种企业的运营战略。大部分人都知道期货的含义，简而言之，就是今天付钱，明天甚至后天才能拿货。2014年3月，小米官网开启了红米手机全款预售工作的服务。如果之前引发粉丝疯狂抢购是饥饿营销，这次全款预约就是卖期货。花钱有几种境界：最高境界就是花明天的钱买今天的东西，所以英国人在19世纪末创造了信用卡，而美国人将其发扬光大；第二重境界就是花今天的钱买今天的东西，这是大部分中国人普遍的消费观念，谦和保守；第三种境界就是花今天的钱，买明天的东西，因为钱花出去了，东西还没拿到。小米就是把手机卖成了期货，智能手机包括智能手机的所有配件价格一直都是随着时间的推移逐渐展现出高性价比的市场状况，今天全款预定小米，明天如果市场状况出现波动，小米并不会退钱给消费者，也就是说，即便是未来产品降价了，你也不会拿到这部分差价的补偿。

随着"米粉"规模的扩大与稳定，小米在手机产业外围同样也可以进行扩展，除了手机之外，还做了小米电视、小米路由器、小米口罩等产品，并在向游戏和娱乐业拓展，包括电动汽车。小米逐渐建立起一个新商业模式接口，力图通过广告延伸和品牌延伸打造一种收入多元化的平台式商业生态。

同样在传统行业中，品牌的粉丝化营销也大有可为。作为中国家电企业的头部品牌，海尔在微博营销上就成功营造了老品牌的年轻化社交形象。海尔打破传统，官方微博采取去官方化的策略，很少发布企业信息，产品广告也少之又少，反而主要致力于趣味化、年轻化，跟粉丝做起了朋友。海尔粉丝的一大乐趣就是在网上"调戏"海尔，这不但顺应了粉丝营销的潮流，更接地气，也更新了人们对海尔的品牌观感与情感层面的互动。

而海尔智家将新品发布聚焦在以"90后""95后"为主体的群体，在App上启动场景"体验云众播"活动，除了卖货，更兼顾与用户互动、交流，让参与者直接在线上体验洗衣、做饭、娱乐、淋浴、睡觉等生活日常。不同的场景体验，将产品变成粉丝、用户们的互动平台。

由此可见，无论是互联网企业还是传统企业，只要把握住消费文化发展中所蕴含的大众文化的诉求和倾向，围绕年轻群体、大众群体来实现品牌推广，采取平民化、娱乐化与专业化深度融合的策略，就能够吸引更多的用户参与体验，营造更为广泛的粉丝群体。

SECTION 3　第三节
从工具思维到玩具思维

鲁迅先生曾说过:"游戏是儿童最正当的行为,玩具是儿童的天使。"游戏使儿童活泼、健康、聪明,每个儿童都有一件自己最喜欢的玩具,而且会不断发现并追求自己喜爱的新玩具。其实,游戏不仅是儿童的天性,也是成人的天性,儿童也好,成人也罢,人人爱玩游戏,只是随着年龄段的不同,追求的游戏载体玩具不同而已。

荷兰语言学家和历史学家赫伊津哈在其著作《人:游戏者——对文化中游戏因素的研究》中论述道:人类是天生的"游戏者",人类文明是在游戏中产生和发展起来的。

"好玩"是人类的天性

人和动物最大的区别就是人会制造和使用工具。人类最初使用的是天然工具,发展到后来才能够制造工具,进入商业社会,可以交换与购买的工具成为商品最主要的表现形式。而成功的商品都有一个共性,那就是满足人的某种需要。经济学的出发点和目的地都是人,商品更是如此。人的需求有很多层次:从最基本的生理需求到最高级的社会认同和自我实现需求,林林总总,不一而足。而人的需求随着社会的进步不断翻新,永无止境,只满足消费者基本功能需求的工具思维已无法适应现代社会人类需求的日益变化。

游戏与玩具思维不仅局限于电玩、网游等单纯的娱乐游戏,更是一种将工作或生活场景置换成游戏的玩具场景,并以游戏的规则、元素以及奖励机制等组合而成的营销和管理手段,它还是一种生活方式，一种工作状态与学习方法。这种不断迭代、推陈出新的产品、营销和管理方法正在改变着我们的生活方式，也改变着世界。既然玩具思维有如此魔力，那么我们不妨因势利导，运用开发游戏与玩具的思维来经营企业，创新品牌和营销，让自己玩着就把钱给挣了，让员工玩着把活给干了。

想抓住年轻人的钱包，就先让他们快乐地玩起来

伴随着我国改革开放，经济快速发展成长起来的"80后""90后""00后"已是社会的中流砥柱，更是消费市场的主力军。年轻一代的消费群体不再只关注品牌悠久的年代感，他们更在意自我感受，追求新鲜、个性、独特的消费体验，具有互动型功能的品牌更受年轻人的青睐。受互联网快速发展的影响，中国年轻一代消费者更加积极地寻求消费升级，喜爱简单且快捷的生活方式，他们生活在一个超链接化和信息饱和的世界中，也更加相信科技，依赖智能产品。这也使他们对待事情和处理问题的方式发生了很大的改变。

年轻的消费者享受着网购带来的便利生活，吃饭叫外卖、购物上网下单、外出旅行网上订车票酒店等，但并不意味着他们抛弃了线下活动，只是这一代人更注重线下所带来的体验感，例如：科学技术支持下的沉浸式商场、VR/AR虚拟游戏、3D影院等，他们更喜欢好玩的东西。在这方面，更加年轻的"00后"有着自己独特的传播语汇，并且热衷网络表情。"萌"化的语言，"萌萌"的表情充满了社交媒体。除了"萌"系产品，他们还喜欢有趣的小东西。由此可以发现"00后"购买的出发点更多的是"娱乐性"。同时，他们很重视参与和体验感，这是激发他们消费欲望的驱动力。产品如果是好玩的、可玩的，会获得"00后"更多的青睐。

如果想更多地抓住年轻人的消费，就要先让他们快乐地玩起来。

产品开发玩具化

产品开发玩具化，营销推广游戏化就是理解人爱玩的本性，将所有的枯燥无味诸如工作、产品的事情变得生动有趣，让参与者乐于主动参与、明确目标、集中精神、完成任务、获取反馈，借助沉浸其中的理念和机制，寓教于乐，通过游戏的方式精心设计"游戏"的场景，以此让"玩家"在娱乐中高效生产，更好地完成预设目标。无论是品牌营销、企业管理，还是医疗、教育都可以通过游戏元素设计激励机制，让参与者变身玩家，在娱乐和竞技中出色地完成预设目标。

产品是品牌的逻辑起点，先有好产品才有好营销、好口碑。用设计玩具的思维来开发产品，更容易让年轻的消费者对产品产生深深的依恋；用游戏的规则来进行销售，更容易让消费者乐在其中。

人们通常认为只有儿童喜欢玩具，事实上不只是小孩，成人也喜欢玩具，只是成人需要的是与心智相匹配的玩具。好用的产品对于消费者而言只是具有工具属性，只有人们需要达到相应目的时才会想起和使用，而好用又好玩的产品在工具属性的基础上加上了娱乐功能，具备了让消费者依恋、沉浸的力量。

苹果的创始人乔布斯是深谙产品游戏化之道的鼻祖，苹果的所有产品与其说是硬件电子产品，不如说是成人的游戏机。当台式音乐播放硬件设备大行其道的时候，苹果就开发出了轻巧、智能、可以"将1000首音乐装进口袋"的iPod；当其他手机厂商还在用做通信硬件的思维去做更好通话效果的手机的时候，苹果又推出兼具通信功能和娱乐功能的智能手机。苹果用"好用"不如"好玩"的游戏化思维进行产品设计，拉开了与竞争对手的距离，同时又将自己和其他硬件厂商的竞争力提升到新的高度。

乔布斯与第一代 iPhone

时至今日，在新的商业竞争中，如果你的企业还只是在传统商业维度上拼价格、拼品牌、拼渠道，那么企业的竞争力正在逐步弱化。企业应该反思的是，产品在好用之外，是否好玩。从工具化思维向玩具思维的跨越已经在各个行业蔓延开来：艺术、文旅、智能家居、零售业、主题餐厅等。

营销推广游戏化

用玩具思维将产品开发出来，还要巧用游戏化思维让品牌好玩起来。

中国的年轻消费者由于在物质充裕的时代成长起来，他们是当下最具娱乐精神的一代，娱乐营销也随之成为当下最有成效的营销方式之一。通过娱乐营销让品牌不再是高冷、呆板的形象，对于企业品牌年轻化打造无疑是高明的一招。

"让销售好玩"的方法早已被商家参透，形式也在不断更新迭代，从简单的"买一送一"到开盖兑奖形式的"实物换实物"，从积分换购到航空公司累计航程兑换特权的常旅客计划，销售过程的游戏化已经常玩常新了。

在新时代的消费文化中,"消费"的价值被凝结为"体验",在这种体验中,商品的功能性体验并非全部,更多的时候,消费者渴望在消费过程中体验到互动游戏与自我认同。中国的家电品牌海尔的传播重点不再局限于家电产品的日常功用,而是帮助用户发现家电产品在日常功用中体现出的生活与游戏的乐趣。

身着泳裤的海尔兄弟曾是海尔集团的经典品牌形象,是定位于寓教于乐且探索大自然未解之谜的长篇动画片形象,被常年的广泛传播。进入新媒体时代,为升级品牌形象,海尔推出了新动画《海尔兄弟宇宙大冒险》,通过微博晒出了海尔兄弟的宣传海报,海尔兄弟身穿太空服,看起来十分有趣,一时间登上微博热搜,网友们纷纷调侃:海尔兄弟转眼长成大孩子了。海尔的这一波营销之所以成功,除了唤起了许多人的童年记忆,也与海尔在微博上的营销一直画风奇特,互动好玩有关。海尔的营销传播经常以游戏化的方式满足社交用户喜欢互动的心理特点,在调动用户参与感的同时扩散传播了海尔品牌,同时深化了用户对海尔品牌的认知。

像做游戏一样做管理

对于年轻人而言,游戏化思维不仅是一种生活方式,还是一种工作状态与学习方法。

传统经济时代,大多数人不会选择在职场中途离场,因为坚守阵营是保住饭碗的最好方式,而今,雇用关系不再稳定,契约精神也由终身制转换为任期制。在企业寻找和培训合适岗位人才成本越来越高的今天,同样让企业堪忧的是新生代员工职业稳定性差的问题。面对千禧一代视换工作如家常便饭的现实,企业须反躬自问,如何正视时代更迭、转变管理理念、改变管理方法。因为,世界终究是属于年轻人的,企业的未来也需要托付给年轻人。

在物质丰富年代中成长的大部分年轻人就业后不再只是单纯地为糊口谋生而工作，身为互联网时代的"原住民"，他们更渴望的是拥有一份开心的工作，体验一份有成就感的职业，收获一群志同道合的小伙伴。"边玩边把钱给赚了"是他们的终极梦想，而游戏恰好具备这样的魔力。

把游戏化思维运用于管理中，其真正的魅力在于，它能让人在充满乐趣的氛围下不知不觉地完成难以企及的任务，能够极大地满足参与者的成就感，从而提高"生产力"。因此，在工作中融入游戏化思维至关重要。我们也可从签到打卡、工作内容、奖惩机制、工作环境、员工团建等方面着手改变。

移动互联网时代，移动通信的支持使得办公变得更加便利化、移动化，无须到办公室，只要在有网络和硬件支持的地方就可以办公。因此，在千禧一代看来，上下班限时打卡这种条条框框的制度是约束灵感的。但现实中为了约束员工完成上班时限，绝大多数企业往往还保留着传统的强制性的打卡签到制度。这种方式能把人的身体绑在办公室里，却绑不住心。一个团队中可能每个人对时间的支配方式不一样，每个人在某时段效率的高低也不一样，所以最好的时间管理方式，就是信任员工，凭借员工对个人、对成功的渴望和对职业生涯负责任的态度，让员工自己管理自己的时间。

教育应该更好玩

知之者不如好之者，好之者不如乐之者。寓教于乐，寓学于乐是教育的一种理念。

中国的企业管理在进步，教育方式也在不断地改进。游戏化思维已经在教育界和商界得到了许多成功的尝试。有一些学校利用RPG（角色扮演游戏）的形式来建立课程体系、设置教学内容，通过让学生接"任务"这种寓教于乐的方式吸引他们的注意力，获得了不错的成效。在中国，英语是很多学生学习和教师教育的短板，死记硬背是最笨的方法。为了让学生对学习英语更有兴趣，锻炼英文词根联想记忆能力，成都某校长就"脑洞大开"，发明了"英语麻将"。其实诸如此类游戏化思维管理的案例还有很多，比如：有的学校为了让学生更多地学习化学，开发了一款"化学加油站"App，在游戏中完成暑假作业，这样假期作业就变得不再是让学生们头疼的事，而是一件快乐的、让人主动参与的事。

随着人工智能在人类生产生活中的逐步渗透，它对人们的社会生活和工作方式都产生了巨大的影响。智能游戏是人工智能发展的一个重要领域。阿尔法围棋（AlphaGo）成为第一个战胜围棋世界冠军的人工智能机器人，其主要工作原理就是"深度学习"。阿尔法围棋的出现让人们看到了人工智能的智慧，同时也让人们看到人工智能游戏应用在教育中的可能性。

芝加哥科学与工业博物馆网站曾为青少年游客设计了一款生存类游戏，该游戏涉及了极端条件下人体主要身体系统发生的各种变化，在玩游戏的过程中，玩家可以对人体结构有更加深入的了解。教育游戏能够考验玩家的耐心、专注性、专业知识和逻辑思维等，还可以为学习者的学习增加娱乐性和趣味性。

如今，游戏化与玩具化思维已经渗透到了我们生活的方方面面。企业将游戏化思维融入商业管理的一切努力都是为了给消费者打造一个更愉快的互动、体验消费，缓解品牌老化的尴尬问题；为员工打造一个充满快乐和幸福感的就职环境，避免年轻一代用工难题。边玩边赚钱不再只是一个快乐的梦想。

从工具思维到玩具思维，未来一切行业都将会用到游戏化思维，创新、营销、管理和品牌，玩着玩着就做成了。

SECTION 4 第四节

新消费、新机遇：智能化的"懒人经济"

一提到"懒"字，大家可能首先会联想到"懒汉""好吃懒做""不劳而获""游手好闲""衣来伸手饭来张口"等这些贬义词。"懒"给人们的印象一直都是负面的，但懒是包括人在内所有动物的一种本性，如果去动物园你就会看到动物平时都是趴着的，吃饱了都躲在阴凉处睡觉。正是因为这种懒的本性，人们的想象力被无限地激发、放大，催生出了各种便利的发明。从另一角度讲，可以说是"懒"推动了社会的进步。从古至今很多东西都是因为"懒"而发明出来的。懒人懒得耕地才发明了农具；懒得走路才发明了电车、汽车、火车；嫌这些交通工具太慢，发明了飞机还不行，想着到火星上去生活，才发明了宇宙飞船；懒得爬楼，发明了电梯。甚至有的懒人连床都懒得起，懒人懒得起床，想睡回笼觉，发明了席梦思……

敦煌壁画中的牛耕图

许多现代企业早已把"卖懒"作为自己的重要营销手段，从而衍生出了"懒人经济学"。为了能够让自己更好地去懒，人们会绞尽脑汁创新和开发出新的设计、新的理念。因为有"懒人"，于是就催生了"懒人经济"的蓬勃发展。饿了有外卖；家里乱了约家政；买衣服"淘"一下送到家；不想出门美容，有上门服务的美容师；甚至宠物懒得遛还可以叫代遛服务……五花八门，应有尽有。足不出户，也能衣食无忧。某种意义上，正是因为"懒"，让产品变得更人性化，让生活变得更便捷，让消费者可以更好地去享受生活。当下，在人工智能浪潮的加持下，"懒人经济学"正引领我们走向更加先进和舒适的未来生活。

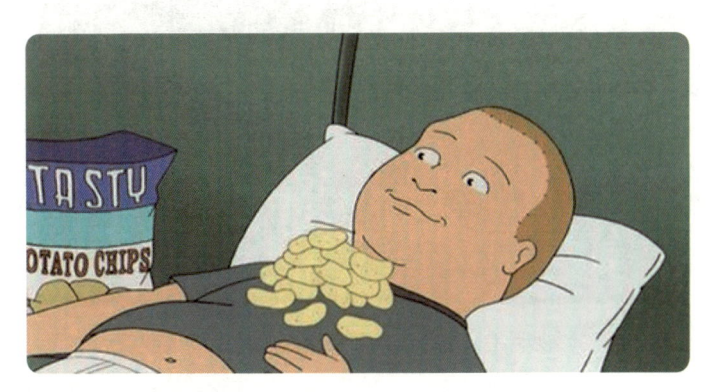

美国动画情景喜剧《乡巴佬希尔一家的幸福生活》中
鲍比·希尔躺着吃薯片的经典画面

随着人们对生活品质的要求越来越高，"懒人经济"已从过去单纯为了赶时间吃泡面的"效率懒"，跨越到为了更好享受生活的"品质懒"。智能化更是成为新"懒人经济"的痛点、痒点与爽点。

"懒"得更方便

方便永远是商业模式创新的重要方向之一。为了代步，人们发明了汽车，于是人类文明有了质的飞跃和发展，但是"懒惰"的人们不甘于此，手动挡汽车开起来太过麻烦，双手双脚全部被征用了，手脚还要配合协调，这让很多人都望而却步。于是自动挡汽车应运而生。最先有自动变速器想法的是奔驰。1914年德国奔驰公司生产出第1台自动变速器，但只是皮带传动的机械式无级变速器，并没有真正投入使用。1940年美国奥兹莫比尔汽车上装上了第一台现代意义的自动变速器。它于20世纪50年代开始在美国三大汽车公司批量生产。从那时起更为方便的驾车体验便诞生了。

日本著名影视明星新垣结衣代言日清小鸡拉面的经典广告画面

而方便面的发明与流行，则出自20世纪以勤奋著称的日本人之手。正是日清食品在1958年发明了方便面。日本在战败后整个国家都进入了重建时期，随着生活节奏的加快，很多人忙于工作，在吃饭方面寻求快捷从简。但是在当时的日本还没有"麦当劳"这样的快餐店，也没有"Seven-Eleven"。在这样的历史背景下，日清食品的创始人安藤百福从日本传统食品"天妇罗"的制作方法，即把蔬菜、莲藕、虾等食材裹上小麦粉放到热油中煎炸中得到启发，发明出一种称作"瞬间油热干燥法"的制作工艺，世界上第一款方便面"鸡肉拉面"也就此诞生。当时,"鸡肉拉面"刚一发售就受到了一致好评,被誉为"魔法拉面",瞬间成为人气爆款产品。日清食品也从一个差点倒闭的小厂,一举成为全日本的高收益食品企业,就此安藤也完成了他人生的第一个"小目标"。5年后,日清食品同时在东京证券交易所和大阪证券交易所上市,奠定了其在日本食品业界的地位。

"懒"得没麻烦

"懒"人图方便,更怕麻烦。科技的发展从某种层面上讲就是让懒人能够继续懒下去。随着科技的发展,智能化的家居生活也慢慢成为一种趋势,让生活更加高效、有品质。从台式机电脑到笔记本电脑再到智能手机,越来越轻便的电子设备,越来越把我们从书桌前解放出来。智能手机的触屏时代,把我们从键盘中解脱来。敲击键盘,拉扯鼠标这一切都太麻烦了。在屏幕上轻轻地滑动,随性地操作,剪断了各种线路的束缚,也解放了人的大脑。电子产品触屏化解放了人的一只手,单手操作使产品的普及门槛变得更低了,这种让人偷懒的设计看似简单,实际上是跨时代的飞跃。

"懒"追求体验

"懒人经济",本质上由人们省时省力、提升效率与品质的需求催生,代表着当下消费观念与方式的升级。除了外卖、网购、各类便捷服务,还有即食食品、智能家电、懒人美妆等产品应运而生,它们极大程度上便利了消费者的生活。通过新一代信息技术的加持,用更高效、专业的方式,打造"智慧生活"体系,让消费者充分体验"智慧懒"。

把握新"懒人经济"的升级机会,最重要的一点就是创造出新的场景。当你创造出新的场景,新的消费机会就来了。场景要和内容联系在一起,目的在于渗透到目标消费者的生活中。"人找货"是被动的,是为产品找用户,为自己研发的产品去寻找用户;"货找人"是主动的,是为用户找产品,为用户需求原创产品。

"懒"在于享受

休闲是人类普遍的需要,万物都需要休养生息。今天,精神价值的追求应运而生,一个崭新的时代命题正等待我们的开启。实际上多数快乐是休闲效应的体现,是休闲的"产品"。现如今中国的休闲产业发展迅猛,虽说离真正的"休闲时代"还有相当距离,但随着经济的发展、人们生活水平的不断提高,休闲产业在中国已是大有可为。人们在不断追求"绿色、生态、空气、低密度"的生活,享受慵懒给自己带来的愉悦感。休闲产业追求满足人们内心的体验,以一种自由的状态追求更高质量的享受与创造,从"柴米油盐酱醋茶"中解脱出来,于是"放空""发呆"成为一种文化,这种慵懒的"DNA"在不断影响着我们。发呆其实是一种积极的精神状态,发呆可以让思维惯性来一个"急刹车",重新审视自己,审视环境,它蕴藏着进取的欲望和创造的动力。不着边际地想象,任凭思绪在脑中自由地游走,停止给大脑加载;捧一杯清茶,懒散地坐在咖啡店里,让时间为我们停留一刻,放慢一切。实际上我们现在很愿意花钱去买"懒",去享受"懒"。

如今,"懒"被赋予了新的含义。并非游手好闲、无所事事,而是在万物互联的时代借助智能科技创新,创造智慧生活场景,让消费者将节省下来的时间与精力花在更值得投入的地方,做更有价值的事情。人们的生活方式,在深入满足自我需求的基础上,实现了更进一步的智慧化。"人生得意须尽懒","懒"从某种意义上看,也成了人类社会消费的更高与更智慧的目标。

SECTION 5 第五节

"她经济"和"他经济":女人花钱狠还是男人花钱狠

比黄金更重要的是信心,比鲜花更美丽的是女性的魅力。促进消费已成为经济复苏和扩大需求的第一要务,也是推动经济增长的基础性力量。中国经济最大的潜力在于14亿多人的消费,在于大规模家庭消费的持续释放。

"妇女能顶半边天,管叫山河换新颜。"据国家统计局发布的数据显示(见表1):2022年年末中国人口141175万人,其中女性人口68969万人,占全国总人口的48.85%。更重要的是我国人口女性占比缓慢上升,女性人口规模呈稳步扩大趋势。女性是新时代的主力军,更是新消费的主力军,抓住了女性就抓住了消费的力量,就能顶起经济的半边天。在当前的经济环境下,如何为"她经济"增光添色,更显弥足珍贵。

表1 2022年年末中国人口数及其构成

指标	年末数(万人)	比重(%)
全国人口	141175	100.0
其中:城镇	92071	65.2
乡村	49104	34.8

续表

指标	年末数（万人）	比重（%）
其中：男性	72206	51.1
女性	68969	48.9
其中：0~15岁（含不满16周岁）	25615	18.1
16~59岁（含不满60周岁）	87556	62.0
60周岁及以上	28004	19.8
其中：65周岁及以下	20978	14.9

顾名思义，"她经济"也称为"女性经济"，指的是由于女性对消费的推崇，推动经济增长的效果更加明显，故称之为"她经济"。这一特有的经济现象已经成为推动社会经济发展不可忽略的力量。据统计，在中国有近4亿年龄在20~60岁的女性消费者，其每年掌控着高达10万亿元人民币的消费支出，足以构成世界第三大消费市场，接近德国、法国、英国零售市场的总和。随着移动互联网的深入发展渗透，女性用户规模逐年攀升，活跃用户规模已达5.82亿，全网占比提升至49.3%。"她经济"已经成为消费行业持续增长的风口。

女性消费欲望的爆发，首先源于女性自我意识的觉醒。当代女性受教育水平普遍提升，更追求自我价值的实现，开始主动把握和掌控自己的命运。迪士尼公主系列电影中，已经从"王子拯救了公主"的传统思想转变为传输"公主自我拯救甚至拯救王子"的价值观，曾经的国产"大女主剧"如《楚乔传》《甄嬛传》等备受追捧，收视率居高不下的背后代表着受众对这一价值观的认同。其次，女性对于"钱要怎么花"更有主动权和话语权，有较强的自我表达和自我满足意识：变美、变精致、变个性、变时尚等观念引导着女性更愿意为经营好自己的生活而买单。

女性不仅会花钱，更会挣钱。强大的消费能力背后，不仅是独立意识的觉醒，也源于经济独立、财富量不断攀升的实力支撑。美国统计局曾研究分析过世界各国劳动参与率，发现中国女性的勤奋与辛苦当属世界第一，中国女性的劳动参与率高达70%，甚至超过法国男性62%的参与率。其中，25~55岁的中国女性参与率高达90%。如今我国女企业家占企业家总数已超过四分之一，最有消费能力的中产女性人口已接近8000万人，其中本科及以上学历占比达到85%，中产女性以职场精英为主，近60%为企业管理人员。

这意味着，女性已经在商业、文化、政治等诸多领域全面崛起。高学历、高收入，有主见、有能力以及更清晰的自我定位，让女性的消费需求和消费能力更加旺盛。"她经济"已经在家庭消费中居领导地位：在中国社会的消费链条中，女性在消费决策和消费能力上都占据绝对主导地位。在市场中有这样一种戏谑的消费力排名：少女＞儿童＞少妇＞老人＞狗＞男人，这表明商家总是钟情于"女人和小孩的钱最好赚"，因为女性舍得为自己花钱，更舍得为自己的小孩和家人花钱。

总体而言，"她经济"可以分为四个板块，分别是"她购物""她游戏""她健康""她宝宝"，女性消费几乎覆盖消费市场的各个领域，每一板块的市场都代表着一个极大体量的消费群体，这一群体下又包含着精密的细分市场，比如市场根据女性的地域、年龄、经济水平、身份、学历等划分为不同层级，各个层级互相交织，但同一层级中又有诸多细分，渠道、市场、消费结构等有很大不同，属于一、二线城市的市场和属于三线以下的下沉市场，肯定会有差异：高端市场可以全年不打折、不搞活动、没有任何优惠，但在服务水平、产品质量、店内设备、店面装修等方面都需要耗费大量的人力物力，下沉市场可以在这些方面略逊一筹但价格和活动力度要迎合这一市场的女性消费群体。

同时女性是感性动物,针对女性的营销战略不仅要有"品牌促销",更需要走进女性消费者的内心世界,从她们的视角思考问题,与她们产生情感共鸣,为女性消费者找到专属的价值。在物质富裕的时代,女性不再满足于"能用就行"的消费观念,她们不仅对产品有更为独到的见解,对商品的需求也更多元化,品牌意识不断加强,尤其是阶层认同诉求强烈。因此,以往粗放式的营销方式和产品已经不能满足她们的要求。要想获得这批女性用户的忠诚度,不仅要走精细化的专业路线,还要为她们提供"专属"与"定制"的个性化服务。

如今,女性消费者追求更高质量的产品和服务成为常态,这种新常态也促使着以"她经济"为主要市场的企业不断革新产品与营销理念,把握住她经济中的"悦人先悦己"消费需求,融合"智能"与"体验"的细分场景。

由此可见,"她经济"正在催生多个新的经济增长点的诞生与爆发。很多女性市场尚未达到饱和状态,对于商家而言,这既是大好的机遇,也是巨大的挑战,随之而来的竞争将越来越激烈。面对越发成熟的"她经济"时代,如何最大程度抓住"她经济"的发展需求才是关键。

"女人来自水星,男人来自火星";自古"楚河汉界,泾渭分明"。一直以来,女人长期占领着购物的主导权,男人一旦加入便"形同水火"。

男性被市场定义为消费链的最末端,是低消费人群。然而现在,消费市场规律发生了重大变化。随着新一代年轻群体成为消费主力军,我们感受到了"他经济"时代的到来。

首先,男人开始愿为自己的颜值花钱,现在男人也越来越注重自己的个人形象管理,他们对颜值的要求不是一瓶"大宝"就可以满足的。欧莱雅与天猫曾联合发布的《中国男士理容白皮书》显示:使用化妆品的男性数量呈现上升趋势,其中,约有70%是34岁以下群体,使用化妆品的人群年轻化特点显著,他们购买的美妆品中,面膜销售指数最高,其次为护肤套装和洁面产品,甚至出现了很多比女人还讲究的"精致男人"。

男人在美妆方面的消费需求有多大?在淘宝发布的《中国男性消费报告》显示:男士彩妆年成交额增长140%,其中粉底、遮瑕、眼线笔是精致男孩们最爱的三件单品。所以,女性不能小瞧身边的男性朋友,也许他的化妆技术比你还熟练。

从以上我们看出,爱美不再是女性的专属,男性也拥有了"精致BOY"的头衔,他们对化妆产品的需求已经从单一需求向多元需求转变,直接带动着美妆市场的增长,并且呈现低龄化趋势,男性对购买化妆品的欲望正不断上升。

当然,男性对自己颜值的消费投入也不仅仅限于化妆品领域,在医美方面,数据显示,男性医美消费者占比11.12%,女性消费者占比88.88%,虽然男性占比较小,但男性的平均客单价是女性的2.75倍。先天不足,后天补足,男性也开始整形,未来男性将成为医美市场的新风口。

其次,男人更加追求潮流时尚,个性化消费特征明显。对于大部分男人而言,"潮鞋"是他们追求时尚的最重要环节。男生爱买球鞋就像女生爱买口红一样,不断地买,而且男生买鞋与女生买口红最大的不同是,球鞋不是用来穿的,是用来收藏的;女生买口红大部分都会使用,涂在嘴上才能实现口红的价值。

男人花钱是"不买则已,一买惊人"。男人对潮流时尚的追求是多种多样的,不仅是对"潮鞋"的热爱,还表现在十分喜爱"潮服"，穿搭凸显个性化；更愿意购买轻奢产品，像范思哲、途明、杰尼亚等大牌是男性消费者的最爱；"包"治百病，治愈的不只是女生，男生买起包来也绝不手软。男性消费者在潮流时尚方面更愿意为自己配置"高级产品"，各种大牌尖货、限量款"潮鞋"、潮流轻奢等好物才是他们的选择。

在玩的方面，男人花起钱来更甚，除了让自己颜值升级，穿搭高级之外，娱乐方式也要随之进阶。爱玩，是男人从小到大的天性；年轻的男孩是追星、电竞两不误；中年男人配置电脑"升级打怪"，花出去的钱不是女生一支两支口红所能比的。

游戏是单身男性的"伴侣"，却是夫妻的"第三者"。经常有妻子这样问丈夫"你是选择我，还是选择游戏？"因为，玩游戏要投入相当大的一笔钱，游戏硬件配置好，价钱就高，支出就大；买游戏角色道具或皮肤还要花钱，又是一笔大花费，这样一来，丈夫将妻子买衣服、化妆品的钱用来玩游戏，妻子当然会生气了。但是爱玩游戏的单身男性就没有这样的烦恼，没有约会对象，自然就将花费用在了游戏上。都说女人永远缺少一支口红，而男人总是缺少一件电子产品打游戏。

如今，"饭圈"文化越演越烈，追星女孩大军一如既往的强大，而"Z世代"的到来，男孩们也走入追星的世界，"男粉"军团崛起，追星成为新一代年轻男孩们的一种娱乐方式：买喜欢明星的演唱会门票、给中意的主播刷礼物、去看自己喜欢球星的比赛等花式砸钱追星，表现出的热情绝对不输"追星女孩"，甚至超过她们。

虽然如今"他经济"的新潮消费形式风云变幻，如火如荼，但也有着一个隐忧，越来越多的青年男性不买车、不买房、不谈恋爱、不结婚、不生孩子，看似消费能力绝对强于女性，实则对于社会的整体经济发展可不见得是好事。

SECTION 6 第六节

"Z世代"和新消费

我们经常说,得年轻人者得天下,年轻人是祖国的未来,也是拉动内需增长的一股强大力量。如何抓住年轻的消费者,是企业的一件头等大事。我们可以看到像盲盒这样的品类,完美日记这样的品牌引领了新消费浪潮,在短时间之内创造了巨大的财富,但同时也有大量的传统企业遭遇了代际传承的难题,老品牌在当下这个时代想赢得年轻人的心真是越来越难了。如何才能破局"出圈"呢?

我们先来看什么是"Z世代"

"Z世代"开始是欧美的流行用语,指1995年至2009年出生的人群,也就是我们常说的"95后""00后",他们是受到互联网、即时通信、智能手机、平板电脑和社交媒体等科技产物影响最大的一代人。

中国这群人的成长经历伴随着两个非常大的时代背景,一个是中国经济的飞速发展,一个是中国互联网从无到有的全过程。

几十年时间,中国从百废待兴一跃成为全球经济增长最快的国家,2000年的北京满大街跑的汽车还是夏利,鸟巢、水立方、国家大剧院、北京最高楼中国尊……这些标志性的建筑一个都还没有出现。改革开放40多年,中国的GDP翻了200多倍,中国人口袋里的钱明显变多了。

许多人认为现在的孩子们太能花钱了,太敢花钱了,这是因为他们从出生以后几乎就没有感受过物质经济的匮乏,很多人又是独生子女，家里两代人的钱全给他们花，于是他们必然不会再精打细算了，他们的消费能力和消费意愿是远远高于中国历史上过去任何一代人的。

第一财经商业数据中心（CBNData）的数据报告显示，中国的"Z世代"年开支高达4万亿元人民币，其开销约占全国家庭总开支的13%，消费增速远超其他年龄层。

中国的"Z世代"完全是伴随着互联网的发展成长起来的，他们不是网络移民，他们就是互联网的"原住民"。

1994年，中国接入互联网。1995年国内首家互联网企业——瀛海威在北京中关村成立，普通百姓也可以进入互联网世界。随着"Z世代"逐渐步入社会，他们的消费力会越来越强。在阿里的电商平台上，"90后"的购买金额、购买频次、购买客单价已经全面秒杀"80后"。

本来应该是消费主力的"80后"这一代，很多被房子、车子、孩子套牢，再加上面临父母的老去，以及自己未来收入水平趋于稳定，他们实际上已经不敢乱花钱了。

而更加年轻的"Z世代"就不一样了，他们正处于对自己的人生充满憧憬的阶段，身上没有背负什么压力，未来还有无限可能，时间还多、路还长，所以更敢花钱。有开心的事要买点东西奖励下自己，不开心了也要花点钱安慰自己，经常挂在口头的话是"没有什么是钱解决不了的问题，如果有，那就再加点钱"。

但是能花敢花并不代表"Z世代"青年们多么具备赚钱能力，他们中的很多人还是学生，还没开始赚钱呢。那些已经走入职场的人大多数也处于起步阶段，他们平均赚钱的速度其实是赶不上花钱速度的。

我们注意观察一下会发现，很多年轻人买东西，即使是只价值几百元的东西，他们往往也采用分期付款的方式支付，甚至有人通过各种网络贷来提前消费。人们可能更想不到的是这些透支的年轻人里，只有很少一部分人有意愿把欠的钱先还上，更多人是不着急还钱的，他们认为自己未来还有大把赚钱的时间和机会，做人要享受当下。

"Z世代"更注重精神享受，消费不一定追求实用性，他们愿意为自己的喜好，为商品的颜值、创意买单。

由于低龄、手上能掌握的钱有限等因素的共同作用，也就决定了大部分"Z世代"的人现阶段还不是贵价大宗商品的用户，房子、车这样的东西要么买不起，要么还没到购买的年龄。

但是这不代表他们不想要这些，比如奢侈品，无论哪个年龄段的人都想买，20来岁的年轻人买不起怎么办呢？这几年有一个行业悄然兴起，卖二手奢侈品的商家线上线下遍地开花，他们的目标就是这些年轻人。

从2019年开始，世界几大奢侈品品牌在国内的价格一涨再涨，贵到普通人吃两个月泡面也买不起的程度，但是拥有自己人生的第一只奢侈品包是很多女孩子的梦想，这时候卖二手货的商家喊出"半价买个LV，它不香吗？"一下子就击中了年轻人的痛点。一份二手奢侈品平台的数据显示，该平台拥有的消费人群超过70%是"90后""00后"。

年轻人不喜欢用"二手"一词，喜欢用"中古"来指代。中古这个词来源于日本，听上去好像很有历史感和收藏价值的感觉，但其实中古在日语里就是旧货、二手货的意思。

有段时间抖音等平台大量推送奢侈品鉴定、二手奢侈品交易这样的内容，很多人不由自主地点进去，发现漂亮的主播身后货架上放满了各大品牌的奢侈品包、配饰，LV只要3000多元，香奈儿

1万元起步,连爱马仕在主播们的直播间里价格都变得亲民起来,还不用配货。相较于商场专柜1万元预算只能考虑买个钱包的程度,不少人经不住诱惑立刻刷卡买单,拥有了自己人生中第一只奢侈品包,内心得到极大满足,尽管它是二手的。

年轻人喜欢买二手商品除了便宜,还有一个原因是这些和商店里的新品相比,很多都是"孤品",比限量款还限量款,他们喜欢这种与众不同、个性化的感觉。

如今不光是二手奢侈品流行,年轻人还喜欢各种二手商品、闲置商品,所以像闲鱼这样的二手闲置交易平台广受年轻人欢迎。

"Z世代"不光有强烈的消费欲望,爱好也多种多样,虽然他们"懒""宅",但是大家的社交需求又很旺盛,围绕他们产生了二次元、电竞、吸猫撸狗、云养宠物、追偶像,甚至是养生等各种圈子,一旦入圈往往会产生深度归属感。越来越多的年轻人看起来好像跟身边的人没什么共同语言,不愿意交流,但是在人家的小圈子里可能是很活跃的社交达人,这些圈子就是产生消费的地方,是品牌需要重度关注的地方。

先说养生,很多人不理解"95后"才多大,有什么好养生的?但正是因为他们生活在物质极大富足的年代,他们对自己本身的状态是非常关心的,年轻人很懂得心疼自己。便捷、即食类的营养品这几年消费规模快速增长;低糖低卡的零食、饮料,加入枸杞、阿胶这样的食品都是年轻人的最爱,"朋克养生"推动了这个产业的崛起,也诞生了不少新的品类。

年轻人在身体上对自己更好,在精神上也有更多需求,但由于网络让他们这代人普遍不爱跟人面对面社交,情感上的寂寞就由宠物来填补了,年轻人都把猫狗当亲儿子、亲闺女、亲兄弟姐妹来养。

购买宠物本身、宠物美容、宠物食品、宠物医疗已成为很多"Z世代"刚需消费的一部分，给宠物洗澡剪毛动不动就几百元甚至上千元，比人还贵，还有给宠物举行婚礼、葬礼的。"毛孩子"这个市场在2016年的时候，市场规模就突破了1200亿元，2020年之前的年均复合增长率接近20%。2023年城镇宠物（犬猫）消费市场规模就已高达2793亿元。即使是这样，我国家庭平均宠物拥有率还是远远低于欧美国家，未来市场前景非常可观。

没有真的养一个活体宠物的年轻人，很多也在网上云养宠物。2020年"双十一"的时候，淘宝就进行了一次大改版，增强互动性，还推出更加娱乐化、年轻化的"超级星秀猫"，也就是我们常说的"云养猫"，让大家组队拉人气分红包，平台活跃度一下子提高起来了。

当年轻人越来越宅的时候，当年轻人享受孤独养宠物的时候，单身经济也随之崛起了，现在年轻人越来越找不到结婚的理由，甚至连谈恋爱都嫌麻烦，在这种心态影响下，一人食的餐厅、一人份小家电市场自然就火爆起来。

日本早就有一人食餐厅，现在我们也有一个人的火锅、一个人的烤肉，餐厅装修成非常文艺小清新的风格，用小板子把餐桌分成一个一个小格子，大家各吃各的，互不干扰，生意非常好；两人一起吃也可以，把饭桌中间的隔板打开就行。别看年轻人喜欢一个人待着，但是生活可是绝不将就，于是诞生了很多满足他们需求的生活家电品类，煎炒烹炸花样频出，燃气的、插电的也是应有尽有。另外像扫地机器人、自动洗碗机这些都成为年轻人的最爱。

他们还爱"炒鞋""炒盲盒"。2020年12月11日，"盲盒第一股"泡泡玛特在港交所上市，当天泡泡玛特高开100%，市值迅速突破千亿港元，创始人王宁夫妇身价一度超过500亿港元，王宁是

第三章　经济新动能　123

1987年生人，他创立泡泡玛特的时候是24岁。

年轻人爱买盲盒这件事让很多人百思不得其解，搞不懂花几十元甚至上千元买个未知的东西，怎么会那么有吸引力？这就是代沟。那种打开未知带来的惊喜促使年轻人忍不住一次一次为其买单。

现在盲盒的应用范围非常广，衣服、化妆品、鞋、包，连生鲜都推盲盒，可见这种形式多么深得年轻人的心。

但是盲盒营销一定要把握好尺度，不能搞成变相赌博，也不能应用在不道德的领域，我们看到网上有关于盲盒式卖宠物的报道，"9块9"买回来一个箱子，打开之前你不知道里面是猫是狗，还是乌龟蜥蜴之类的宠物，但这些宠物往往是带病的，活不过一星期，为的就是让消费者继续买。这是种利用人性弱点不道德的促销行为，应该引起大家警惕。

"Z世代"还热衷于二次元文化，包括动漫、COSPLAY以及后来衍生出的各种现实中不存在的理想事物，随着这个群体的人越来越多，二次元文化开始和现实世界携起手来，出联名款产品、做主题动漫或者游戏。"Z世代"也很愿意为此买单，带来了巨大的市场收益。

"Z世代"还爱追星，喜欢各个领域的偶像。其实每一代人都追星，但是"Z世代"特别能为偶像真金白银地花钱，偶像推荐的产品、代言的品牌，甚至偶像穿的衣服、拍的杂志都是粉丝们追捧的东西。号称"带货女王"的杨幂，她的日常穿搭总是能成为当季爆款，肖战、王一博拍的杂志，一期销售额高达千万元。

由于"饭圈"文化的流行，还出现一个新的现象，就是很多美妆品牌把代言人换成了男明星。过去在大众范围内彩妆基本上是女性用品，代言人肯定找长得好看、皮肤好、有名气的女明星，但是前两年突然代言人换成年轻男明星了,这是因为愿意用真金白银为偶像买单的,大部分都是年轻女孩们。

可见,聪明的商家对市场有多敏感。

我们来回顾一下,集聚在互联网上的"Z世代"的年轻人,他们都在各自的小圈子里找存在感,这些特点也注定,"80前"的人们不管再怎么刻意努力去迎合年轻人,也不大容易跟他们产生良好的共鸣。我们总是倡导品牌年轻化,品牌要想年轻化得从人以及人的思想年轻化做起。

这些年轻人不仅消费能力强,还因为处于中国经济高速增长的时代,表现出更爱国的情绪,他们有足够的民族自信、文化自信和品牌自信……在他们这代人眼里,国外的月亮没有我们中国的圆,用国货是彰显自己个性与潮流的标志。

当然我们很多国货品牌潮流是跟上了,但是由于发展太快,企业历程太短,研发和品质还没有跟上来。这一类企业要思考,下一步是要做成能够长久立足于市场,和你的消费者共同成长的品牌,还是停留在当下这个阶段,服务一代又一代的年轻人呢?

这两者没有绝对的好坏之分,比如有的国货美妆品牌目标是打造成中国的欧莱雅,但现实的问题是,这些品牌采用的是欧莱雅某分支产品在国内代工厂的技术,产品还主要是彩妆这个门槛比较低的品类,而欧莱雅不只有彩妆,还有技术壁垒更高的护肤品,还分高中低档不同的产品线。如果我们的国货品牌要与之一较高低,未来的技术研发上必然要成十倍成百倍地加大投入,不然等品牌现有的消费者年龄变大,手里钱更多的时候,会毫不犹豫去选择国际大牌。

"Z世代"还有一个显著的特点,他们不容易被身边的亲人或者同事、朋友左右意见,过去长辈说教:我走过的桥比你走过的路还多,我吃过的盐比你吃过的饭还多,但是在这个万物互联、信息爆炸的时代,这个情况实际上已经反过来了。很多东西我们真没年轻人知道得多,也因为年轻人眼界开阔、受教育程度普遍较高,并且成长在快速变化的时代当中,他们接受新鲜事物的能力非常强,辨别信息的能力也非常强。

无论从喜好度出发"Z世代"更愿意相信自己的偶像,还是从专业度出发他们更相信一个圈子里的意见领袖,有句话说天不怕地不怕,就怕头部主播喊"美眉们,买它"。现在不少大牌都喜欢与网红大V合作,他们的一句话往往会带来一个商品的高光时刻。

明星达人、品牌官方社交账号对"Z世代"获取、判断信息非常重要。有调查显示,55%的"Z世代"受访者将品牌官方社交账号作为重要信息来源,44%的"Z世代"受访者将网上博主/网红作为影响购买的三大因素之一,这个数字也远远高于过去任何一代人。

又由于年轻人大量时间都停留在网络上,品牌商们把营销也都搬到了网上,通过自主发力,或者与意见领袖KOL合作,用短视频、直播带货这样的形式,让年轻用户们一边"种草"一边"拔草"。线上评论和口碑也对"Z世代"的消费行为起到重要作用,吃饭逛街必看大众点评,买东西先上小红书找参考,淘宝下单购买前如果刷到几条差评那可能瞬间就放弃支付了。

当大量的商品被年轻人触手可及的时候,他们在品牌忠诚度上表现出两个自相矛盾的特点,一是品牌偏爱非常强烈,二是这种忠诚度非常不持久。

今天市场流行或者翻红的这些品牌,绝大多数火的时间也不过才三五年而已,它们一旦跟消费者建立关系,消费者是很认可这个牌子的,就像有些人喝奶茶一定要喝喜茶,买盲盒一定要买泡泡马特一样。但是明天又冒出来一个别的更能打动年轻人的品牌时,他们头也不回地就离去了,没有一丝丝的留恋,只有时刻洞察市场,牢牢占据头部的品牌,才能更长久地留在"Z世代"消费者心里。

SECTION 7 第七节

银发经济:互联网"下半场"的新蓝海

当下,不仅年轻人有网瘾,老年人的网瘾也越来越严重。据日本电信运营商KDDI和国际电气通信基础技术研究所(ATR)的调查报告显示,日本出现"网络·游戏依赖症"倾向的人越来越多,生活中出现选择优先上网或自己无法控制上网时间等"网络依赖"倾向的人员比例从7.9%升至11.6%,增长了近50%。另据《中国互联网络发展状况统计报告》数据显示,中国有10万老年人每天手机上网时间超过10小时。按照以前的标准,这绝对是重度的网瘾,"少看手机,多出去转转,和大家多交流"……以前老年人唠叨孩子的话,现在反过来成为孩子们劝导老年人的说辞。

生活网络化与社会老龄化是产生这些问题的根本原因。越来越多的老年人成为互联网的主力新移民。老年人一旦玩转了智能手机,触网的时间可能会更长,可能会更加沉溺其中。相比之下,所谓的"老年网瘾"有三个显著特征:

首先,网络对于能基本熟练上网的老年人是一个非常富有吸引力的新世界,焕发老年人们社交情绪的第二春。他们具有非常强烈的好奇心与参与度,在许多业主与社区群里,老年人的发言往往最活跃,也最乐于分享五花八门的小道消息。许多老年人每天刷智能手机至少要两三个小时，经常网购、社交聊天。

其次，老年人容易掉入分不清网络和现实的陷阱。比如老年人如果网络追星就很容易受误导，也更易被不良分子钻空子。2020年10月，"骗子冒名顶替靳东"事件曾引起广泛关注，江西一位沉迷于短视频平台的年过六旬阿姨，刷到了一位自称"演员靳东"者，这个骗子截取靳东的影像片段配上自己的声音，合成混淆视听的视频与阿姨深度沟通，表达爱慕，结果让这位阿姨对其深信不疑，关注"靳东"账号的每一场直播带货，花费不少，甚至坠入爱河不惜与家人大吵大闹，离家出走寻找假靳东，幸好后来在家人与各方的帮助下认清了骗子的面目。

最后，老年人网瘾风险更高。别看许多老年人平日舍不得吃，舍不得穿，但相比未成年人，现在的老年网民更有现实意义上的经济自主权，如今的老年人往往有积蓄，许多老年人也有旱涝保收的退休金。正如推销保健品的商家常常将老年人锁定为主要目标群体，老年人网购也面临非理性消费的陷阱，加上更易受价格便宜的诱惑，一旦节制不住，花起钱来可能就真如流水，从网上买回一大批没用的物品甚至假货，还有的老年人给直播网红打赏出手不凡。新冠疫情期间，甚至有不法分子打着"疫情防治病毒"的幌子，利用微信朋友圈、微信群和团购圈对老年网友行骗，令很多老年网友损失惨重。

由此可见，所谓的"老年网瘾"更具复杂性，害怕孤独是人的本性，陪伴才是最长情的告白，尤其是对于老年人。许多老年人的不幸福其实是源于没人陪没人疼，孩子长大了成家了离开了家，老年人守着空空荡荡的一个房子，面临着空巢老人的现实困境。他们的社交在退休之后减少了，消费也减少了。老年人的网瘾更多的是因为寂寞，破解老年人的网瘾比年轻人有更大的难度。因为年轻人始终要走入社会，而老年人随着年龄的增加和社会的交往会越来越少。养老产业不仅是生活上的衣食住行，还包括精神需求。对于老年人的网瘾风险，全社会应给予老年人更多的关心与保护，正如我们不能简单地责怪被假靳东所骗的阿姨的轻信与偏执，因为短视频平台上的假靳东，表现得比其他任何人都关心她，爱护她，看重她，打破了老年人孤寂的情感防线。所以更多地关爱老年人，才能更好地帮老年人看好钱袋子，也更利于推动银发经济的良性发展。

中国老年人口呈现"规模庞大""老龄化水平城乡差异明显"和"老年人口质量不断提高"等特点。仅从设施建设方面来看，国家统计局数据显示，截至2023年年底，我国60岁及以上人口29697万人，占全国人口的21.1%，其中65岁及以上人口21676万人。与此相对应的是，2023年年底，全国共有养老服务床位820.1万张。这意味着，即使全国的养老服务床位全部住满，也仅能容纳大约3%的65岁及以上的老年人，其他绝大部分老年人仍然需要居家养老。老年人生活照料、康复护理、助餐助行、紧急救援、精神慰藉等各种服务仍存在着各种缺口。

银发产业的新浪潮更带动着相关企业数量逐年上升，除了为数众多的中小型企业之外，不少央企和大型民企，如泰康人寿、中国人寿、合众人寿等保险公司，万科、远洋、保利、绿城等房地产公司也纷纷布局养老领域，打造各类养老社区。境外投资者也开始进入中国的银发市场，主要集中在老年健康和照护服务行业，其中不乏国际知名的养老和医疗保健集团。

同时，我们也应看到互联网智能技术对日常生活的渗透，加大了老年人融入数字生活的难度。老年人不但网上预约出租车、预约医生挂号难，使用智能产品也难。

科学技术与商业模式的创新已成为养老服务发展的重要趋势。《国家积极应对人口老龄化中长期规划》特别强调要利用物联网、云计算、大数据、智能硬件等新一代信息技术产品,实现个人、家庭、社区、机构与养老资源的有效对接和养老资源的优化配置,推动养老服务智慧化升级,提升养老服务的水平。而移动互联网是一把双刃剑,既让老年人染上网瘾,也为智慧养老提供了更多现实应用和想象空间,智慧养老技术会变得更多样化、人性化、高效化。从虚拟社交,到健康实时监测;从老人防丢器,到吃药提醒装置,再到看护机器人……AI 和物联网、大数据等智能化技术融合,使智慧养老产品和解决方案不断涌现。

SECTION 8 第八节

颜值经济

网友常说,"好看的皮囊千篇一律,有趣的灵魂万里挑一",言外之意就是不能光看脸,还得注重内涵。但是往往人们嘴上说选有趣的灵魂,身体却很诚实,终究是逃不过"以貌取人"的现实。

从古至今,颜值都是一个热门话题,颜值是对一个人外形美丑的衡量指标。互联网时代颜值的相对重要性更加突出,漂亮的人更容易获得关注和经济利益。长得好看真的可以当饭吃。

颜值的价值无处不在

有一位专门研究"颜值对实现个人价值所能起的巨大作用"的学者,著名劳动力经济学家丹尼尔·哈默梅什。早在 1994 年,他就在他的一篇论文《美貌和劳动力市场》中,首次提出"美貌溢价"的概念,颜值和终生劳动力总收入呈较强的正相关性。也就是说长得越好看的人，收入越高。听起来有点难以置信，那到底是不是这么回事呢？

我们来回想一下日常工作生活中常见的一些场景，不管大家是投简历、招聘也好，还是去相亲也好，人们首先关注的是什么，拿起简历来先扫一眼照片看顺不顺眼，然后才看姓名、学历、年龄、专业背景、从业经历等。看脸，是人们下意识的一种反应。就算到菜市场买菜，人们往往也会选那些整齐漂亮的，歪瓜裂枣可是不好卖。

丹尼尔·哈默梅什还专门做过这方面的深入研究，对2800人进行过为期20年的跟踪记录，结果显示，长得更好看的人比大众路人要多挣14万美元。

普通人的收入跟颜值有关，明星的外在形象更是对职业发展起到至关重要的作用。综观国内外的演艺圈，绝大部分金字塔尖的明星都是形象气质俱佳，看上去最起码是赏心悦目的，像玛丽莲·梦露、奥黛丽·赫本，哪一个不是倾国倾城，我们的高颜值的明星倪妮、迪丽热巴等，都被称为"红毯杀手"。

企业高管同样也面临颜值问题。美国一项对667位CEO的调查研究发现，他们的颜值不仅跟收入成正比，还能影响公司的股价，颜值高的CEO往往得到更多媒体的正面报道，更容易带动股价上涨，在发生融资、并购收购的时候也更容易拿到一个好价钱。

陈欧创办聚美优品时很年轻，长得很帅，2012年的时候他亲自上阵推出了一个品牌广告，一句"我是陈欧，我为自己代言"让大家记住了这个年轻人的明星脸和他的聚美优品，在互联网掀起了一阵"陈欧体"热潮。陈欧凭借出色的外貌和能够引起"80后"共鸣的奋斗宣言，让聚美优品在万千女性市场迅速打开了知名度，更重要的是他的高颜值为公司省下了一笔不菲的明星广告代言费，可谓一箭双雕。后来越来越多老板纷纷效仿，为自己代言。

如果说只是商场上"看脸"也就算了,没想到连学校的教授也是"看脸"的,按理说高校尤其是名校不应该以学风严谨为重吗?但是2006年,德国慕尼黑理工大学的伯纳德·苏施穆什研究发现,一个德国教授的教学评估结果高低,以及他能否在同等学术水平下得到优先晋升,往往在一定程度上取决于颜值,虽然这不像其他领域的职场那么明显,但也是一个不争的事实。

更让人惊讶的是,连国外政客也逃不开颜值的魔咒,康奈尔大学的研究小组调查发现,不管个人能力怎么样,长得帅的政客,拉票能力就是更胜一筹。可以说是"得颜值者得天下"。

有一个著名的案例是1960年尼克松和肯尼迪的选举对决,当时美国历史上首次通过电视辩论的方式呈现两位总统候选人的对峙,电视是一个很直观的媒体,两个人的举手投足、形象状态统统暴露在大众面前,候选人在电视直播中的表现不仅取决于个人魅力,还与外在形象、化妆效果密切相关。当时的尼克松,外形哪儿能比得上年轻帅气的肯尼迪,他面色苍白、脸带胡茬,在录制现场影室灯的照射下,尼克松出了不少汗,脸上的化妆粉开始融化,被汗水冲出隐隐约约的沟痕。

在着装上,没经验的尼克松也没选好衣服,他穿的浅灰色西装跟台上的背景近乎一致,更凸显了他苍白的肤色。第二天,《芝加哥每日新闻》出来的标题赫然写道:"电视化妆师毁了尼克松吗?"尽管在此后的三场辩论中尼克松尽量修复第一场的残局,但为时已晚,人们纷纷把票投给了意气风发的肯尼迪,感觉他更有精神和能力带着大家奔向富裕的生活。

这一次的辩论意义非凡,不仅对美国总统的选举结果产生了重大影响,更开启了一个新时代,即利用媒体曝光塑造各具特色的公众形象,逐渐成为政治活动的重要组成部分。

得颜值者得人心，得人心者得天下

英国《经济学人》一篇研究报告发现，不管在大猩猩社群还是今天的西方发达国家，权力属于颜值更高的领导人。要达到职业生涯的顶点，长相（包括身高、肌肉、语音、语调等）和成就一样重要。中国也有句古话，"得人心者得天下"，现如今这句话要再加上一句，"得颜值者得人心"。人是如此，商品也是如此，尤其是现在的"Z世代"，他们在较好的物质条件下成长起来，接受良好的教育，欣赏水平也在大幅度的提高，他们就是很愿意为颜值买单的群体。

在这样的大背景之下，一大批高颜值、有特色，也不乏口碑的网红品牌迅速成长起来，如咖啡界的三顿半、奶茶界的喜茶和奈雪的茶、饮料界的元气森林等。老品牌故宫新推出的文创产品也开始在颜值上大做文章，比如有一款"故宫胶带"，各种烫金、仙鹤、水墨图案美不胜收，在自身创意领跑的同时，还授权很多其他品牌搞跨界联名，所以我们经常看到很多国货如化妆品、生活用品等都有特别漂亮的故宫联名款，非常畅销。

故宫博物院文创胶带

美妆类产品更是在颜值上做足功夫,雕花的腮红,各式各样的口红,还没用在脸上,光是看在眼里都感觉自己美得像一朵花了,于是消费者心甘情愿地买。

很多产品在研发上已经把作为门面担当的颜值,放到了十分重要的位置。我们知道对产品颜值有着异常苛刻追求的乔布斯,当年他在设计 iPhone 的时候把所有的设计师都快逼疯了,他还特别跟字体较劲,因为他上大学的时候选修过一门设计的课程,所以在为 iPhone 定字体的时候,来来回回修改了成百上千遍,包括字体的样式,字的大小,字间距,行间距,他能细微地调整哪怕 0.01 毫米的距离,这些我们感觉肉眼根本看不出来的细节,他都很执着地要做到满意为止,简直有点"强迫症"。

iPhone 成型的产品,很多地方你说不出哪里好,但它就是看着舒服,让人爱不释手。乔布斯时代不光要求手机、电脑做到完美,苹果的办公大楼设计也有着逼疯设计师的要求,比如办公桌的桌角要跟 iPhone 的边缘弧度一样圆润流畅,电梯的按键得按照手机"home"键的造型标准来。

雷军的小米手机同样也开始注重颜值,这几年,小米在全力扩张完全自营的新零售体系"小米之家"。对于小米的新零售是如何取得阶段性成功的,雷军总结了以下几点原因。

首先是爆品。在互联网时代,爆品就意味着流量、口碑、销售额和效率。在信息爆炸的今天,如果不是爆品,消费者可能根本关注不到。另外从零售角度来看,如果只卖手机,整个销售效率会很低。因此,除了小米手机系列以外,小米还做了充电宝、空气净化器、平衡车、扫地机器人等。小米零售的核心是做丰富的产品组合。

其次是高颜值。在这个"颜值即正义"的时代,想要做好产品,设计是关键。在新零售时代,颜值的重要性也被提到非常高的高度。

最后是高性价比。消费升级不是产品卖得越来越贵，而是用同样的价钱，能买到性能更好，品质更好，设计更漂亮的产品。所以小米在创业之初就定了贴近成本定价，然后在服务大量的客户以后，通过互联网来盈利。

在雷军看来："从小米内部的实践来看，小米线下连锁店的效率跟电商非常接近了，再过一段时间，有可能达到电商同样的水平。小米作为一个新零售的公司，在战略上已经验证了新零售的可能性。小米的商业模式更通俗地讲，就是要做科技界的无印良品，用互联网的技术和方法做线下零售，丰富的产品组合，保持高品质、高颜值、高性价比的产品特性。这些东西穿在一起，构成了完整的小米模式。"

小米联合创始人刘德也曾坦承：小米的产品在上线之前，都要过"7人长老会"，其中最重要的指标之一，就是"颜值"。

美国认知心理学家唐纳德·诺曼在他的《设计心理学》一书中，对这个现象，给出了理论化的解释：心理学研究发现，人类的大脑活动可以分为三个层次，本能层、行为层和意识层。本能层就是天生的、最原始的需求，比如"好看"；行为层是后天学来的经验和动作，比如"好用"；意识层最高级，需要理性的参与，比如看推理小说，需要大量思考才能获得更多乐趣，就可称之为"好有意思"。

颜值经济，始于颜值，忠于品质

好看是人的一种本能需求，我们可以把它看作感官刺激类的一个统称，好听、好闻、触感舒服都可以包含在内。正如当人们面对琳琅满目的商品陈列，漂亮商品引起的第一反应通常是"真好看"，进而激发"我想要"的欲望，然后才是理性地发问"它能干什么",基于这一逻辑判断过程去评估一件商品要不要购买。

"看脸"这件事古已有之,为什么现在我们感觉颜值的权重越来越高了呢?因为我们的社交方式发生了变化,在当下网络发达的时代,人们不只面对面交流,更通过手机朋友圈、抖音、微博等平台连接更多的人,媒介的力量能够助力肯尼迪赢得更多的选票,当然也对普通人、各种商品产生作用,我们可以通过看视频、看图片就选择决定下单的商品,没有试用试吃,这其中售卖人员和产品本身的颜值起到至关重要的作用。

而且,在以前媒体不发达的时候,人们购买产品主要是为了用,实用性放在第一位,而到了社交媒体时代,产品除了用,还要拿来"晒",便于分享、传播的商品更容易成为爆款。

高颜值更大的价值在于吸引消费者的注意,激发首次购买的意愿,但能否形成重复购买与忠诚购买,还是得靠过硬的产品。产品不仅要好看,还要好用。企业需要加大研发投入力度,通过产品创新,网红产品才能够"长红不衰"。

现在的人们见多识广、很聪明、可选择空间非常大,他们可能为了颜值买一次单,但是如果产品质量不过关,那么火得有多快,消失得就有多彻底。

总结为一句话,颜值经济就是:始于颜值,忠于品质。

掘金之道 · 财富故事

1.让成年人解压,21岁小伙登上福布斯榜单

让成年人缓解焦虑,这背后竟然藏着年入百万美元的大生意,21岁小伙靠它登上福布斯榜单。一部分人的不开心,已经让另一部分人开心并实现财富自由。

成年人的崩溃不能当街撒泼打滚，但总要有出口发泄，否则可能憋出病来。21岁丹麦小伙Frederik从小也是在压力下长大的，他很想打造出一款解压神器，于是用塑胶填充上沙子，制作了一个弹力猩猩玩具，无论你捏它、揉它、摔它、拧它，它总是可以在你发泄完情绪后恢复如初。

Frederik便把一条摔打弹力猩猩的视频发到网上，没想到视频瞬间火爆蹿红，仅6秒钟时间，播放量就接近1.5亿次。弹力猩猩也随之成了畅销款产品，一度卖断货。

聪明的Frederik又迅速开发出T恤衫、棒球帽等周边产品，并成立自己的解压玩具品牌——Monkeworld。年仅21岁，他就成为《福布斯》青少年百万富翁之一。

上一代人缓解压力只能捏塑料泡泡，这代人玩的花样是越来越多了，随身带着指尖解压神器、深夜看修驴蹄子、默默用小刀刮香皂等。

还有人用胶带做成一个大球，轻轻划下去，里面就翻出五颜六色的图案，伴随着切胶带的撕拉声，让人无比愉悦。而且卖这样的胶带球，竟然也能赚钱，目前在某平台，已经有"10万+"的销量。

在快节奏的时代，谁能帮助人们解决焦虑，谁就把握了财富入口。

2.故事营销，把破布包卖到上千元

瑞士潮牌FREITAG可能是时尚界最接地气的品牌，布包不用皮不用棉，而是用的废旧的卡车篷布制造。产品成本极低，每个却能卖到上千元。

FREITAG的创始人是两兄弟，他们发现卡车篷布防水又耐用，于是想改成包，解决雨天骑行的烦恼。但如果这样讲故事，恐怕一个包也卖不出去。于是他们放大其中的环保理念，着重讲述利用废旧原料可循环使用、减少碳排放等创业初衷。一下子引发了瑞士年轻人的共鸣，他们愿意背上FREITAG的包来表达自己的主张和个性。FREITAG也从普通的防水包晋升成一款潮流单品。

此外，他们通过媒体报道、官网等渠道，讲述产品工艺的独特性。每款包都要经过5道工序，由瑞士工匠全手工裁剪缝制，还特地保留了篷布上的使用痕迹，每个包的图案都是独一无二的。出厂前，他们还会做"地狱式"检查，不断踩躏撕扯以确保包的耐用性。在一个个"瑞士工匠""全手工打造""独一无二"等比肩奢侈品的故事包装下，你还觉得一个包卖上千元贵吗？

卖品牌好过卖产品，FREITAG通过传达环保理念收获无数粉丝，再不断讲述工艺故事增加产品独特性，提升品牌溢价，让一款废旧篷布做的包火遍全球。

3.小县年入25亿元的"穿戴甲"产业

女孩们钟爱的美甲竟然比北上广房价还要贵？十个指甲大约0.001平方米，假设做一次美甲花费150元，换算过来就相当于15万元每平方米。美甲行业市场增速明显，2024年规模或达2216亿元人民币，并催生出细分赛道。

女性做美甲，动辄百元起步，甚至高达数千元一次，每逢节假日，还要排队给美甲店送钱，自己动手效果总是不尽如人意，于是就有人发明了"穿戴甲"，打开轻轻一按，漂亮的甲片就快速贴在了手上，穿脱方便，花样繁多，价格低至一杯奶茶起步。

2019年，江苏东海县小伙陈剑抓住商机，仅用2000元启动资金，从拿货零售开始做起，在尚没什么竞争对手的细分赛道崛起，发展成当地的"穿戴甲"大厂，带动了东海县"穿戴甲"产业的发展。

每到美甲高峰期，陈剑零售的日单量就高达5000单。为应对季节波动，他还做起批发，厂子附近的美甲师、宝妈都被他招进生产团队。

"穿戴甲"一般分三种，一种是最便宜的印刷款，完全由机器制作，不能贴合所有人手型；一种是半手工制作，款式更多样；还有一种是根据不同客户的需求，量手定制。当然，制作越精细，价格也越高。

"穿戴甲"由于方便、便宜、可重复使用等特点，大受追捧，不少人为了搭配服饰，会买很多换着戴。更换快、复购高也让这门小生意做成了一个大产业。

几年间，东海县从事"穿戴甲"生意的大大小小商家超过4000家，有人最高日入50万元。

4

第四章
CHAPTER 4

财富新思维

SECTION 1 第一节

网红品牌养成秘籍：从网红到长红

什么是网红，什么是网红品牌？

在网络时代，品牌分散了，小众品牌、小微品牌、个人品牌纷纷出现。著名的波普画家安迪·沃霍尔，把名人的画像通过艺术进行加工处理，在他那个年代还没有互联网，但是他就说过一句话，每个人都能在15分钟内出名，也可以在15分钟后消失。从出名到被人遗忘只需要半小时。这就是网络时代的特点，很容易一下子爆红了。但是长江后浪推前浪，怎么样才可称之为红呢？我的定义是，就算不是你的用户也能知道你的品牌，才能称之为红。

比如一款宾利在中国大陆只卖不到2000辆，但是许多人去刷抖音，却能发现有2万人号称是宾利的用户，大家都来抖音"晒"自己的宾利座驾。可见名牌的特点就是一定要"出圈"，尤其是网红品牌。还有一个特点就是要年轻化，我们知道现在是得年轻人者得天下。

对于网红品牌来说，我们今天要研究一个问题，如何从网红到长红？

一定要迭代，不能说"各领风骚没几年"，这不是真正的网红品牌，成为网红品牌有几点，首先要研究如何打动消费者。你是凭什么让消费者为你投票，为你买单的。

互联网时代有三拼：好看，好用，好玩。

首先产品要好看，能不能过得了颜值这一关；第二个要有料，品牌要有内容。当下，我们常提一个词，内容经济，产品的品质必须要好，对于一个品牌来说，很多互联网直播为什么"翻车"了？就是因为消费者买了产品之后，发现质量不过关，导致品牌的人设崩塌；第三个就是网红品牌的标准，有趣，还要好玩。

颜值经济已经渗透到我们社会生活的方方面面

法国哲学家梅洛·庞蒂，是萨特在巴黎高师的同学，萨特是著名的存在主义的大师。梅洛·庞蒂创立了知觉现象学。他发现人们在消费活动中往往首先靠眼睛，也就是说让眼睛"吃冰激凌"。比如年轻人的社交礼仪有一条，端上一盘菜来，人家会让你等一下，先拍照，先发社交媒体，先让社交软件"吃饱"，接下来才能动筷子。

梅洛·庞帝在知觉现象学中指出人们消费活动中首先靠眼睛，靠视觉提供的信息，选择自己的消费对象，也就是第一眼效应，并且在以后的购买、使用和交流消费品的过程中，也是靠眼睛、视觉来对比和鉴赏、判断这个消费品到底是好是坏。

中国人自古不大重视包装，韩非子有个故事，后来就成了成语"买椟还珠"。韩非子写道："楚人有卖其珠于郑者，为木兰之柜，薰以桂椒，缀以珠玉，饰以玫瑰，辑以翡翠。郑人买其椟而还其珠。"他讽刺了一个不合理的现象，在春秋战国的时代，有个楚国的商人到郑国去卖珠宝，他们用名贵的木兰木料雕成了精美的包装盒，拿桂椒这种香料熏制，然后缀以珠玉。一看这个盒子很漂亮，结果郑国人花了钱之后把盒子买走了，里边的珠宝不要了，意思是指人们只要了表面的东西，失去了本真。

但只追求产品好，忽视包装的重要性是不行的，其实中国的产品每年因为包装不善，损失上百亿美元，尤其是出口的商品。因此，网红品牌的第一个标准就是好不好看，有没有颜值，也就是我们常说的，要有型。

第二个要有料，品质还要好。海底捞是不是只是因为它的服务好，你才去呢？一定不是，一定还有它的食材与口味让你觉得好。

奢侈品的本质是什么？

有个故事，有一位贵妇人走进了法拉利的展厅，他指着一辆最炫的新款跑车，问这辆跑车多少钱，销售人员回答，500万元。贵妇一看，马上要刷卡买一辆，正要刷卡的时候，问销售人员她是不是太冲动了？如果你是销售人员，你怎么回答？如果你回答不冲动，那你是撒谎。500万元一辆车，我还没等怎么样马上就要买。你如果说是冲动，那买卖做不成了。受过训练的销售人员是这么回答的：夫人，当您开着这辆车上路的时候，全世界的人看到它都会冲动，但是只有你能为你的冲动买单，我们只有看的份，我们也天天冲动。于是买卖就成交了。

销售心理学的秘籍在于不仅要讲清楚产品的功能，更要告诉顾客奢侈品功能以外的价值。奢侈品的本质，就是它一定有超出功能之外的价值。

网红品牌除了要有型有料之外，还要有情怀，还要好玩。现在做产品更要注重从工具思维到玩具思维，以前的企业家都是觉得我要做一个工具。但是现代人进化了，人都需要一个玩具。因为游戏是人的天性，尤其是小孩子，我们看小孩子和大人的交往过程中，总是从属的地位，只有在他的游戏王国，哪怕他玩"过家家"，他才能主导这个世界。

乔布斯就是洞悉了人的这种感觉。他之所以从做电脑转去做手机，是因为一次他去参加摩托罗拉、诺基亚等主导的一个手机行业论坛，别人都跟他讲手机功能有多少。而乔布斯认为手机是成年人的玩具,人不仅要拿它来打电话。于是,当智能手机出来的时候,它的好玩有趣,就彻底地干掉了"科技以人为本"的诺基亚,包括"手机的发明者"摩托罗拉,这就是乔布斯的玩具思维。

真正的企业家不是做一个工具给你,而是做一个玩具给你。以前李书福有句名言,汽车不就是沙发装四个轮子嘛。但是现在是给电脑装四个轮子,让汽车变成你的一个玩具,你随时随地可以和它互动交流,它甚至能够懂你,未来它甚至知道你要去哪儿,你常去的地方,所以一定是软硬结合的一个产品。

网红品牌炼成术的七大步骤

第一是取名;第二是定位;第三是故事;第四是造势;第五是"吸粉";第六是跨界;第七是长红。

第一步,取个好名字。我们来分析一下为什么取名非常的重要。有句话叫:不怕生歹命,就怕取错名。来到人间,父母要给你一个名字,这个名字就很重要,赐子千金,不如赐子好名,留下千万的遗产,不如给他取个好名字。

很多的家长给孩子取名喜欢起生僻字,感觉这个字谁都不认识,炫耀自己有学问。其实是害了孩子,你想想从小学到中学多少任课老师,并不是所有的任课老师都能背《康熙字典》,你找一个《康熙字典》上都是生僻字的给自己的孩子取名,你会发现你的孩子锻炼的机会就比别人少了很多,甚至从来没有得到提问锻炼的机会。所以取一个好名字非常关键。

那么产品是不是也是这样。有一个真实的案例,先说一个品牌名,很多人肯定不知道,蝌蚪啃蜡,这就是可口可乐20世纪进入中国时候取的名字,因为味同嚼蜡,中国人也不喜欢喝。蝌蚪啃蜡,这名字实在是卖不动,最后就悬赏,谁能给出一个好名字,就发很多英镑的奖金。最后有一个华裔的教授蒋彝，取了"可口可乐"之名，四个字，名满天下。

有一个白兰地的品牌，商家为了推广它的品牌名，让大家记住，也是花重金在报纸上头版征集对联。上联是"五月黄梅天"，如果对上中了奖，就奖励一辆汽车。等到揭晓的时候，人山人海，揭晓的下联是"三星白兰地"。于是人们自然会记住，上联是"五月黄梅天"，下联是"三星白兰地"，一下子三星白兰地就变成了一个名牌，完美地诠释出好名字的重要性。

还有一个例子，巴伐利亚汽车，你肯定不知道这是什么牌子，但是我一提BMW，在中国翻译成什么，不是巴伐利亚汽车，而是翻译成了宝马，宝马香车，非常动人的一句。宝马人人都知道。还有平治，年轻人都没有感觉，但是奔驰这个名字一下子就展现了车的精髓，于是奔驰就变成了在中国的名牌。所以好品牌是要带"钩子"的。

一个网络的网红品牌一定要有"网感"，让年轻人喜欢，还要有时代感。三顿半、花西子、茶颜悦色能流行起来，这些品牌都有"网感"和时代感。

在广州还有一家餐馆，名为不方便面馆，就完全符合年轻人的叛逆心理，出其不意，你看到就想进去。不方便面馆卖什么，卖的全都是方便面，但是人家是卖全球销量进入前十的方便面，泡面变成一个游戏的过程，配料特别丰富。为什么红烧牛肉面里没有红烧牛肉，吃老婆饼也不会送你一个老婆，但是这个不方便面馆，红烧牛肉面里配上红烧肉，配上鲜虾，吃一顿最好吃的方便面，你就会记住这个方便面。

命名对于品牌非常重要，找到一个好名字是社交品牌成功的第一步，也是网红品牌炼成术的第一步。

第二步，定位自己的卖点。如何打动消费者，如何和消费者沟通。大家都知道红牛是一个功能性饮料，它刚进入中国的时候，从泰国引进来，它的广告语是"汽车要加油，我要喝红牛"，结果广告花了很多的钱，市场一点反应都没有。你想想"汽车要加油，我要喝红牛"，这得绕多大的弯子，这就是现在年轻人说的"脑回路"，汽车要加油，跟你要喝红牛有什么关系呢？

如果找不准定位的话，消费者就可能会弃你而去。于是经过咨询专家，红牛把广告语改成了"困了累了，喝红牛"。卖点一下子显得非常清晰，具有了功能饮料的功效。蒙牛初创时，我们为蒙牛做策划。当时蒙牛刚创业，一无工厂，二无奶源，三无品牌。蒙牛这个名字就是我们取自"内蒙古的牛"之意，品牌不用做任何的解释，就是好牛奶的代名词。

第三步，品牌要讲一个好故事，先讲故事后创业。品牌故事化，企业人格化，你和消费者沟通不是靠冰冷的产品，而是带着情感，带着故事，有故事的品牌往往能够迅速蹿红。讲一个好故事就是为品牌赋能，营销是制造稀缺，营造氛围，也要推高品牌的价值。品牌的背后都有一个生动的故事，讲好故事再创业往往可以事半功倍。

商业模式的核心是盈利模式。很多人抱怨自己的企业不赚钱，不赚钱能上市吗？当然也可以，只要故事讲得好，要简单可复制，有想象力。还要有互联网基因，我们知道京东赔钱赔了十几年，但是它要建中国的冷链，它把物流的问题解决了，所以到它要赚钱的时候，第一年就赚几十个亿。包括今日头条，百度、腾讯、阿里做不到的事，今日头条这些公司却能做到，今日头条是在做算法，它本身不产生新闻，不采编新闻，只做新闻的搬运工，你想看什么新闻，每天给你推送什么新闻。今日头条一经诞生，就代表了一种商业模式的成功。

我的一个大学校友,他到加拿大看到了一个生意,在电梯间装一个液晶屏幕,可以播放广告。然后他把这个商业模式搬到了中国,卖给了分众传媒。分众传媒是什么商业模式?就是在电梯间,大家等电梯的时候,让人们看广告。模式简单清晰。当时很多液晶屏电视机厂家卖不出去,分众传媒承接了下来,把液晶屏安装到写字楼的电梯间放广告,有了收益再与厂家分利,于是就变成了一种新型电梯媒体载体。

向资本讲一个好故事,就是要告诉资本未来的50年,自己的企业有多大的成长空间。

第四步,学会造势。很多企业以为自己的产品本身好就行了,实际上自己说好没有用,"王婆卖瓜自卖自夸"不行,让第三方来说你好,大家用了都说好才是真的好。

蒙牛之所以创业不到4年就能上市了,在于善于抓住每一个营销的机会,"宁让机会错过我,我不错过机会"。中国的神舟五号载人飞船成功发射,蒙牛也在报纸的广告热烈祝贺蒙牛牛奶成为中国航天员专用牛奶,这就是典型的我们要营销,需要造势,创意出一句核心传播语:举起你的右手为中国喝彩。

2006年,蒙牛又推出了首款高端牛奶特仑苏,"不是所有牛奶都叫特仑苏",其实是提升品质。到现在特仑苏占蒙牛销量的不到20%,却贡献了一半以上的利润。

出版界都流传着这样的一个段子:

美国有个出版商,他非常聪明,每当出了书之后,第一时间先给总统寄一本,总统有时候会有信必复,就给他回封信说谢谢。他拿了这封信之后,马上就做广告,宣传是一本总统都说好的书;有时候总统就跟他说,这本书不好,他马上又说总统都看不下去的书,反而引起人们的好奇,这本书又卖得火;最后总统不搭理他了,原封不动退回去了,他马上说总统都不敢置一词的书。不管说什么,书都可以好卖。当然这是个段子,但它告诉我们去找到第三方背书非常重要。

第五步,要会"吸粉"。成为网红品牌,有计划地先吸粉丝后建品牌。小米就是这么做的,先圈粉。在战争年代看你有多少军队,互联网时代看你有多少粉丝。所以一个网红的价值就是你要有粉丝,才能引流,才能变现。所以我们强调六流创富。在传统时代是人、财、物的流动,在互联网时代要加上信息、智慧、社交的流动,有实的流动,也有虚的流动。

粉丝多了,你的品牌自然就会吸引消费者。品牌人格化的作用越来越显著,品牌的背后是人,它一定要有故事、有情感、有情怀。

21世纪的生存法则就是建立个人品牌,老板要建立个人品牌,员工也要建立个人品牌,CEO更要建立个人品牌,每个人都可以成为自媒体,每个人都可以做自商业。

自品牌,是指用户产生内容(UGC)。互联网时代,社交媒体就是新闻,不再完全依靠正式的新闻媒体采写,很多热点新闻都是网友自发而成的。因为每个人都有一个手机,传统媒体都要从社交媒体上去拿新闻源。现在又有了UGB,即用户产生品牌。

所以每个人可以做网红,每个人可以有自己的个人的IP,那么IP赋能是什么?要创新,就不能躺在以前的成就上吃老本。

熊本熊是日本熊本县的一个IP,但是它给整个日本带来了上千亿的经济效益,我们知道熊是憨憨的,但是熊本熊第一次为熊涂上了腮红,让这个熊变得非常的可爱,我们称之为萌。卖萌是什么?就是和年轻的消费者沟通。Hello Kitty那个粉红色的可爱的小猫为它的母公司三丽鸥50年来创造了800亿美金的收入,它成为芭比娃娃最大的竞争对手，甚至让芭比娃娃走下坡路。它是先有这个形象，然后才有衍生品的。

Hello Kitty的粉红色可爱小猫

　　为什么直播带货成为当下的一个销售的风口呢？因为它开拓了一个全新的渠道，以前看广告的目的是加深消费者的印象，让消费者知道你的品牌，认识你的产品。如今却是让消费者马上下单，动心了就动动手。它把这种整个的广告和营销的过程缩短了，直击人心。这就是新销售渠道带来的魅力，过去人们的认知是"一铺养三代"，路边有一个门店走过、路过、不要错过，就能带来客流与收入，如今却是网红的直播间。

　　第六步，网红品牌炼成术的最关键一步——要跨界。实际上定位理论定死了很多的中国企业，做冰箱就做冰箱，做空调就做空调。但是小米出来了，什么都可以做。马应龙是做痔疮膏的，做了一款口红，至少表明它是在出奇制胜，成功地吸引来消费者。非用户都知道你的品牌，它才是名牌，这是我给出的定义。

　　企业家要想成功，一定要学会跨界。营销首先要圈到粉，要有核心的粉丝群，然后慢慢地在文化圈、娱乐圈等形成影响力，最后连"路人甲、路人乙"都知道，才是真正的让消费者知道了。

当年褚时健76岁的时候，从监狱出来，跟他的老婆扛着两把锄头到哀牢山去种橙子。从一个树苗到挂果，需要5年，褚时健无怨无悔，成就了一个品牌叫褚橙。

但是褚橙种出来之后没有人买账，最后也是打的个人的情感牌。在昆明的超市挂出来的横幅上写道："褚时健种的冰糖橙。"这就是品牌的故事，网红思维。一下子，这个产品引得大家都要尝一尝。褚时健种的冰糖橙用的是褚时健的人格来背书。

冰糖橙不仅产品好，最后更给它赋予了情感，请韩寒写了个广告语：人生总有起伏，精神终可传承。褚橙一下子变成了一个励志品，把一个橙子的品牌做成了情怀。

褚橙要想进一步"出圈"升位，最关键一点在于要跨界，不仅做褚橙，还要做褚柑、褚果、NFC鲜果汁，不能一年只卖这一季，还要做褚酒，在全国建庄园。

如果总是抱着老三样不放，再优秀的传统也不能永远吃遍天，否则全聚德烤鸭可能都卖不好。以前人们吃烤鸭是为了解馋，并不太在乎油腻，但是现在人们要吃大董烤鸭，因为烤鸭的油都烤焦了，只剩下薄薄的那层皮，吃那入口即酥的一种感觉，吃的是烤鸭的香，而不是油腻。过去油腻是个好词，如今说一个人"油腻"了，就是老化了，很多老品牌并不是因为老，有年头有历史就有活下来的理由。品牌必须年轻化，和年轻的消费者沟通，要唤醒沉睡的客户，只有改变，才能变者生存。

第七步，长红，用产品来唤醒老品牌。本田其实最早是做自行车起家的，后来慢慢地自行车不好卖了。以前鲁迅、郭沫若到日本留学的时候，拥有一辆本田自行车，感觉会很牛。之后本田开始做摩托,跨出了"单车变摩托"的关键一步,摩托之后又开始做汽车,不断地实现产品迭代,开发新功能、新价值。品牌还是原来的品牌,不断地在延伸出新的价值。

还有一种创新,正如"还是原来的配方,还是原来的味道"所揭示的,用情感来唤醒,就像北冰洋汽水,在北京又能重新卖得好起来,就是因为它唤醒了"80后"小时候的那些回忆。

总而言之,打造网红品牌,我们要把握住三大趋势

第一个是人们生活方式的转变。例如"宅经济"和单身经济,包括单身家电也都崛起了。年轻人会更在意自己怎么样把自己的生活料理得更好。

第二个是数字化转型。数字化转型不仅是简单地建个网站开个微信公号,数字化转型要求企业的组织、产品、销售都要转型。

第三个是机器人替代。到2035年,80%的餐厅、75%的零售、59%的娱乐都可能会被机器人所替代。未来的娱乐业真的可能会出现用人荒、员工荒,可能到那个时候,想让人家帮你服务,来的是个机器人。

由此可见,经济学的观念也应更新。每当一个新产品出现的时候,传统的产品就贬值了,而新经济的发展,则使得虚拟空间让物理空间贬值。新经济时代要重新定义产品,重新定义品牌,重新定义企业,重新定义增长。在新经济时代,所有的生意都可以重做一遍,所有的故事都可以重讲一遍,所有的模式都可以重来一遍,所有的产品都需要重新研发,而所有的品牌都必须重新升位。

从品牌战略规划到打造爆品,到重塑商业模式,到数字化转型,到企业家的个人品牌,最后通过资本和品牌力量的双轮推动,再小的企业都可以成为一家上市公司,小产品大市场,小企业大品牌。

SECTION 2 第二节

跨界联名：破的是圈层，跨的是场景，联的是盟友

对商家而言，突破不愿消费与不便消费的困境，改善消费条件，优化消费环境，创新消费场景，大力度促进新消费的升级扩容成为生存与发展的重中之重。而在营销创新中，跨界联名的热潮一浪高过一浪，众多新老品牌均投身其中，以期火热"出圈"。

品牌联名，追求的关键点在于年轻消费者更易被吸引，通过联名，合作品牌不仅可以互相导流，还因为话题度的增加，吸引更多的消费者。新鲜元素也可以令联名品牌互相借势，刺激年轻消费者的购买欲望，给他们更多的选择空间。由此可见，品牌想要一夜"出圈"：产品要创新，品牌要年轻化，传播也要跟上潮流。茅台的品牌跨界联合，恰是通过反差感，吸引消费者目光，让其每推出一款联名产品，就都能引发一波话题热议。

进入移动互联网时代，联名跨界的内涵更加丰富，外延更加广阔，各大品牌争相跨界，一路发展到万物皆可互联，让人眼花缭乱。那么，品牌联名究竟为什么会有这样的魔力？如何才能实现跨界联名的价值最大化。

跨界联名最大的创新价值在于实现消费者群体的跨越

每一个品牌，本身都有自己固定的目标消费群体。而通过跨界联名，则可能突破固有的品牌圈层，带动着消费者也跨越。因此最好的跨界联合策略，不是简单的品牌一加一，而是可以实现不同行业或不同定位的品牌联名，增加双方关注度，共同拓宽

消费市场。

当一种文化符号还无法诠释一种生活方式或者再现一种综合消费体验时，就需要几种文化符号联合起来进行诠释和再现，而这些文化符号的载体，就是不同的品牌。在竞争日益激烈的市场环境下，产品功效和应用范围更需要延伸，各个行业间的界限正在逐步被打破。在一个大的概念范围内，行业之间早已是你中有我、我中有你。新鲜元素也可以令双方品牌互相借势，刺激消费者的购买欲望，给消费者更多的选择空间。同时随着近年来国货崛起，不少国货品牌也把跨界联名做得风生水起，使得国潮成了年轻人追捧的对象。例如周黑鸭联合美妆品牌御泥坊推出了一款限量版"小辣吻咬唇膏"口红，形状像一个扁扁的鸭嘴一样，抿一下就涂好颜色了；还有自然堂联合旺旺品牌推出"旺旺雪饼气垫BB"，以及"自然旺表情包面膜"，这个联名设计让化妆品充满乐趣，在"双十一"上线五分钟就售罄了。

联名营造氛围、创造稀缺的互补关系

在注重市场细分和资源整合的今天，联名跨界的一个重要价值就是粉丝人群的精准互补，以达到品牌效应叠加的营销目的。因为联名跨界的风行本质上是代表一种新锐的生活态度与审美方式的融合，对于品牌的最大益处，是让原本毫不相干的元素，相互渗透相互融合，从而给品牌一种立体感和纵深感。可以建立联名跨界关系的不同品牌，看重的是互补性而非竞争性。这里所说的互补，并非功能上的互补，而是用户体验上的互补。而且大多数情况下，联名款产品都是限量发行的，想要拥有基本靠抢，物以稀为贵，越是稀缺的东西人们越想拥有，要是价格还不贵，那就会出现优衣库和KAWS联名T恤发售时的疯抢场面，这样一来，销量也有了，热度

更是不用愁。

通过联名强化品牌认知，提升用户黏性

品牌联名不像请名人代言，请代言人更多的是借助明星的人气完成商业转化，而品牌联名更可以互相借势，既然如此，则必然要最大程度在合作中突出自己最核心的魅力和特色，向消费者更清晰地传达自己的品牌调性和理念，加强自身品牌在消费者心中的认知和记忆。成功的品牌必然是因为其理念被消费者认可，所以不断强化加上不断注入新活力，必然不断增强消费者黏性。

从联名到联盟

早期的联名多见于品牌与艺术以及各种活动的联名，追求的是把双方的精神理念注入一件产品当中，使其成为具有独特个性的、与众不同的作品。万变不离其宗，虽然现在的联名营销五花八门，但基于价值共识的联名，更易达成品牌层面的联盟。形成品牌联盟的长久互利关系，更胜于单纯追求搏"出位"、搏"出圈"的联名营销。正如可口可乐与奥运会合作联名已超过百年，既是奥运会的商业赞助者，也是奥运会品牌联盟的受益者，成功的核心就在于找到了奥运精神与品牌核心价值之间的契合点，引发了消费者的心智沟通，建立起与市场共鸣的桥梁。而哈根达斯月饼的成功，在于其品牌价值延伸中融入了"中学为体，西学为用"的策略，将冰激凌包装成了月饼的形状，推陈出新了一系列迎合中国人口味的节庆应景产品，为各种各样的联名款提供了很好的平台基础。

当下的营销环境，在联名的路上有哪些坑是品牌一定不能踩的呢？

联名不是越多越好

现在，联名营销已成常态，大家蜂拥而上，审美疲劳必然出现。如果你不是像Supreme一样具备为别人赋能的巨大能量，一定要珍惜自己的羽毛，先搞清楚自己的优势是什么，目标是什么，再去找能够互相融合并能激发自己能量的品牌合作。

联名不只是加个Logo

联名更讲究门当户对，双方为了共同的理想和追求走到一起，需要你中有我我中有你。因为"联名"最初起源于艺术理念的互相认同和融合，不是谁红就抱一下谁的"大腿"，很多品牌都犯过互相加Logo的错误，其中不乏一些知名大品牌，但这往往不能给彼此带来想要的效果，花了时间和资金"作"出来的联名产品也终将淹没于众人。

联名更要以品质为本

联名的目的是被更多消费者看见和接受，联名能为品牌带来一秒售罄的机会，但如果产品品质不过关，这一秒可能就是品牌的灾难，因为联名效应为品牌带来的那些新用户一旦不认可其质量，就可能永远对该品牌关上了大门。所以无论在任何时候，品质都应该是第一位的。

如今，联名跨界的热潮风起云涌，成功案例层出不穷，关键在于移动互联网为我们带来了场景营销时代。从互联网行业到传统企业，跨界联名的出现创造了新的商业环境。品牌营销既可以和不同的产品形态"卿卿我我"，又可以和产业价值链、互联网技术、新兴媒体、社会热点"亲密接触"。这无形中放大了场景营销的扩展与延伸范围。

场景营销就是在移动互联网时代注意力分散、时间碎化、生活场景多变的背景下,依据消费者和受众密集接触到的内容场景、输入场景、搜索场景、浏览场景,在充分尊重他们使用体验的前提下,依据场景进行兴趣引导、入口构建、海量曝光的营销模式。好的联名营销就在于巧妙地抓住场景的契合点,资源整合后进行产品营销、合作联手。只有品牌不断创新、不断制造话题,使消费者保持新鲜感和影响力,提高品牌曝光度和关注度,才能增加消费者购买欲望,最终实现最大化的双赢。

SECTION 3 第三节
互联网时代下的KOL营销

近年来,我们常常发现市场上突然冒出来很多新兴产品和品牌,就像雨后春笋一样,一夜之间从无到有,速度非常快。同时,还有一些以前我们非常熟悉的品牌,不知道什么时候消失了,其实它还在,只是你感觉很久它都没有出现在你视线当中了。

为什么会这样?因为消费者的注意力从传统平台转移了,以前我们大多是到超市、商场买东西,你的产品能不能在人气旺的商超上架,占据好位置,有没有在电视、电梯里打广告,让消费者时时刻刻看到你的产品很重要。而现在,大家的注意力都在手机上,都在刷剧、刷综艺、看短视频、看直播,你的产品和你的品牌有没有出现在这些地方,最终影响着你的知名度和销量。企业如果抓住了这个趋势,会快速崛起,如果没抓住,可能会很快被消费者遗忘。

在这些新兴的营销渠道上，一类人群很重要，那就是关键意见领袖，我们简称KOL（Key Opinion Leader）。KOL跟明星不一样的是，他们不是产品的形象代言人，而是实实在在给消费者提供产品信息的带货人。

在营销学上KOL是这样定义的：拥有更多、更准确的产品信息，且为相关群体所接受或信任，并对该群体的购买行为有较大影响力的人。他们之中许多人是各自领域的专家，拥有数以百万计的追随者，KOL通过各种媒介向粉丝提供建议、指导、评论等。粉丝也会积极参与到KOL所创建的内容中，形成口碑传播以及直接购买行为。

如今，KOL们已经涉及了体育、电子游戏、时尚、美妆、美食，甚至是旅游、汽车、奢侈品等各行各业。广义上来说，包含了明星、行业名人、知名博主等人群。这些人的影响力是相当大的，就像某主播一句"买它"，10万支口红可能短短几分钟就售罄，还有各个平台的头部KOL可能一条视频、一场直播就能卖爆一个产品，这给品牌和产品带来非常大的轰动效应。

数据显示，近年来KOL的营销投放额保持近50%的增长速度，市场规模已达千亿元左右。其中广告主增加营销预算主要集中在内容营销，也就是KOL推广、电商广告和信息流广告三种形式中，呈现全行业品牌抢占KOL的营销趋势，尤其是美妆、快销品，投放数量和金额都在不断提升。未来，KOL和新媒体营销会成为越来越重要的投入对象。

另外，由于市场环境的复杂多变，我们也看到更多高客单价产品的行业开始入局，比如汽车、奢侈品，都呈现出代言人年轻化、媒介投放KOL化的趋势，以持续保持品牌热度和销售增长。

商家要对KOL进行多维度评估，如影响力、相关度、商业能力等，更全面立体地了解红人，实现有效投放广告。在互联网时代下做品牌，我们必须了解KOL，知道如何选择KOL，怎么跟他们良好互动，以及各平台的投放特征。

调查显示，49%的消费者在作出购买决定的时候，依赖KOL们的推荐，这个比例在"90后""00后"人群中还要更高。而且KOL作为某一平台、某一领域的内容输出者，他不是拍完一条广告就完了，还会持续不断地输出信息，跟消费者沟通，所以往往不会为了一时的利益破坏自己好不容易树立起来的专业形象，粉丝信任度和口碑优势是品牌可以与之合作的良好基础。

KOL的优势之一是他们的粉丝质量往往比较高，KOL的粉丝群体相当于某个品类的爱好者们，有的主播的粉丝更爱美妆、爱护肤。同样，抖音上有一个美食博主，她就专注这个领域，每天通过视频带着大家吃遍各地甜品，上到米其林餐厅，下到老街胡同，她标榜"真消费才敢说真话"，爱好甜品的人跟着她吃基本不出错，因此，她汇集了大量爱美食的粉丝，一条视频就能涨粉十几万。

由于他们在自己行业的专业度和权威性，所以品牌跟这样的KOL合作必然更容易触达针对性受众，投放用户的有效性非常强。

同样有数据显示，71%的营销人员认为，KOL营销的客户质量和流量比其他渠道更好。

你的目标受众越明确，随之而来的就是投入产出比更高，符合品牌诉求的KOL能够带来更高的受众覆盖率、点击率和销售转化比。

再接下来品牌要考虑的就是怎么选人，怎么选平台。各领域的KOL有很多，可选平台也有很多，微博、微信、抖音、快手、小红书等，选谁？怎么选？现在各种MCN机构、电商营销机构特别多，但坑也很多。

首先品牌要根据自身的特性和发展阶段,清楚每个阶段的目标和诉求是什么,明确自身的情况是营销成功的第一步。

明确自身目标之后,选择KOL营销需要衡量几个标准。

第一,KOL和品牌自身的相关性。你的目标用户和他的粉丝群是不是一类群体,那么你要看他的粉丝统计数据,要看用户画像,性别比例、年龄段、地域分布、兴趣爱好、消费能力等,不是看谁火就投谁,营销触达真正用户才有效。

有人说,这不是很简单的事吗,我卖男性用品、电子科技类产品我就找罗永浩,卖时尚、美妆产品找李佳琦不就行了?当然没问题,但是我们需要考虑的是这些头部KOL的费用特别高,他们也有自己的选品要求,你不太可能高频次跟他们合作。另外还要找其他大量中腰部KOL,怎么来找?

除了做美妆找美妆博主,做电子找电子博主之外,我们上面提到了用户画像,说明品牌不见得必须用行业标签来给自己对号入座。试想一下,企业做一款年轻单身人士用的小家电,那和爱看电影、学英语的都市白领人群是不是就很对位?

随着营销的不同阶段,还可以把它拓展到二次元、萌宠、中国风等不同的领域当中。这个相关性,是指用户垂直类别的相关性,以及用户年龄段、阶层等的相关性。

第二,KOL营销需要衡量的第二个标准是到达率,这高度依赖于KOL拥有的粉丝数量及其粉丝群的总体质量。我们知道很多数据是有水分的,你要通过他的带货数据多方比较,才能达到更好的推广效果。

第三是粉丝参与度,通过评论、粉丝转发等数据看KOL和粉丝之间的互动率怎么样,这些数据在一定程度上体现了KOL的真实影响力和带货能力，大多数KOL的平均销售转化率在1%~5%之间，通过互动数据可以大概估算一下你的投入产出是不是能够成比例。

选择KOL一定要避免五个误区：一是不要谁火就投谁，应该看粉丝画像与KOL的匹配度。二是很多数据是有水分的，要在真实数据基础上进行选择。三是不要只求短期效应，互联网是有记忆的，这可能会给品牌带来难以弥补的负面影响。四是一定要搞清楚，选择KOL不是选老板喜欢的，是选用户喜欢的，你要知道自己的品牌、产品，面对什么样的消费者，这个很难，但是很重要。五是不管你选什么样的KOL，记住你的目的都是带货，是转化，KOL的转化率比其他更重要。

另外，现在品牌做KOL营销，都不是单一投放，而是持续的、战略组合的行为。所以要做好完善的投放策略，把目标KOL分为头部、垂类，以及更私域流量的KOC，也就是关键消费者。他不是意见领袖，但是会在一个更聚焦的小范围里起到决定性作用。还要明确每个阶段的投放目标。

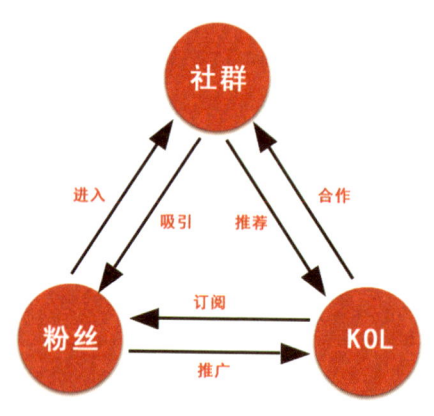

KOL营销就是找到目标消费者并实现转化的一个过程

以上是从KOL本身出发进行的分析，接下来我们来看各个平台的特征。在互联网时代，不是一条同样的内容投放到所有平台都适用，因为每个平台都有它的特征，吸引的是不同类型、不同需求的人群，各平台之间的用户有交叉，但是同一个用户，他同时使用几大平台为的是满足自己不同的需求。研究平台属性其实归根结底研究的还是用户需求。

现在6大社交平台分别是：微博、微信、抖音、快手、B站、小红书。我们来看看各个平台KOL的投放规模有哪些特点。

微博因为历史最长，用户数量庞大，开放互动性强，用户偏年轻化，在这个平台上比较容易制造社会性、娱乐性话题，但是聚焦性不强，不容易形成转化。微博上腰部、尾部KOL占比较多，娱乐影音、美容美妆及时尚穿搭的账号占比较多。相比微博的辉煌时代，这个平台KOL的投放规模整体有所下降。

微信也表现出同样的趋势。微信公众号这种以图文为主的形式，在短视频兴起之前一直是起到引领作用的，但是近几年它的打开率、阅读量都呈下滑的趋势。内容有深度，但是年轻用户流失严重。微信视频号一直在短视频、中视频方面做探索，但是目前还没有找到方向，也还没有形成一个有效的模式。

抖音、快手的KOL投放都是持续快速上升趋势，这两个平台的特点又各有不同。在抖音上，用户以女性居多，美妆类KOL的投放热度最强，成交量占比也最大。而且抖音上相对卖得动单价更高的商品。账号标签为颜值达人、剧情搞笑、娱乐影音和游戏的账号占比较多。

快手走的则是"农村包围城市"路线，更接地气，热门垂类投放均匀，头部KOL的粉丝黏性非常强，忠诚度高，虽然产品单价普遍较低，但是胜在用户基数大。它的问题是头部KOL和腰部

KOL账号占比较少，尾部KOL占比超过80%，账号类型集中在搞笑段子、美妆护肤、音乐、游戏等。

B站作为一个中视频和长视频平台，精品化、IP化是它的两大核心战略，用户的活跃度和黏性非常强，在这个平台上，时尚类、科技类、电子类、游戏类产品占比较多，深度的解析、测评类KOL都更受欢迎，也是广告主的重点投放对象。

以图文、短视频进行生活方式分享的小红书，近几年上升得非常快，越来越得到广告主的认可和重视。它聚焦的更多是年轻女性，美妆日化等产品的投放对小红书都有更高的依赖性。小红书同样也是头部KOL较少，腰部尾部KOL占比相当多，具有美妆、时尚、母婴、美食等标签的账号占比较多。

同一个产品往往不会仅投放一个平台，而是会根据自身的需求把几个平台进行组合。

这6大平台中，微博、微信的势能正在减弱。两大短视频平台，抖音、快手形成了自己的用户特点，同时还在不断完善平台的功能，通过热搜榜、本地化等方式不断破圈，拓展版图。B站和小红书则通过更细分、更圈层化的方式建立起自己的特色和平台壁垒。

现在的KOL又呈现出新的趋势，不再是一个人单打独斗，而是围绕一个核心人物形成矩阵，最早是快手上的头部KOL都有一个自己的家族，家族每个成员都能带货，现在罗永浩也发展了一个带货天团，李佳琦的直播间带不同的产品会有不同小助理助播，慢慢都可以孵化成一个一个的个人品牌。

最后我们总结一下，其实KOL营销就是找到目标消费者并实现转化的过程，KOL坐拥流量，具备变现能力，他们依托自己的可信度、专业度以及个人魅力，快速触达用户。将品牌和相应KOL

链接起来形成市场影响力,产生理想销售,这一切建立在品牌对自己的用户的需求有清晰洞见的基础上。

SECTION 4 第四节
人格化电商的掘金之道

直播带货时代的特质就是增加了人为商品赋能的权重,从在哪儿买演变成从谁手里买。带货能力成为衡量头部主播价值的试金石。

从传统零售到新零售,是人、货、场的重构,从过去的人找货变成了现在的货找人。而当下盛行的直播电商又呈现出另一种新形式:人找人。在商品足够丰富的情况下,没有差异化和价格优势,那么促使大量消费者做出买单行为的就不再是货,而是卖货的人。直播电商的特质就是人格化电商,消费者首先是主播的粉丝,然后才会爱屋及乌成为消费者。

直播电商所对应的人、货、场发生了巨大的变化。

常规的电商和传统零售中的人、货、场本质是一样的,人即消费者,货是商品,场是消费平台。到了电商直播时代,人、货、场的意义发生了变化,人不再单指消费者,实际上变成了以主播为核心的直播团队,货是供应链,场则是平台+直播间。

货很丰富,场有很多,我为什么要在你这买?于是人就成了稀缺资源,主播自然走向了新的人、货、场的中心,形成直播娱乐化、主播明星化、消费者粉丝化的现状。直播带货也就成了人格化电商的终极呈现方式,个人IP的价值和力量被推到前所未有的新高度。

最早把导购网红化的是2016年网红机构美ONE跟欧莱雅合作，尝试在淘宝进行直播比赛，当时李佳琦是欧莱雅某地区的销冠，就被推荐去参加比赛，最终脱颖而出成为美ONE的一名签约美妆达人。但是当时直播电商还不成气候，到了2018年，淘宝平台推出直播生态盛典，李佳琦在此时成为淘宝TOP级的主播。之后在平台和机构的共同推动下，李佳琦又成为涂口红的吉尼斯世界纪录保持者，马云亲自上阵帮李佳琦造势。2019年之后，借着"同一个世界共同宅在家"的契机，直播带货成为让全民狂欢的新形式，李佳琦更成为这个领域顶级的主播。

李佳琦的"出圈"是从他擅长的美妆赛道开始，逐渐拓展到全品类，"所有女生"（李佳琦的粉丝）也从围观到信任，最终在长期陪伴中形成情感依赖。人格化电商时代，头部主播具有强大的带货能力。

抖音头部主播董宇辉也是一样，只不过他是因为个人才华收获大批粉丝，本质上头部主播提供给消费者的除了产品，更多的是情绪价值。

当直播带货成为娱乐场，风险也就出现了。由于对个别头部主播的过度依赖，一旦这个人出现任何风吹草动，背后的公司甚至平台可能都将面临灭顶之灾。李佳琦在过去三年多的直播中已经不止一次出现过风波，而董宇辉"小作文"事件也是直播带货这种形式与个人IP力量博弈的一次全方位呈现。

企业为了降低对某个人的过度依赖，执行去中心化无可厚非。布局矩阵式直播间，哪个主播积累了一定的人气，就让他去带新账号，如果一直按照这种方式操作下去，随着批量矩阵号的成熟，也可以覆盖单一主播带来的收益。只是没想到东方甄选"去董宇辉化"操之过急，加上来自外部粉丝的巨大舆论压力，一下子让事情近乎失控。

"去中心化"是机构和平台的必经之路，当整个直播电商行业一旦真正实现了去中心化，其实这个形式也就走向了平庸，因为它也就随之失去了最吸引观众的"人格魅力"，届时可能就会被新的零售方式所取代。

　　同时，人格化电商时代，对直播人才的需求层次也越来越高。"直播销售员"正式成为国家认可的新职业与新工种，在"互联网营销师"职业下增设"直播销售员"工种。另据中国人事科学研究院发布的《短视频直播生态催生新职业促进高质量充分就业报告》显示，当前我国视频平台累计催生了互联网营销师等174个新职业，产业全链条岗位缺口达800余万，更具专业化、高素质的直播行业人才尤为稀缺。系统性专业化的直播人才培养建设成为行业发展的关键基础。

　　人格化电商时代，品牌也开始向人格化靠拢。过去几年的营销行业一度盛行人格化概念，比如江小白、蜜雪冰城、小茗同学等，在宣传方式、品牌Logo甚至是产品的命名上，都在向"人"靠拢。热闹了一段时间后，发现转化率和持续性都不算高，也没有形成品牌资产的积累，品牌的"人格化"之路道阻且长。

　　其实是大家误解了什么是"人格化"，它至少包含三个层次，一是外在，即颜值，产品的设计、包装是什么样的；二是能力，产品有什么用途、功效；三是人品，精神品格，也就是品牌的三观是怎样的。

　　并不是给自己的品牌设计一个吉祥物，起个人名就算人格化了，那顶多是拟人化，只不过是模仿了人物的语言、性格、行为，还缺少最灵魂的品格。

　　我经常说一句话，一个人始于颜值，陷于才华，忠于人品；颜值、才华、人品是构成人格化电商的关键。

SECTION 5 **第五节**

节庆营销：西方情人节为什么比中国情人节更流行？

随着经济发展新常态的现实不断强化，商业促销的力度已今非昔比，但每年2月14日的情人节依然成为城中盛事：交通拥堵指数飙升、餐馆影院大排长龙、快捷酒店客房爆满……国潮热并没有让西方情人节式微，反而在各阶层大行其道。其实，中国也有自己的"情人节"，但中国传统的"情人节"始终没有像西方的情人节那样成行成市，形成共识。原因有四点，究其根本还在于市场营销推手的神奇运用。

西方的情人节非常聚焦

虽然有一些欧美国家传统的情人节原本并不是在2月14日，但渊源大致相同，现大多聚集于2月14日，更利于在全球的大流行。情人节是西方国家的传统节日之一，起源于基督教，又称圣瓦伦丁节或圣华伦泰节，始于公元3世纪，以纪念宗教与爱情双料圣徒瓦伦丁为正义、为纯洁的爱而牺牲自己。

相比之下，传统意义上的中国情人节，则较为分散，在历史上并没有及时固化为一个统一的日期。其一是元宵节（也称上元节，即农历正月十五），"月上柳梢头，人约黄昏后"可以让古代平日不能出闺阁的女孩子们名正言顺地与陌生男子相会，其中私定终身的就不在少数。其二是上巳节（农历三月初三），恰逢阳春三月，万物复苏，草长莺飞，最应景于红男绿女相会于河边，赠芍药定情。《诗经·郑风·溱洧》就有"维士与女，伊其相谑，赠之以芍

拉斐尔前派创始人英国画家威廉·霍尔曼·亨特（William Holman Hunt）的代表作《瓦伦丁从普罗特斯手中营救西尔维亚》（1851年）

药"的唯美描述，可惜后来逐渐没落，没有成为中原的主流民俗节日。其三当属七夕节（七姐诞，农历七月初七），据考证传统七夕更倾向于女子的专属节日，其内涵不但包括乞情，更包括乞巧、乞福，牛郎和织女的七夕鹊桥相会，于近代才成为象征爱情的节日。而在中国西南少数民族中非常流行的情人节则是4月的西双版纳泼水节，成为男女互相表达爱意的狂欢节日。正因如此，中国的本土情人节相比之下有些分散，不像西方的情人节聚焦固定，所获得的关注资源也就分散了。好在从2006年开始，国务院将七夕节列入第一批国家非物质文化遗产名录，从官方到民众都将每年的七月初七视为"中国情人节"。

清代年画中的牛郎织女

节日不但是文化市场输出的重要部分，更是商业营销的重要节点

2月14日的情人节之所以全球流行，幕后的商业推手力量功不可没。节日能给人带来仪式感，尤其是情侣之间。情人节给了情侣们表白与庆祝的最好场景，情人节不送女朋友花容易被分手并不是女孩们矫情，她们只是在乎美好生活的仪式感而已。于是敏锐的商人们为情人节营造了四大节日产品：巧克力、鲜花、钻戒与烛光晚餐，每一个背后都是强大的商业营销，一起推波助澜，成为制造和增添浪漫氛围，让情人节变得更隆重的道具，让情人节更加火爆浪漫。可见，情人节带给世界的不只是欢乐和情感，还有商机和财富，也是品牌发动创意做浪漫营销的好机会。

有故事的爱情更美好

爱情是故事的永恒主题，欧美品牌深谙故事营销的精髓。德芙本来是世界最大宠物食品和休闲食品制造商美国跨国食品公司玛氏（Mars）公司推出的巧克力类系列产品，英文商标名为"DOVE"，却讲述了一个跨越大西洋的凄美爱情故事。DOVE的创始人莱昂年轻时曾是欧洲卢森堡王室的一名后厨，这位穷小子遇到了芭莎公主，公主喜欢冰激凌，莱昂就为她做各种口味的冰激凌，日久生情。情窦初开的甜蜜萦绕着两个年轻人。但在那个尊卑分明的保守年代，由于身份和处境的特殊，他们谁都没有说出心里的爱意，默默地将这份感情埋在心底。直到有一天，莱昂得知由于政治联姻的需要，公主要远嫁他国。在爱情力量的驱动下，莱昂鼓足勇气，在为芭莎准备的冰激凌上用热巧克力写下了"DO YOU LOVE ME"的缩写"DOVE"，以为公主能够猜透自己的心思。可惜王室的就餐仪式烦琐费时，冰激凌送到公主面前时，"DOVE"的字迹已化掉消失了，公主没能看到莱昂的真情表白……后来莱昂带着内心的失意离开了欧洲，远渡大西洋到美国寻找新生活。勤奋聪明的莱昂在新大陆实现了自己的美国梦，却永远忘不掉芭莎公主，决心做一款不融化的热巧克力，固体巧克力，经过苦心研制，莱昂成功了，每块巧克力上都印上DOVE的Logo，以此来纪念他和芭莎那错过的爱情。一句被错过的"你爱我吗？"的德芙自然成为情人节最好的表白食物。

相比之下，中国的情人节还亟需找到一种情感联结的代表性食品，在中国的传统文化里这是一个不小的坎。节日营销要想火，和美食结合起来事半功倍，中秋节吃月饼，大年三十吃饺子，立春咬春饼虽然是现成的传统，但或多或少也传承了中国传统农耕文明形成的族群饥饿记忆，中国情人节的发扬光大更需要创新性的故事营销，更有吸引力，更能给人以充分的想象空间。

与时俱进的节日更能广泛流行

2月14日的情人节源自爱情，兴于表白。如今在西方尤其是美国，情人节的地位仅次于圣诞节，所以美国人会在这一天举办各种活动庆祝节日，很多地方都会举办各种主题聚会，大家一起互道祝福、表达爱意，即使是还在读幼儿园的小朋友们，也会互送巧克力或糖果，来表达祝福。在美国家庭成员之间也会互送礼物，父亲会给女儿赠送鲜花，母亲也会给儿子赠送巧克力。在许多西方人心中，情人节不仅是一个专属于情侣的节日。祝福与表白让情人节具有了统一战线的品牌力量，加持了感恩的内涵，不仅适用于情侣互致情意，也把夫妻、孩子、兄弟姐妹、亲朋好友都链接在一起，"I Love You"的通用，让西方的情人节更具有家庭化、普遍化的氛围与场景，自然就具有更易流行的内涵动力。

有聚焦、有氛围、有故事、有扩展，再加上商业场景的推波助澜，2月14日的情人节受到越来越多人的青睐与追捧。也正因如此，我们更应聚焦于中国情人节"七夕情人节"的商业运作，把握市场营销的真谛，才能进一步提高"中国七夕情人节"的文化与商业输出价值。

SECTION 6 第六节

从狂欢到沉淀：流量经济之后，品牌经济如何破局？

互联网时代最宝贵的是注意力，短视频时代最稀缺的是流量。从李佳琦到董宇辉，从淄博烧烤到"哈尔滨小土豆"，从天水麻辣烫到王婆说媒……从产品到文旅，人们只羡慕一件事：如何才能获得巨大的流量？因为有流量就有财富，汹涌的流量意味着泼天的富贵。

人人、处处都有一颗想红的心,但互联网红利大潮已过,新增流量近乎枯竭,新流量从何而来?流量密码是一门玄学,更何况流量如潮水,来得快去得也快,以至于人们都陷入焦虑之中:没有流量找(买)流量,流量来了如何留住,实现价值最大化?

互联网"下半场"最贵的是流量。让一滴水不干涸的方法只有一个,就是把这滴水注入大海。让流量长流的办法也只有一个,那就是找到流量的泉眼,蓄流成河,把瞬息万变的流量经济,变成能带来复购和忠诚的品牌经济。

全网最低价不是品牌经济,"九块九包邮"极致的性价比也不是品牌经济……让消费者宁愿多走一公里也要重复买你的产品,才是品牌经济。

从流量思维到品牌思维

《繁花》电视剧里爷叔有句话,在交易市场上,外行看门面,内行看后门。也就是做生意外行人往往会被表面繁荣所迷惑,而内行人看的是更为实质性的东西:市场的真实需求是什么,你的利润究竟有多少?

在流量的高增长时代,更加注重流量当然可以快速提高知名度,短时间内促进销售,但基于全网比价的流量经济,痛点是无法解决利润和复购的问题。

作为大众消费品,用户的转移成本极低,很难建立起品牌忠诚度,品牌也不容易拥有自己的忠实粉丝。于是,绑定平台、绑定大主播,借助他们的势做促销,就成了厂家的新选择。但在千方百计搞流量做促销时,企业必须时刻保持清醒,不要忘记经营的最终目标是长期利润。2020年,当大量本土品牌纷纷陷入全网最低价的价格战时，海尔集团前首席执行官张瑞敏就明确提出价格战是饮鸩止渴，对品牌的损害是日后难以弥补的。

流量是当下的入口，品牌才是未来的方向。只有形成从流量到品牌的正向循环才能行稳致远。这两年纷纷"出圈"的地方文旅，不管是淄博烧烤、哈尔滨冰雪、开封王婆还是天水麻辣烫……都引爆了碎片化传播时代的巨大流量，"出圈"成为特定时期的爆火话题。但是否形成了可持续的品牌影响力呢？轮番拿到流量的新网红城市们，经济表现却仍然低迷，品牌建设之路都还在路上。

而像杭州、长沙、三亚等城市则实现了从流量经济到品牌经济的升华。虽然各地旅游纷纷爆火，但冬天一来，有足够消费力的人还是选择去三亚。

杭州更是形成了中国"民营经济之都"和"中国国潮风向标的高地"，是互联网时代新品牌、财富新贵的龙兴之地，随着电商的发展，杭州集中国制造、中国品牌、中国时尚为一体，形成了强大的"品牌簇群"效应。

无论是打造城市品牌还是产品品牌竞争力，都是一项系统工程，是对城市、产品形象信息的挖掘、提炼、组合和综合优化。

通过阶段性广告营销的狂轰滥炸，能够让某个产品、地区、个人名噪一时；但品牌是在大众心中种下的品质认知，是和受众建立起来的情感联结，是价值观层面的认同。营销是向消费者示爱，品牌则是让消费者爱上你。

品牌是道，流量是术。

如何建立品牌的护城河

联合国的统计数据表明，全球所有品牌中知名品牌不超过3%，但市场占有率却超过40%，销售额超过50%，其中高端品牌在全球价值链中更是具有强大的影响力。

为什么我们有悠久的历史和深厚的文化底蕴，既能生产出国际一流的产品，又不乏创意人才，却如此缺乏在国际上有竞争力的品牌？

国际大品牌采用中国的马面裙元素，一件衣服能卖上万元。我们的汉服之乡，一条马面裙却只卖到一两百元。奢侈品路易威登经典的老花Logo，其灵感源于我国唐代琵琶上的宝相花，但我们对中国传统文化的商业价值开发却远不及外人。

作为世界上最大的发展中国家，中国改革开放到现在才40多年，品牌不可能一蹴而就。企业只有沉下心来，才能积淀出更多更持久的品牌精华。品牌的背后不是产品说明书，而是和消费者息息相通的情感和认同，是口口相传的感人故事。品牌的本质是引发人们对更美好生活的向往，品牌要给消费者造梦，在消费者心里种下价值观的种子。

讲品牌我们经常举可口可乐的例子，它的价值观是什么？自由、平等、爱。在它一百多年的发展历程中，可口可乐始终走在引领正向价值观的前列。战争时期，它给士兵们承诺，无论你在世界上任何角落，都可以喝到家乡的可口可乐。在美国妇女解放运动前夕，打出的广告是家庭妇女也可以独自到店里享受一瓶可口可乐——她喝的不是可乐，而是自由。

可口可乐的价值观贯穿品牌发展史，忠实的消费者在意的不一定是可乐的口味，而是说也说不清，化也化不开的情感。

我们的很多品牌缺乏的就是这种深层次的与消费者价值观的共鸣，在受众的心理锚定的只是物理功能，比如"怕上火喝王老吉""送礼就送脑白金"等。

当然我们也有升华到价值观层面的品牌，胖东来就是一个优秀的代表。你是否注意过胖东来发布的广告中都有一行字：自由和爱。

了解胖东来的都知道，这不是故弄玄虚，这是品牌真实践行的价值观。

胖东来店面周二不营业，一方面是让友商赚钱，另一方面是让自己的员工休息，有时间跟家人相处。老板于东来还是出了名的舍得给高管分钱，给员工高薪。

自由和爱是胖东来与员工、与消费者建立起来的情感联结，在大众心中种下的品牌价值观认同。胖东来不仅会说，还很会做；口碑传播广，竞争力自然强，品牌护城河越筑越牢。

互联网"下半场"品牌建设的机会

互联网"下半场"，品牌建设还有机会吗？《权力的游戏》里有句台词：混乱是阶梯。就像中国那句老话：乱世出英雄。当大多数人迷茫的时候，机会恰恰就蕴藏其中。

从20世纪90年代开始，日本曾陷入"失去的三十年"。高速发展之后，增长放缓、经济停滞不前，长期通缩、高房价带来生育率下降和全民负债。日本进入低欲望社会，工作也不好找，很多年轻人索性"躺平"；消费降级，奢侈品热退潮；出生率降低，人口老龄化加速。但即使在这样的情况下，日本仍崛起了一大批新兴品牌。中产不买奢侈品了，开始热衷平替，关注自己的内心和精神需求。主打性价比的服装品牌优衣库、日用品牌无印良品等脱颖而出，并走向全球，同时无糖饮料、休闲食品、境内旅游开始火热，这都和我们当下的状况非常相似。日本经济下行周期的品牌经验值得中国中小企业借鉴。

过去十余年做品牌追求品类、爆品、"高刚海"。当下和未来是消费分级时代，我们要从品类思维向小众用户思维转变。满足一部分消费人群的生理、心理需求，就有机会做出一个优秀的品牌。

品牌建设是一个长期的过程，流量经济只能带来短时间的销量骤增，来得猛去得也快。只有从流量经济进阶到品牌经济才能形成溢价，长期盈利，并和消费者建立持久的关系。

SECTION 7 第七节

从流量红利到品牌红利

一个时代有一个时代的红利，一个时代也有一个时代的压力。在中国互联网流量红利的澎湃大潮下，成就了一大批消费互联网巨头——百度的搜索、腾讯的社交、阿里与京东的电商、抖音的直播带货……但本质上流量红利终归是一种市场资源与机会，既然是资源与机会，就终会有相对的天花板限制，有消耗透支枯竭的时候。

从流量为王到"留量"内卷

在"注意力经济"时代，流量更是一种宝贵的稀缺资源，流量等同于财富，用户在不断增长，获客成本很低，这更激发了企业在意流量、带货与变现，拼人气、拼价格、拼出位。但单一的流量为王竞争策略本质上还是以产品销售为中心的卖货策略，更多满足的仅是消费者的物理需求，所以我们看到一波又一波的明星产品"各领风骚没几天"，很快就被消费者忘却抛弃。因为流量在注意力与商品经济的大世界中永远是流动多变又分散的，没有永远的流量，只有更新的流量,你的流量只能抓一时注意力,很快别人的流量就会抢走消费者对你的注意力。激烈竞争循环之下,流量越来越稀缺,获取流量的成本越来越高,流量的红利渐趋摊薄与枯竭。简单地以流量为导向的营销方式实际是不可持续的,品牌不仅要满足消费者的物质与注意力需求,还要满足消费者的情感需求。唯有从流量到"留量",从"留量"到品牌,才能让企业更持久地赚钱,更具抗风险能力。

如今,互联网"下半场",各大平台从流量时代进入存量时代,企业尤其是消费品企业也感受到巨大压力。流量经济的不经济性促使流量红利大幅减少,内卷加剧,争夺存量的竞争日益白热化。同时政策红利、渠道红利、人口红利与流量红利日益摊薄的大趋势下,当下已进入品牌红利时代。以往争夺的焦点是看得见的市场,接下来要比拼的则是看不见的"人心"市场,品牌共识与品牌忠诚的价值更加凸显。

凡有大成就者无不是摸准了时代的脉搏。对于企业来说,如何抓住品牌红利?做品牌有没有模式和标准?中小企业没有那么多钱和资源,到底该不该做品牌,能不能做品牌?这都是大家非常关心的问题。

什么是品牌?起个名字,注册一个商标,卖得不错,很多消费者都知道……就是品牌了吗?产品质量很好,满足了市场某项需求的空白,就是品牌了吗?有独特的技术,有亮眼的Logo和包装,就是品牌了吗?但实际上,产品名、商标、广告语、视觉设计这些都只是传达品牌信息的媒介。

那究竟什么是品牌?我认为,品牌就像消费者的恋爱对象一样,其实很多时候你说不清楚她到底哪好,甚至明知道她有很多缺点,但就是愿意选择她。品牌不是被消费者看在眼里的,而是要铭记在消费者心里。

看在眼里的是外在的形象和包装，深入内心的是思想和价值观。我给品牌下的定义是：品牌是可产生持续溢价的符号，是产品力加上情感价格共识的总和。每个消费者都可能会形成品牌偏好。如今在商品经济极致发展的年代，品牌更是迎来了百花齐放。大浪淘沙之后，最后剩下来的就是让消费者产生了品牌忠诚的这样一些可持续发展的品牌。新商品总是层出不穷，最后还是要靠品牌来征服消费者。

如何塑造品牌价值观

在过去相当长一段时间里，人们认为品牌应成为品类的代名词，品类里的第一即是最好的品牌。在一个新的细分赛道里占领了消费者的心，就很容易成功。例如风衣的鼻祖Burberry成了品类代名词，还有把名词变成动词的搜索品牌，如谷歌、百度等。只要不是整个行业出了问题，被颠覆了，就能吃到长时间的先发或垄断红利。作为一个整体概念，品牌代表着产品的品质、特色、服务，提示着产品在消费者偏好中所处的位置，因而，品牌在消费者心目中就成了好产品的标志，缩短了识别过程和消费者购买过程。但从长远看，品牌是可产生持续溢价的符号，是产品力加上情感价值共识的总和。这种共识就是人们都知道你的品牌，认可你品牌的价值，形成更持久的品牌认可与忠诚。

品牌如何做到深入人心？畅销全球130多年的可口可乐，是怎么随着社会的发展持续输出价值观的？可口可乐第一次走向全球的飞跃式发展是在第二次世界大战期间，当时企业承诺所有的美国士兵，无论何时，无论身处何地，都能用5美分买到一瓶可口可乐，把一瓶饮料上升到了国家精神层面。

在20世纪美国妇女解放运动期间，可口可乐率先推出一则广告，在报纸刊登了一张照片，一名女性独自一个人坐在咖啡厅里喝可口可乐，主题就四个大字：家庭主妇。那时候美国妇女还没有投票权，极少就业，也还根本不可能一个人去咖啡厅享受独处时光。可口可乐用行动和女性站在了一起，这样的感召力肯定会成为主妇们购买饮料的首选。

可口可乐还推出过不同肤色的孩子们一起开心玩耍喝可乐，小黄人和绿巨人抢可乐的广告，这种共享美好时光，不分种族、国界，甚至不分次元的价值观，就是可口可乐深入人心的品牌精神，是企业最强有力的护城河。可口可乐经营百年，屹立不倒的有两个支撑，一个是它的瓶装授权体系，一个就是品牌管理体系。

而到了高度工业化，全球一体化的时代，什么都可以外包，但是所有的企业都会把一个核心牢牢抓在自己手里，就是品牌管理体系。

苹果的品牌价值观是什么？挑战权威，创新颠覆旧事物，创造出伟大的产品去改变世界。当这种价值观浓缩为一句话"你是想卖一辈子糖水，还是想跟我一起去改变世界？"就足以在1983年让百事可乐副总裁约翰·斯卡利被乔布斯打动，放弃在世界级大企业已功成名就的事业，转投当时还仅是初创的苹果，帮助乔布斯一起实现让每个人手里有一台计算机，建立用户对互联网之信任和信心的世纪梦想。

马斯克可以说是乔布斯精神的延续，马斯克一共创立了9家公司，分别是火箭公司SpaceX、光能发电SolarCity、星链StarLink、手机公司Model π、超级高铁Hyperloop、城际高速地铁Boring Company、人工智能OpenAI、脑机接口Neuralink，还有特斯拉TESLA。很难用一句话描述清楚马斯克的创业方向，如果将马斯克的企业定性为互联网企业，可它最大的利润来源于电动汽车，还发射火箭，未来的战略目标是把人类移民到火星，已经是一个超出地球战略的体验。对于马斯克来说，他在不断地寻找新的战略方向，但他的企业的价值观总是以关注人类可持续发展为核心。

同样，Facebook在IPO时，最受关注的也是创始人扎克伯格宣扬的品牌愿景与核心价值——Facebook的创建目的并非成为一家公司。它的诞生，是为了践行一种社会使命：让世界更加开放，更加紧密相连。当Facebook全面转向Meta时，扎克伯格的说辞再进一步：站在Facebook的角度，元宇宙是个更大的社交平台，相比于如今的社交模式，元宇宙能够带来更多、更好的社交体验。

综观全球所有优秀的品牌，其价值观所宣扬的都是积极、正向、利他的。

中小企业能不能做品牌

中小企业到底能不能做品牌？我做了几十年的企业咨询，这是经常被问到的一个问题。我们看到有一些短视频声称，没有一千万不要做品牌，没有一个亿不要做品牌。很多中小企业自己也迷茫，尤其是新冠疫情期间，许多企业都在线上打流量战、价格战，在考虑生存问题，所以这一时期成为几十年来企业关注品牌建设最少的时期。

现在环境又变了，流量成本越来越高，价格战也打到底了，回过头来发现原来还是那些有品牌价值的企业生存得最好。其实即使小到个人，都应该培养自己的品牌意识，两个具备同样技能的人，一定是更具品牌价值的那个能获得更高的溢价，对于任何想要长线经营的企业，从第一天起就应该树立建设品牌的理念。品牌经济本身就是由产品品牌、企业品牌、企业家品牌三个层次构成的。产品品牌是企业实现销售收入的基础，企业品牌又是产品开拓市场的强大背书，企业家打造个人IP更能为企业带来巨大的关注度流量。企业只要在一个方面建立起品牌优势，就能有助于更大的品牌变现，如果三个层次都能做好，并形成相辅相成的互补互助优势，就更具有品牌集团优势。

罗马不是一天建成的，做品牌更是持续经营的过程，因为中小企业在初期并不是花大把资金和精力宣传品牌，而是精耕渠道，精准推送，迭代产品，强化优势，积累势能，等待品牌爆发的窗口期。

当企业有一定积累的时候，如何迈出做品牌的重要一步。首先就是你敢不敢对你的品质和服务做承诺。过去打广告是"王婆卖瓜，自卖自夸"，现在品牌经营的是和消费者之间建立起长期的感情和信任。

品牌本身也是一种投资，是最快速和最持久变现的工具之一，企业只有把品牌做好、做强才更有价值，才更能安身立命。无论是企业还是个人，最宝贵的资产都是品牌，一个成功品牌往往是任何有形资产所不能替代的。我们很多企业把本末倒置了，把花钱做品牌当成成本，把买流量当成投资，处处都讲品效合一。当流量来临的时候当然要把握机会，抓紧变现，但要调整好观念，从品效合一的执念上转为品效协同，不追求一次营销同时达到品牌传播和效果转化的双重效果，而是将品牌和效果进行阶段规划，有机组合，明确做品牌才是企业最珍贵的无形资产，品牌自带流量，长期有效，还越沉淀越香。

中小企业做品牌还有一个痛点与盲点，就是我们太擅长随机应变了，受制于审时度势的路径依赖，到哪个山头唱哪个歌，除了老板不能变，一切都可以变。但所谓品牌价值观是要有所为有所不为，是坚守品质，传承理念，老板可以换，价值观永远不能变。

如何用插位策略做品牌

在营销和推广费用高,大品牌日益形成垄断的情况下,中小企业面对具有先发与领先优势的行业领导品牌总是心存畏惧,不敢竞争或者盲目竞争。其实企业无论大小,都可以做成品牌,在消费碎片化的时代,更有机会成就品牌。

如果运用好插位战略,任何品牌都有弯道超车的机会。插位是一种针对强势竞争对手的品牌营销新战略,旨在通过颠覆性的品牌营销,打破市场上原有的竞争秩序,突破后来者面临的竞争困境,使后进品牌拓展大市场、快速超越竞争对手,进而成为市场的领导者。所谓插位战略,就是发现市场缝隙,扩大市场缝隙,并且占领市场缝隙,从而化资源优势为品牌优势,运用插位,实现品牌快速成长。

例如大量行业第二品牌的企业,日子过得都不差,第二品牌的精髓是什么?有一个关键词"莞莞类卿",电视剧《甄嬛传》里的甄嬛为什么能在百花争艳中获得最后的胜利,靠的正是"莞莞类卿"。因为她长得像皇帝的"白月光"纯元皇后,拿到入场券,顶着"莞莞类卿"的名头受尽荣宠。纯元皇后就好比最深入皇帝内心的品牌,是后来再好的品牌也无法撼动的。先甘当纯元第二,才有可能做到甄嬛第一,如果上来就坚决不能活在别人的阴影里,连出头的机会都没有。

当然光"类卿"也不行,在这个过程中要不断优化自己的差异化的优势和独特卖点,主张自己的品牌价值观,利用插位战略后来居上。

伴随着中国制造向中国创造转变、中国速度向中国质量转变、中国产品向中国品牌转变,未来十年,中国企业得品牌红利者才能得天下。

SECTION 8 第八节

平台经济与平台战略

一大批基于互联网、大数据和移动技术的平台企业迅速发展壮大，平台经济不断改变传统产业、创新商业模式，引领全球产业发展和科技发展新趋势。从我国平台企业的地区分布来看，北京、上海、杭州、深圳是主要聚集区。垂直电商平台、互联网服务平台、线下体验平台之间的产业整合，将进一步加速大服务业的整合与升级换代。平台企业已渗透到人们生活的方方面面，深刻融入社交、零售、出行、支付、广告等各个领域。

成功的平台企业都有一个特点，那就是打造出一套有机融合的商业生态链，头部平台公司力图将客户一网打尽，这在人们吃、住、行、买的基本需求领域表现得淋漓尽致。

创造平台经济奇迹的美团与饿了么没有一家餐馆，它们却垄断了人们的胃。

随着移动互联网在我们生活中的普及，外卖行业在我国得到迅速发展。美团诞生于2010年，随着企业的不断发展，美团将定位调整到生活服务电子商务平台，拥有美团大众点评、美团外卖等消费者熟知的App，服务涵盖餐饮、外卖、生鲜零售、打车、共享单车、酒店、旅游、电影、休闲娱乐等200多个品类，业务覆盖全国2800个县（市、区）。如今美团年度交易用户数目超过5亿，活跃商家数目超过700万。

而饿了么比美团早创立了2年，是2008年创立的本地生活平台，主营在线外卖、新零售、即时配送和餐饮供应链等业务，推动了中国餐饮行业的数字化进程。曾经，饿了么在线外卖平台覆盖全国670个城市和逾千个县,在线餐厅340万家,用户量达2.6亿,旗下"蜂鸟"即时配送平台的注册配送员达300万。

同时,随着信息技术的发展与经济的繁荣,网络购物已经成为人们日常生活中重要的一部分。一直以来,中国网络购物用户规模快速增长,《中国互联网络发展状况统计报告》显示,截至2023年12月,我国网络购物用户规模达9.15亿人,占网民整体的83.8%。在此大趋势下,"管住嘴少吃饭,迈开腿多走路,绑住手别总是买买买",成了亲友之间的戏谑与善意提醒。在平台经济大行其道的今天,网络购物为人们带来的是消费便利与消费升级。

阿里巴巴的淘宝是在2003年5月创立的电子商务平台,经过20年的发展,淘宝已经成为中国最火热的网上购物平台之一。"人手一辆网上购物车"背后,彰显出阿里巴巴强劲的"平台效应"。淘宝上面应有尽有,种类相当齐全,小到吃穿用,大到汽车,乃至各种服务。从某种程度来说,淘宝上面的商品只有你想不到,没有你买不到。

爱彼迎,没有一间客房,却打败了所有的酒店。

爱彼迎的英文缩写是Airbnb,全称为AirBed and Breakfast,中文意思是一张床和一份早饭,这是一家联系旅游人士和家有空房出租的房主的服务型网站,为用户提供多样的住宿信息。爱彼迎成立于2008年8月,总部设在美国加州旧金山市。爱彼迎是一个旅行房屋租赁社区,用户可通过网络或手机应用程序发布、搜索度假房屋租赁信息并完成在线预订程序,为旅行者们提供数以百万计的独特入住选择,不管是公寓、别墅、城堡还是树屋。爱彼迎被时代周刊称为"住房中的eBay"。

爱彼迎成为民宿业平台的开山鼻祖,没有一间客房却重塑了酒店行业,它的平台战略就是让任何人都可以从其他人手中租住一间房屋，而不是从一家酒店中租住。

爱彼迎服务已经遍布全球197个国家，65000个城市，400万个房源，比全球7大连锁酒店的客源量加起来还多，其颠覆性的商业模式，被称为全球最大的线上酒店。2020年12月10日，爱彼迎以每股68美元的发行价于纳斯达克敲钟上市，市值高达865亿美元，远高于另一在线旅游巨头缤客（Booking），也远远超过了几家知名连锁酒店，如市值为427亿美元的万豪及298亿美元的希尔顿。

入口、平台、关系、生态正在催生移动互联网时代新的商业格局，无论是互联网企业还是传统行业，平台的未来是商业生态链。正如自2007年开始，智能手机用前所未见的体验颠覆了功能手机的时代，数码相机用便捷存储宣告胶片时代走向终结。因为智能手机、数码相机等开创的仅是一个产品迭代的新时代，而生态品牌背后则代表着商业逻辑的更迭与创新的方向，其意义也远不止是一个新的品牌类目。

在移动互联网时代，看你的企业有没有转型，就是看你有没有平台思维，有没有把你的平台，把你的企业做成一个大数据的公司。企业转型的标准就是要看你的客户从哪儿来，是不是进行了互联网转型，有没有大数据，是不是自管理，有没有实现品牌的溢价。这就是考验一家公司在互联网"下半场"生存能力强弱的标准。

掘金之道·财富故事

1.轻工业：普通人的创富机会

中国轻工业世界领先，还是全球唯一拥有联合国产业分类中所列全部工业门类的国家，涵盖大众衣食住行各个方面，那么，普通人的创富机会在哪里？

轻工业是我国重要的民生产业和传统优势产业，大到家居、家电，小到玩具、电池，涉及衣食住行、教育、娱乐等多领域多行业，过去依托庞大的人口基数和劳动力资源，快速建立起完备的工业体系，成为世界工厂。

那么在全球结束高速发展的时代，普通人该如何在庞大的轻工业领域挖掘金矿？

首先，我国已经从资源主导型经济转向科技创新主导型经济，多个省市陆续发布政策，以高薪、分房、落户等多项优厚待遇吸纳专项人才。创富途径已经从有资源、肯吃苦，转向有技术、能创新。

选对创业生态环境，是挖掘财富金矿的根基。马斯克不在硅谷，也造不出特斯拉，选择创富渠道，要先选择一个健康完善的商业环境。

抓住消费升级、消费分级的历史机遇。智能绿色家电、化妆品、休闲健身产品等领域，亟待消费升级来满足人民群众从"衣食无忧"到"高品质生活"的需要。

在健康、育幼、养老等领域，以消费分级的方式大力发展功能食品、婴童用品、适老化家电、家居等轻工赛道，这些都蕴藏巨大商机。

最后还有流通渠道的变化，过去原有的商品流通环节，基本可以分为：工厂到批发商到零售商再到消费者的环节，而电商崛起让工厂一站式面向消费者，抓住渠道机会，颠覆财富模式。

2. 表情包里蕴藏的财富商机

聊天不用表情包，总感觉情绪表达不到位，当代年轻人的生活已经离不开表情包了。学动画的"90后"小伙钟超能当初因为好玩，制作了一套"乖巧宝宝"的表情包放到平台上，没想到，没过多久就有了上亿的下载量，10万用户付费加打赏，让他赚到第一桶金50万元。

后续新品开发及版权收入，让小伙持续进账，赚得盆满钵满。

小小表情包，做成了创富大生意，变现方式主要有三大渠道：

（1）授权给社交软件使用

我们日常使用的卡通、动物、明星等表情包大部分都是平台购买版权的，由平台向创作者支付费用，部分表情包还需要用户单独付费使用。例如，"长草颜团子"对某平台的授权费，单月就高达200万元，这还不包括用户的额外打赏。

（2）周边商品开发

热门表情包如线条小狗、小刘鸭、伸长子猫等，被开发成抱枕、公仔、卡牌等产品出售，还有的公司甚至把业务线延伸到了抓娃娃。

（3）品牌商业合作

表情包鼻祖兔斯基的创作者曾经荣升诺基亚手机代言人，收入100万元代言费，为品牌带来超过15%的销量提升，还登上巴黎时装周，表情包成为新的财富密码。

此后品牌纷纷涌向表情包，"小蓝和他的朋友们"为雀巢、OPPO站台，"躺倒鸭"为支付宝、华为代言。也有不少品牌推出自己的表情包，喜茶有"鸭爆柠"，瑞幸有"打工鹿"。表情包生意难的不是绘画技术，而是对当下社会情绪和热点的敏锐洞察。

3.贩卖季节成财富密码

聪明的商人把春天卖给消费者，赚得盆满钵满。东方树叶春日限定龙井新茶，一瓶售价8元，上线一小时5万箱全部售罄。贩卖季节为什么是一门好生意？

如今的"春日限定"营销已经被各大商家运用得炉火纯青，不光星巴克、元气森林这些饮品品牌按时入局，就连周黑鸭都出了樱花味鸭脖，顾家床垫吟诗一首《春晓》为你的春困秋乏撑腰。

彩妆品牌花知晓还与盒马来了一场意想不到的联名，推出"腮红"团子系列，把吃的、喝的、用的一网打尽。

各大户外品牌也积极召唤你走出家门，奔向阳光绿地，去感受人与自然的天人合一，当然别忘了带上品牌的各种装备。

商家们在生机勃勃的春天和消费者一起玩色彩、玩口味、玩场景，归根结底提供的是满满的情绪价值。消费者也愉快地表示，我买的不是产品，是春天的味道。

你的产品能够赚取多大的溢价，很大程度上取决于你在多大程度上撩动了用户的情绪。广告界流传这么一个经典故事，一个盲人跪地乞讨，身边有个牌子写着，"我什么也看不见，可怜可怜吧"。来来往往的行人没有几个施舍。这时候一个广告人经过，把乞丐的牌子改成"春天来了，我却什么也看不见"。很快，奇迹出现了，越来越多的人停下脚步，叹息着慷慨解囊。因为这句话撩动了每个人的情绪。

不仅贩卖春天是一门好生意，一年四季都被挖掘出了价值，哈尔滨卖冬天、云南卖夏天、内蒙古大草原卖秋天。相较贩卖焦虑，贩卖季节这种充满希望的营销方式更深入人心。

5

第五章
CHAPTER 5

新财富革命：
粉丝、流量、个人IP

SECTION 1 第一节

打造企业IP：三化一信条

三流的企业靠人管人，二流的企业靠制度管人，而一流的企业是大家有共同的追求和信仰。

中国人喜欢"文化上墙"，借以展示组织的愿景、使命和核心价值观。口号"上墙"是宣传企业文化最直观、最简单的方式。但企业文化建设绝不能止于"上墙"，更要"入心"，最终化为"行动"。

迪士尼为全球娱乐业巨头，它的使命并不是做动画片，而是贩卖快乐、生产合家欢，不管是电影、乐园还是各种衍生品，合家欢是迪士尼百年不变的使命。

如果你到迪士尼乐园去玩，会发现他跟环球影城这种主题乐园有本质区别，环球影城其实对老人和儿童不友好，但迪士尼是全年龄段友好，这就是企业理念的不同。在迪士尼，不管你认不认识那些玩偶，它们营造的沉浸式快乐氛围，会让所有人瞬间回归童心。

那么，如何让你的企业文化由干巴巴的理念变得立体、丰满而深入人心？

我总结出三化：人性化、仪式化、梦想化

第一，人性化。谷歌的企业文化被全球企业学习，它的文化听起来很简单：注重创新，以人为本。中国很多公司"上墙"的也是这句话。

谷歌是怎么落实的？谷歌的企业文化可以总结为四化：办公环境亲人化、人员流动自由化、20%时间私有化、内部沟通扁平化。

办公环境亲人化。谷歌所有新入职的员工都会领到100美元，

用来随意装饰自己的办公位,你想搞成植物园也没问题,自己装修一下也没问题。这一点我们现在很多文化创意类的公司也允许。舒服的办公环境才能激发工作动力。办公楼里还有健身房、按摩椅、台球桌、滑梯、帐篷、各种休闲餐饮区等,让员工不光愿意工作,还愿意上班。

人员流动自由化。员工可以自由从一个部门到另一个部门工作,只要做你愿意做的事公司有充分的宽松政策来支持。当然,谷歌的入门门槛是很高的,平均面试次数都超过6次,把足够优秀的人招聘进来之后就给他们更大的发挥才智的空间。

20%时间私有化。谷歌允许工程师们在工作时间内有20%的比例自由支配时间,你可以随意去做你认为更重要的事,这是谷歌最引以为傲的地方。

内部沟通扁平化。人人平等在谷歌不仅是说说,管理职位更多是强调服务,每个员工距离总裁的级别可能不超过3级。每周五,公司会安排高层跟员工们共进午餐,满足员工提出的各种要求,甚至是过分的要求。

公司保持创新和活力,首先是文化允许有活力,迪士尼当年收购皮克斯很重要的一个原因是内部管理制度支撑不了创意,董事会的人老态龙钟也很难接受新思想。那么,皮克斯卖给迪士尼的时候,条件之一就是必须保留皮克斯的文化,这些条件还明文写进了合同里,包括:每月一次啤酒狂欢节;跟谷歌一样每个员工可以随意装扮自己的工位,领导不得干涉;停车位要平等,要遵守先到先得的原则,不能出现某一层是给领导留的停车位,一共没停几辆车,剩下的停车层员工挤,排半天队也进不去的情况。

第二,**仪式化**。马云的阿里巴巴以"让天下没有难做的生意"为企业使命,经过短短十几年时间成长为全球最大的电商平台。

阿里巴巴更是把"让天下没有难做的生意"这一企业使命通过"仪式化"的设计，创造出令人叹为观止的商业奇观。

阿里巴巴不仅硬生生地把每年的"11.11"从悲催的"光棍节"变成了全民狂欢的"购物节"，更让2015年首次举办的阿里巴巴"双11晚会"开创了一种崭新形态的晚会现场，那些原本以为是玩笑的传言，后来在这场晚会上居然都实现了。

这场别开生面的晚会以前所未有的互动娱乐营销模式，为"双11"销售纪录起到了"推波助澜"和事半功倍的作用。而这一切的背后，都是宣扬那个"让天下没有难做的生意"的企业使命。

将企业文化中使命、愿景和价值观通过正式或非正式的"仪式化"活动展现出来，不仅可以在企业内部形成强大的凝聚力，还可以在企业外部增加大众关注度和吸引力。不仅可以创造实实在在的生产力，还可以创造"壁垒型"的文化竞争力。

第三，梦想化。世界上最成功的企业，几乎都代表了人类在某个方面或者某个阶段的梦想。

在比尔·盖茨写《未来之路》的时候，微软代表了人类信息时代的梦想。当时，微软是全球最牛的企业，同时比尔·盖茨也长期"霸占"了世界首富的位置。但是现在人类在移动互联网时代的"梦想化身"变成了苹果、Facebook、谷歌……还有那个要"带你去火星"的马斯克。

这些企业成为了当下最伟大的企业，也是当下市值最高的企业。因为他们是梦想的化身，可能带来前所未有的巅峰体验，所以人们才会疯狂。疯狂到连续排队几十个小时，仅仅是为了购买一部最新款的苹果手机。

"卖梦想"永远胜过"卖方案"。一个伟大组织的终极目标应该是在现实与梦想之间搭建一座桥梁，并描绘出实现这个梦想的路线图，而不应只是"摸着石头过河"。伟大的企业总是能够把客户的梦想变成企业的梦想，进而变成全体成员的梦想。

文化，是一个组织的灵魂。只有让文化动起来、活起来，将文化根植于人们心间，浸润、渗透到每个成员的血液中，才能将组织的意志变成集体的意志。

一信条指的是，硅谷几乎所有创新企业都有的共同信条：地球有危险，必须拯救它

20世纪90年代初，苹果研发Mac计算机的时候，要对开机速度做优化。我们知道，那个时候电脑开机，要花相当长的时间。工程师说，他们已经尽力了，但是乔布斯还要再缩短10秒。他是怎么做到的呢？

乔布斯算了一笔账，说将来至少会有500万人使用我们的产品。假设你省出来10秒，10秒乘以500万，一天就省出5000万秒，一年就是3亿多分钟，这相当于十个人的一生啊。所以，为了拯救这十条人命，恳请各位，再加把劲吧。于是，工程师们都被乔布斯打动，最后居然超出预期，把开机时间一下缩短了28秒，相当于28条人命。

乔布斯讲故事有个特点：树立一个坏人，然后由英雄来消灭它。开机时长变成了坏人，而工程师们变成了救命的英雄。

没错，故事不仅可以描述现实，还能重构甚至扭曲现实。从文学表达到广告营销，从职场晋升到日常沟通，故事无处不在。

当Mac最后的设计方案敲定后，乔布斯把团队的所有成员都召集在一起，举行了一场非常正式的签名仪式。每个人的签名都被郑重其事地刻在了Mac电脑的电路板上。Mac电脑是封闭式设计，用户打不开。除了维修电脑的人，没有人会看到这些名字，但这些员

工得到了特别大的激励。

这就是乔布斯鼓舞人心的方式——世界上最好的动机,就是一群才华横溢的人在一起创造一项伟大的成就。当一种动机足够强烈,实现它需要巨大的勇气和责任感时,它就不再是虚构一种愿景,而是在开创一种事实。

苹果的产品好用,是让消费者选择购买的产品力,挑战权威,这才是"果粉"不离不弃的价值观。

SECTION 2 第二节

打造个人IP:积累故事资产

个人IP这个词这几年说得太多了,但究竟什么是个人IP,它对我们企业家有什么意义?为什么人人都应该学会打造自己的个人IP,我们又可以从哪方面入手呢?

IP,Intellectual Property,直译为知识产权,个人IP我们可以理解为个人品牌。

在当今社会,IP就是你的社交货币,它的价值在一定程度上取决于你输出故事的能力。如果你只会做不会说,人生处处要吃亏。

那么,好的个人IP有什么标准?建立起个人IP,能有多大的作用呢?

我们知道,在消费品领域有两个品牌几乎是不用打广告的,一个是苹果,一个是特斯拉。因为它们的老板乔布斯和马斯克就是流量入口。

中国的企业家,也有很多很好的个人IP,既形成了个人资产,又为他们的企业赋能。比如，王石讲了一个登山的故事，曾经为万科节省3亿元广告费。

当年华为要推出新手机的时候，大众首先看到的不是它的技术参数，而是任正非老爷子70多岁，深夜在机场拖着行李箱独自排队打车的故事。

这些看似个人的行为，背后都有很深的商业逻辑。

个人IP和品牌价值一样，判断它好坏的标准很简单，就是看其本身是否具有吸引力，是不是流量入口，能不能自动创造价值。对于企业家来说，不一定人人都非要打造IP，但如果你能建立起自己的个人IP资产，就等于自建了一个银行。

我们该如何打造个人IP，积累自己的故事资产呢？

首先找到你的原始人设，把身份聚焦在一个最优势的点上去展开故事。

我们一些老板掏出名片，上面恨不得有10个头衔，那你的故事就不好讲了，要聚焦一个，聚焦哪个呢？接下来，我们来玩一个人生角色的游戏。

请你拿出一张纸，写下你自己的10个角色，比如老板、投资人、创业者、某会长或者是改变行业的人、非遗传承人等都可以。接下来，划掉5个角色，你会舍弃哪些？最后，只保留1个角色，你会保留什么？

其实我们做这个游戏的过程，也是对自己的一个复盘，总结你自己一路走来角色变化的过程，看清楚你当下真实的生存处境，你所拥有的社会关系，以及你所扮演的角色。

你最后留下的这个，就是你的故事资产，是你未来可以持续发力的增长点。

我有个合作品牌叫小咖主，一个新兴的连锁咖啡品牌，完成了1亿元的首轮融资，创始人景建华是一个"80后"年轻小伙子。

很幸运，他处于一个市场高速增长的赛道。但做咖啡不是因为他多么独具慧眼找的一条赛道，而是因为这就是他的人生底色。

景建华是一个很爱学习的年轻人，咖啡师出身，从业20多年，从打工人做到老板，建立了湖南优质咖啡的供应链和烘焙工厂。

创建小咖主这个品牌源于一次特殊契机。

2018年，景建华随湖南省经贸代表团去非洲交流、考察和学习。去非洲咖啡农家走访的时候，他在路上看到很多草棚，最开始以为是装咖啡豆的仓库，要不就是厕所。当中途下车他们走进一个草棚，一个年轻的母亲出来和他们打招呼，门口趴着一个穿着破旧斑马条纹衫的小男孩，这么简陋的地方竟然是咖啡农的家。那一刻，景建华内心非常复杂，本来他是带着朝圣的心态来非洲参观的，但没想到做了20年的咖啡，来到世界咖啡发源地，在整个咖啡产业链的底端，咖啡农的生活竟然是如此不堪。

回国之后他着手创立小咖主的品牌，希望借助中国快速增长的咖啡市场，让更多的中国人能够采购非洲咖啡，喝上非洲好咖啡，也帮助非洲咖啡农走出生活困境，将世界原产地优质咖啡带到全世界。

小咖主的Logo就是斑马。景建华一路走来，从一个点出发连成一条线，结成一张网，建设一座城池，把自己的底牌逐渐做成王牌。这就是专属于景建华的个人故事资产。

"行业冥灯"罗永浩，其实他的人生底色不是做手机而是讲脱口秀，当他放下执念开口做直播，上演了一出漂亮的"真还传"。

新东方的老师们，如果像其他主播一样叫卖不会成功，他们用独特的上课的方式带货，反倒异军突起。

找到你的人生底色，构建你的故事资产，就是你下一个阶段财富爆发的增长点。

找到了自己的这张底牌，故事可以怎么讲呢？

可以讲白手起家的故事，可以讲情怀，小咖主就是一个情怀的故事，可以讲励志、经验，还可以利用名人效应，比如你要融资，哪些知名机构投过你，或者你团队里有什么业界大咖，这些都会创造价值。

体育品牌李宁的发展，就跟李宁的个人IP息息相关，企业在发展过程中，李宁本人一度退出管理，聘请职业经理人，还把深入人心的口号"一切皆有可能"改成了"让改变发生"。很遗憾，这一系列动作并没有让李宁往更好的方面改变。面对业绩下滑，内部人心涣散，李宁再度出山，改回"一切皆有可能"的口号，重新扛起国货之光的大旗。不管是内部管理还是外部影响力，李宁本人都是李宁品牌的灵魂人物。

品牌需要灵魂人物，创始人的个人故事能让品牌更生动，最好的企业故事，往往就是创始人自己的故事，更能赋予品牌人格化魅力。

个人IP形成之后也是可以一步步晋级的，我们看看顶级个人IP马斯克是怎么从年轻富豪升级成改变世界的人物的。

这个世界不缺富有的人，但改变世界的人寥寥无几。马斯克的升级之路可以分为四步：开端—千万富翁—进阶名流—改变世界。

前面我们说过，顶级品牌来自传奇，马斯克的成名史，也充满了传奇故事。

他17岁自己想办法改变国籍，成为改写命运的起点。改变国籍是他打造个人IP的开端，为什么要这么做，因为他从小就热爱计算机，向往硅谷，有做大事的梦想，但是他成长的地方——南非，并没有什么创业机会，因此他打定主意去美国。

十几岁的孩子，父母离婚了，父亲不怎么管他，母亲没有钱，他决定"曲线救国"，因为母亲梅耶马斯克祖籍是加拿大，他就想先通过母亲解决自己加拿大的身份问题，然后再想办法换美国身份。为此17岁的马斯克整整研究了一年各种政策法律，通过他母亲祖籍的身份拿到了加拿大的护照，自己一个人背着包就到异国他乡了。

几年之后他靠奖学金转入美国宾夕法尼亚大学沃顿商学院攻读经济学，从此就留在美国开始"打怪升级"之路。所以他是南非、加拿大、美国三重国籍。这就是马斯克个人IP的开端。

1995年，马斯克看到了互联网发展的巨大机遇，于是果断放弃了已经开始的硕士和博士学业计划，他和弟弟金巴尔共同开发了在线内容出版软件Zip2。其后，利用从Zip2中掘到的第一桶金，马斯克又参与开发了网络支付系统PayPal。1999年，康柏公司以3.07亿美元现金和3400万美元股票期权收购Zip2，马斯克成了千万富翁。

如果止步于此就不会有今天的马斯克，如果按照一般商人的路线，会成为巨富但也不会是今天的"钢铁侠"马斯克。

当时硅谷的潜规则是，做成一件事证明自己一次，把钱揣兜里，然后去找投资，用别人的钱再做其他事。马斯克没有，他是拿自己的钱出来。

马斯克开始寻找资金充裕但效率低下，可以为自己和互联网所用的行业，他看准了银行，后来成立在线金融服务和电子邮件支付业务公司X.com，后来跟另一家公司合并成贝宝公司。2002年，eBay以15亿美元价格收购了PayPal。支付宝就是把贝宝模式搬到了中国。

第五章　新财富革命：粉丝、流量、个人IP

马斯克晋升富豪行列，但是硅谷的有钱人多了，他又如何脱颖而出呢？财富新贵怎么跟老钱们搭上关系？

这就来到他IP打造之路的第三步，进阶名流。

马斯克赚到钱之后第一件事就是最大程度地扩大个人知名度。买豪车、豪宅，请电视台记者现场直播，打造一个高调的财富新贵的形象，把结交名人作为生活的一部分。为此他专门买了一辆迈凯轮跑车，夸张地告诉记者，全世界只有62辆迈凯轮，而我拥有其中一辆。

这让他跟甲骨文联合创始人拉里·埃里森，喜欢极速体验的亿万富翁吉姆·克拉克都成了兄弟帮俱乐部的成员。

那么，最后马斯克如何超越富豪的范畴，成为改变世界的人？

大学期间，马斯克就开始考虑三个最想涉足的领域，这三个领域在他看来都将深刻影响人类未来的发展，它们分别是：互联网、清洁能源、太空。

一次，非营利组织"火星学会"组织一场活动，这个组织致力于火星探索和火星移民，马斯克去参加了，结识了著名导演和太空爱好者詹姆斯·卡梅隆，《阿凡达》和《泰坦尼克号》的导演，还结识了NASA行星科学家卡罗尔·斯托克。

马斯克立刻就加入了这个协会，还捐了一笔钱，表示他希望用一生去完成一些有意义、永恒的事情。他的下一个目标是太阳能或者太空。

过了没多久，马斯克退出"火星学会"，自己成立了一个组织——火星生命基金会。大批专家、学者、名流都跟着加入了马斯克的组织。从这以后，马斯克表示，他相信自己是有能力改变世界的人。

马斯克擅长造人设，搞噱头，会利用媒体，也目标明确。他又搞了一个新人设,每次出席媒体活动都抱着他的小儿子。大家说这是唯一一个能骑在马斯克头上,马斯克还拿他没辙的人。现在全世界都缺娃,而马斯克已经有12个孩子了,他成了为地球生娃的代言人,又成为媒体的焦点。

如果你还不知道自己的个人IP该从何入手,赶快拿出一张纸,玩一下"人生角色"的游戏吧。

SECTION 3 第三节

霉霉经济学

一个人年轻、有才有钱、漂亮,如同经济学上的不可能三角,但是一个妙龄女子做到了。而且她还具有全球影响力,她就是霉霉,以她名字命名的"霉霉经济学"(Taylornomics)甚至登上了严肃的经济学杂志。

霉霉本名泰勒·斯威夫特(Taylor Swift),霉霉是中国歌迷对她的昵称。霉霉不但是当今绝世大美女,而且是全球最富有的年轻美女。除了是一名才华横溢的创作人、歌手之外,霉霉的商业头脑也颇为突出。她通过逐张重录专辑,将版权重新掌握在自己手中,开启了全球付费音乐时代,仅凭唱歌就揽收11亿美元的身家。2024年福布斯发布了第38届全球亿万富豪榜,时年34岁的美国乐坛天后霉霉正式登上富豪榜,她以11亿美元(约合人民币80亿元)的净资产,成为史上首位仅凭借音乐和演艺收入就成为亿万富豪的艺人。更重要的是霉霉带来了全方位的财富效应。霉霉一到就是财神到,不仅酒店、娱乐、航空、餐饮赚大钱,各行各业经济都会由弱转强,股市也会翻红。美国的《时代》周刊也把霉霉评为2023年年度人物,称这位涌动着自然之力的乐坛奇才是"她自己故事的主角"。

1989年12月13日,霉霉出生于美国东北部的宾夕法尼亚州,正好是"80后"之尾,"90后"之首。作为一个天才美女歌手,14岁时霉霉就出道了,17岁的时候出版了第一张个人专辑,14次获得格莱美奖。

霉霉的粉丝人群非常广泛,"男女通吃",而且在全世界具有广泛的影响力。从2023年春天霉霉公布世界巡演计划开始,这股"吸金飓风"就席卷全球。美国、澳大利亚、日本、新加坡……演唱会所到之处都能引发现象级的消费热潮。她的全球时代巡演还被拍成了大电影——音乐纪录片《时代巡回演唱会》,预售的当天就登顶了美国票房的榜首,成为史上最卖座的演唱会电影。

2022年霉霉北美巡演芝加哥演唱会期间,全城4.4万个酒店全部爆满,单日营收超3900万美元;当巡演来到西雅图,全场8万粉丝集体蹦跳,导致地震站监测到里氏2.3级地震。霉霉在洛杉矶演唱会期间,因为大量岗位缺口,洛杉矶在餐饮、零售、安保行业新增3300个工作岗位,直接带动了3.2亿美元的经济效应。甚至美国有城市直接以她的姓氏命名,将其开演唱会的日子,命名为"泰勒·斯威夫特日"。哈佛大学更是直接开设了一门课程,专门研究霉霉的音乐。

除了美国本土,霉霉的影响力可以说更具全球性,本来她也要在香港举办演唱会,可惜因某些原因未能成行。霉霉在东京的演唱会可谓万人空巷。在澳大利亚办演唱会的时候,有50多万的观众涌入了体育场,还拉动了澳大利亚的机票、酒店、餐饮、娱乐等各个行业,仅酒店搜索的指数就上升了百分之一千,普通的民宿也卖到了上千美元。

2024年3月2日至9日，霉霉在新加坡连开6场演唱会，吸引了东南亚和中日韩大批粉丝飞往新加坡。仅新加坡入境航班预订量就增加了186%，酒店预订量增加了462%，各个旅游景点的预订量暴涨23倍。演唱会举办期间，新加坡滨海湾、圣淘沙的酒店溢价3倍还供不应求。这波霉霉热潮为新加坡带来约合26.7亿元人民币的旅游收入，受益于演唱会带来的影响，当时新加坡第一季度GDP增长预期都从之前的2.3%上调至2.5%。霉霉为新加坡带来的巨大经济效益甚至引发了邻国的公开不满，因为新加坡政府与霉霉方签订的是一份"独家协议"，每场演出提供200万至300万美元的补贴，以此换得在东南亚独办演唱会的权利。菲律宾国众议员乔伊·萨尔塞达抱怨新加坡可不是"好邻居"，他指责新加坡此举以"牺牲邻国为代价"，还要求菲律宾外交部应该对新加坡政府提出"正式反对"。

通过霉霉经济学的成功，可以带给我们诸多启发：

第一，未来的品牌一定是全球化的，区域品牌没有这么大的号召力，所以我们的品牌一定要向霉霉学习，出海才能赢得更广阔的发展空间。

第二，男女老少通吃的粉丝经济具有巨大的号召力。霉霉很善于对粉丝经济的经营，她对粉丝非常用心并热情互动，霉霉会为粉丝挑选礼物、手写信件，甚至直接赠予粉丝演唱会前排门票，与粉丝面对面互动。

第三，品牌的年轻化非常重要，霉霉最广大的粉丝就是"Z世代"的年轻人。经济学家们将美国社会娱乐体验项目价格的"超常"攀升，以及在通胀大背景下美国民众依旧愿意为娱乐消费买单的现象称为"娱乐通胀"。而"娱乐通胀"最大的来源就在于"Z世代"——"重体验、轻物质"的消费理念与"及时行乐"的生活哲学。

第四，重视"她经济"，女性消费占主体会创造出更大的经济溢出效应。看演唱会、看春节档的电影、购物消费、出行旅游，这些最后的决策者其实都是女性。可见最重要的是年轻的女性，她们是消费最后拍板决策的人。而霉霉是女权运动的积极推动者，经常号召歌迷要勇敢爱自己，特别是女孩要自信自爱，深得女性粉丝的共情与喜爱。

第五，文娱消费未来的暴增点。越来越多的人有种补偿心理，尤其是那些错过青春大好年华，需要狂欢的年轻人。"谁的青春不疯狂"，失去的就要补偿回来。正如《时代》周刊对她的盛赞："泰勒·斯威夫特创造了自己的世界，同时为这么多人提供了精神上的栖身之所，她的个人故事变成了全球传奇，她给一个迫切需要快乐的世界带来了快乐。"

同时霉霉经济学也给我们上了一课，振兴中国的文娱产业，最关键的是要培养有号召力的大明星，要有关键人物。

SECTION 4 第四节
贾玲的财富秘籍

凭借2024年春节档的爆款电影《热辣滚烫》与2021年的《你好，李焕英》，贾玲影跻身中国亿万富豪之列，成为百年中国电影史上票房最高的女导演。

贾玲的财富秘籍无非是入对行、跟对人、做对事。

首先，贾玲选对了行业。贾玲从小就热爱文艺，有什么演出活动都抢着参加，理想就是长大也能当章子怡，希望能当明星、能红。

她考大学的时候第一年报考北京电影学院没考上,第二年继续报考中戏。这回为了保险起见,她报了两个专业,一个是表演,一个是相声。报考中戏相声专业是怎么回事呢?

2001年,著名相声演员冯巩在中央戏剧学院成立了相声表演大专班,为中国的相声界培养新生力量,他亲自担任主讲老师,贾玲就是这个班第一届学员。这可以说是贾玲在自己的人生道路上做的一个重要选择。如果她坚持学表演,那以她自身的条件不一定能够取得今天这样的成就。

当然,作为一个女孩子选择说相声是不容易被理解的,中国自从有相声以来,女演员就凤毛麟角。贾玲在这条路上坚持下来并不容易。

几年下来等待她的是毕业即失业的窘境,最难的时候在北京租400元一个月的胡同平房,连单独的卫生间都没有,每天早晨要到外面去倒尿盆,好在贾玲很乐观,她说,"王菲不是也这样过过么?"

走一条少有人走的路起初很困难,但是认准方向坚持下去,路走通了就会豁然开朗。

相声专业毕业之后的贾玲,靠着姐姐每月从微薄工资中挤出来的几百元在北京坚持了好几年,姐姐也劝她回老家算了,甚至还给她找好了工作,但是贾玲认准了自己的目标,始终认为自己能红。当时的理想很丰满现实很骨感,在她最难的时候,还是恩师冯巩把她扶上马又送了一程。

其次,跟对人。冯巩并不知道贾玲在北京混得如此糟糕,有一次演出贾玲忘了带东西要回家去拿,为了节省时间冯巩开车送她回家,车开到小胡同口开不进去,狭窄的小胡同里都是破烂的小平房,一个女孩就住在这样的环境里,从那天起冯巩就尽量多带她演出,好让她改善生活。

在人生低谷时，老师冯巩给了贾玲很多发展机会，带她参加中央电视台相声大赛，才华傍身的贾玲最终脱颖而出。

贾玲出道跟对了冯巩，再凭借自己的坚持和努力一步步走到今天，被贾玲捧红的"亿万女主角"张小斐更是因为跟对了人，才有了现在的名气和成就。

很多人在刚开始看《你好，李焕英》的时候，还不认识饰演李焕英的这个演员是谁。其实张小斐是正经科班出身，毕业于北京电影学院表演系，跟大红大紫的杨幂、袁姗姗是同班同学。可是在杨幂已经成为"顶流"的时候，张小斐还"查无此人"，也没什么戏可以演。

偶然机会她参与了贾玲的一个小品，从此就加入了贾玲的队伍当中，从影视演员转型成小品喜剧演员，渐渐收获一些人气，随着贾玲的公司大碗娱乐的成立，她又成了其签约的第一批艺人，从此不管是演小品、上综艺还是拍电影，贾玲都力捧张小斐，她也成了公司当家花旦。俗话说，读万卷书不如行万里路，行万里路不如仙人指路。

那么选老板要选什么样的，怎么才算是跟对人了呢？有个故事，一个年轻人向智者请教，问"我怎样才能像李嘉诚那样成功呢？"智者告诉他："有三个秘诀，第一个是帮成功者做事；第二个是与成功者共事；第三个是请成功者为你做事。"

雄鹰不会与麻雀为伍，因为"燕雀安知鸿鹄之志"。你跟什么样的人在一起慢慢就会被他潜移默化地影响。跟懒惰的人一起也会变懒惰，跟暴躁的人一起脾气也不可能很好，所谓近朱者赤近墨者黑。

再次，就是做对事。我们来回顾一下贾玲的职业生涯，她有几次重要的跳跃，第一个是从相声表演拓展到小品表演，对于一个女性而言，她具备语言和舞台表演的扎实基础，而演小品的市场显然更大。

最后，她又从演小品跨入综艺行列，当初她首登春晚舞台后，湖南台请她参加了一档节目《百变大咖秀》，因为参加这个节目冯巩还骂过她，因为她又是粘上胡子模仿火风，又是弄个光头模仿周晓鸥，实在是一点女性的形象都没有了。这次贾玲没有听老师的，她坚持拓展自己的综艺市场，后来还参加了好几档爆款节目，打下了非常扎实的群众基础。

最成功的一次跳跃就是向电影市场的转变，这个转变不仅是贾玲自己，而是她带着她的大碗娱乐公司在行业中开辟了一条全新的道路。贾玲明白，小品《你好，李焕英》就算全国巡演也没有多大市场，但拍成电影在春节档上映，一下子就名利双收。

值得注意的是，做对事和把事情做对不是一个概念，现代管理学之父彼得·德鲁克就提出过这样的训诫，这几乎是管理思想中的一个里程碑。

什么是做对事？彼得·德鲁克强调我们在动手做某件事之前应该先把握方向，明确目标，弄清楚利弊，着眼于长远的打算，而不能单纯地脱离战略、脱离计划去做事。

贾玲的财富秘籍可以归结为，入对行、跟对人、做对事。可见许多时候选择比努力重要，当你做选择的时候，把握方向最重要。

SECTION 5　第五节

威震天的"话痨"诡计：北京环球影城的沉浸式营销大招

自2021年9月20日正式开园以来，北京环球影城就成为旅游热门目的地和备受追捧的网红打卡地，"十一期间北京环球影城人均消费或超3000元""北京环球影城工作日排队超1小时""话痨威震天打造社交天花板"诸多话题，一次又一次地让环球影城攀上了热搜高位。

北京环球度假区—环球大巡游官方宣传照

作为一个投资与消费都是"吞金兽"的主题公园度假区，北京环球影城最具吸引力之处在于为游客带来融合娱乐、度假、购物于一体的沉浸式体验，整个区域包含七大主题景区、37处骑乘娱乐设施及地标景点、24场娱乐演出、80家餐饮及30家零售门店。其中七大主题景区分别是为中国特别打造的功夫熊猫盖世之地、全球最大的小黄人乐园、哈利·波特的魔法世界、变形金刚基地、侏罗纪世界努布拉岛、好莱坞和未来水世界，每个景区都力图栩栩如生地呈现深受欢迎的电影故事和角色，通过骑乘娱乐设施、节目演出、零售门店和充满新奇味觉体验的餐饮门店，为游客打造仿佛身临其境的"沉浸式"之旅。

说起来也算是好事多磨，作为首都城市副中心通州的重点项目，北京环球影城历经20年的筹备、谈判与建设，终于成就了迄今为止规模最大的、全球第五座、亚洲第三座的环球影城主题乐园，北京环球影城项目整体投资超1000亿元，一期投资达500亿元，由首寰投资和美国环球公司共同出资。项目资金不仅用于园区的内部建设，也包括周边的配套建设，例如，打造了2.8千米水系景观与178公顷的绿化工程，建成通车了33条道路与21.4千米的地下综合管廊，让绿水青山的周边环境与环球影城相得益彰，也让毗邻东六环的北京环球影城拥有了更好的交通条件。

当然，想要更深度地沉浸在环球影城的快乐世界中，需要大把的"银子"。北京环球影城的门票价格分为四档，淡季日418元，平季日528元，旺季日638元，特定日748元。对标同一量级竞争对手上海迪士尼乐园的门票价格，相差并不大。实际上，对于游客而言，要想在环球影城玩得更好，门票的消费还算小部分，真正的大开销则是进城之后的二次消费与多元消费，玩项目、购纪念品、餐饮与住宿才更烧钱：40元一个的小黄人雪糕、50元一杯的黄油啤酒、849元的巫师袍、349元的互动魔杖，要的就是让你为自己的情怀买单。

如今，"沉浸式"一词已是文化、娱乐、旅游、教育、科技、游戏、商业地产等众多行业的"热词"之一，场景化、氛围感与沉浸式更成为营销的新潮模式。据全球知名的沉浸式体验娱乐行业媒体和服务公司NeXT SCENE发布的《2020年全球沉浸式设计产业发展白皮书》显示：仅在2019年，伴随"体验经济"的发展，全球沉浸式娱乐行业实现了巨大飞跃。沉浸式娱乐行业的规模已高达618亿美元，同比增长24%。市场上至少出现了755部全新沉浸式体验项目。其中，主题公园连续两年保持了7%以上的增长速度，仍然占据了最多市场份额。VR市场估值约为59.7亿美元，AR/MR合计估值约为20.6亿元。

调研结果显示，艺术创造性的成功是促进公众对沉浸式娱乐行业感兴趣的原因，而商业上的成功则是推动行业发展的"燃料"。

消费者在沉浸式体验中的平均花费约为50美元，消费者为沉浸式体验愿意付出的高档平均费用约为150美元。71%的受访者认为对于所得到的体验来说，即使是高定价，这些定价也是合理的，但前提是作品符合预期。这也意味着沉浸式行业尚有充足的利润潜力空间。

随着沉浸式经济的快速发展，全球虚拟设备出货量加速上涨，据中国信息通信研究院分析预测2024年可达7500万台。随着硬件规模增加，普及人群将进一步提升，内容应用端丰富，有助于提升行业用户黏性及市场开发工作良性发展。算法、数据不断提升VR的内容产出，VR技术将与场景紧密关联，场景的规模化应用将成为整个VR产业发展的基石。随着VR产业链的逐步完善，VR对行业的赋能会展现出强大的飞轮效应。短期将落实于以游戏为代表的娱乐板块，长期随进度成熟将应用于不限于AEC（建筑、工程、施工）、制造、电信、基础设施和汽车的多元化产业。

科技的突飞猛进不仅改变了人们的生活，也让营销方式与消费观念发生了巨大的改观。沉浸式体验商业已突破娱乐的边界，正与各行各业现有业态相互结合，更具潜力与市场容量的沉浸式场景多见于日常与人们密切联结的衣、食、住、行、工作、娱乐、购物与社交等各个环节中。沉浸式商业俨然已成为体验式经济新的巨大风口，北京环球影城的盛大开业在中国大陆恰逢其时地掀起了沉浸式营销的新高潮。

传统的信息传播，是我说你听，但在互联网、社交媒体时代，需要的是互动式传播。传统的游乐园、景区等，主要提供观赏模式，但在今天，旅游经济的最高境界一定是体验。北京环球影城的成功，首先在于它提供了一种沉浸式的体验。威震天本身是漫威的著名IP，当它来到中国，和游客的互动并没有固定的台本，面对不同游客千奇百怪的问题，灵机应对、幽默风趣，给游客带来惊喜。

北京环球影城威震天的"出圈"走红，就是一次成功的互动式营销和传播。从我演你看，到我邀你一起参与；从我说你听，到现场互动；从走马观花，到沉浸式体验。环球影城抓住了威震天这个漫威影视经典IP的影响力，赋予其更有趣、更接地气的灵魂。威震天通过提供沉浸式新体验，成功营造了一个语言犀利幽默又有点"呆萌"的形象，它的"出圈"走红水到渠成。

沉浸式营销的核心在于场景与氛围，为顾客营造场景式、体验式、沉浸式的营销，让顾客感到快乐，乐于互动，顾客沉浸其中才能留住他们的时间，就不愁打不开顾客的钱包。于是，爆火的"话痨"威震天恰是北京环球影城沉浸式营销最成功之处。它那自负、骄傲、伶俐而又喋喋不休的"赛博坦"外星人话风，让大排长龙的游客陷入对它又爱又气的沉浸式"陷阱"中。"愚蠢的人类，拿开你肮脏的手"背后却是"亲爱的人类，留下你们的money"。

这就是沉浸式营销的精髓：留住你的时间，就不愁掏不光你的钱包。

SECTION 6 第六节

迪士尼，打造爆款IP的秘密

作为全球最具知名度与人气的文娱品牌，迪士尼旗下拥有众多金字招牌：迪士尼频道、从乔布斯手上买过来的皮克斯、超级IP漫威、卢卡斯影业、国家地理等，海量爆款IP和强大的制作能力无疑是迪士尼最硬的底气。

那么，迪士尼是如何能够持续不断地打造爆款，并在近百年的时间里始终牢牢抓住一代又一代观众的？我们总结了其核心竞争优势的三个方面：坚持原创、持续挖掘，再加上强势收购。

迪士尼最早是由华特·迪士尼和哥哥在1923年成立的动画公司，华特从小就热爱绘画，一次，他以老鼠为原型创作了卡通形象米奇，并制作出一系列米奇动画，凭借这些生动有趣的原创作品，迪士尼名声大噪。这只米老鼠也成了迪士尼家族最具影响力的IP形象，随后唐老鸭、小熊维尼、布鲁托等广受欢迎的IP不断涌现。

不仅是在艺术上，在技术上迪士尼也有很多突破性的创造。世界上第一部有声动画、世界上第一部彩色动画、世界上第一部长篇动画电影，也就是无人不知无人不晓的《白雪公主和七个小矮人》，都是迪士尼制作出品，迪士尼还推出了世界上第一部使用立体音响的电影，第一部真人与动画结合的电影等。华特本人也是世界上获得奥斯卡奖项最多的人。

但是仅仅依靠自己的力量进行创造，迪士尼很难发展成如今这么庞大的规模，其实，它很早就开始在纯原创的基础上进行素材的挖掘、加工，它瞄准了经典名著、童话故事，还有古今中外流传的各种神话传说。

之所以锁定这样的目标范围，是因为迪士尼所面向的是全年龄段的观众，它出品的影视作品绝大多数都是合家欢类型的，小孩喜欢，大人也能被吸引，这样的题材要求内容通俗易通，具有普遍价值，反映比较光明正面的主题。

曾经就有人问过老华特，现在的世界暴力和仇恨越来越多，你的电影为什么从来不反映这些现实呢？老华特的回答是：正因为世界有越来越多暴力和仇恨，我们就更应该宣扬美好和善良。

迪士尼的作品在内容上是老少通吃的，这些作品本身就具有广泛的群众基础，降低了大家认可接受的成本。再有一点，由于很多作品年代久远，尤其是神话传说类的，已经不存在版权问题，还能节省大大的一笔开支。

原来的故事没有版权了谁都可以用，但是迪士尼据此重新创作出来的各种卡通形象可都是有版权的，像女孩们都喜欢的白雪公主、茉莉公主、长发公主、小美人鱼等，在2018年迪士尼电影《无敌破坏王2》当中，就集齐了自家14位公主，漫威、皮克斯、卢卡斯等也全数出动。这样的豪华家底，每年光靠版权费，迪士尼都能赚得盆满钵满。

因为拥有海量版权和超强的品牌保护意识，迪士尼在不断丰富自己IP的同时，也建立起强大的版权部门，迪士尼的法务部被称为"版权狂魔"，防盗版的小雷达时时刻刻都盯着全世界，谁要是用了迪士尼的形象没取得授权，很快官司就打上门来了，迪士尼的法务部堪称"地表最强"法务部。

这个"版权狂魔"有多魔性呢？1987年，日本一个小学六年级学生为了纪念毕业，在学校的泳池底部画了个米老鼠图案，后来被新闻报道了，迪士尼看到这个新闻立刻以"侵犯著作权"为由，向这个学校发出警告，并要求校方清除米老鼠形象的画作。

我国的"地表最强服务"海底捞也被迪士尼告过，海底捞有一项服务是如果你一个人去吃饭，他会给你放个玩偶陪你一起吃，以前有过米奇的玩偶，后来为什么没有了呢？因为迪士尼不允许自家的玩偶陪别家的客人吃饭。

大家吐槽迪士尼的"硬核"维权行为，有这样一个段子：假如有一天你流落孤岛，想要获救最好的办法，就是在岛上画一个巨大的米老鼠，而迪士尼的法务部门将以最快的速度赶来找你。

迪士尼在全球拥有300多名律师，还分出了首席律师、副首席律师、普通出庭律师、专利法职业律师、电视及电影业务律师、职业商务律师、执行律师、首席执行律师等各个工种。他们工资也超级高，迪士尼的法律总顾问艾伦·布雷弗曼，在2016年以11473666美元（折合人民币大约7500万元左右）的薪资，成为当时最高薪的法律顾问。可见迪士尼对各类知识产权的重视程度。

迪士尼从一开始就非常舍得为版权花钱，在争取版权上，也很舍得付出。它在和索尼争夺"蜘蛛侠"版权的时候，就开出了50亿美元的天价想收回这只小蜘蛛，可惜还是被索尼无情拒绝了。

我们常说"得IP者得天下"，相比之下，这点在中国的影视项目上目前实践得并不算好，这方面还要多向好莱坞，多向迪士尼学习。

今天的迪士尼实际上已经拥有了上万IP，但是真正被大家热爱追捧的其实并没有那么多，大多数的观众都数不上来30个，所以经典的超级大IP不仅是被打造出来的，更是被大浪淘沙筛选出来的。

持续打造爆款IP没有秘诀，如果说有，那就是海量的储备加不断创新。

SECTION 7 第七节
两败俱伤的李子柒品牌争夺战

自2021年7月起，曾连续两次打破国外社交平台订阅量吉尼斯纪录的短视频顶流博主李子柒一直停更视频。虽然在2022年年底，李子柒与杭州微念在四川省绵阳市中级人民法院的调解下，达成和解，但李子柒与杭州微念的品牌之争，一直被视为网红品牌与资本的对决。最终态势的发展结果，实际上导致两败俱伤的田园之火蔓延至几乎玉石俱焚的程度，李子柒与杭州微念都掉进了双输的陷阱难以自拔。

那么，李子柒品牌争夺战给我们什么启示呢？

我们先来梳理一下事情的原委，李子柒原名李佳佳，2015年开始拍美食短视频，在早期的一些短视频平台上，积累了一定的粉丝，具有了一定的影响力。2016年年底开始接触杭州微念，2017年正式达成合作，李子柒负责拍视频、生产内容，微念负责品牌孵化、电商运营等，李子柒的抖音、快手、微博、B站等账号，包括淘宝旗舰店、海外账号YouTube都是由这家公司注册、运营的，所产生的收益，李子柒按约定比例拿分成。注意，李子柒在微念这家公司是没有任何股份占比的，这意味着李子柒从某种意义上而言只是一个打工者。

双方还共同成立了四川子柒文化传播有限公司，微念占股51%拥有控股权，李子柒占49%，关于"李子柒""子柒"的品牌商标是由四川子柒文化传播有限公司注册持有的。

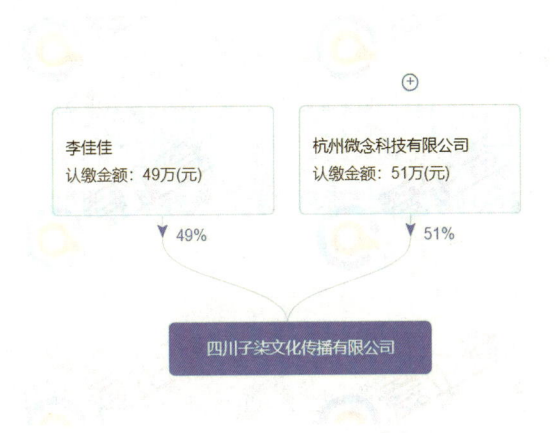

```
李佳佳                杭州微念科技有限公司
认缴金额：49万(元)    认缴金额：51万(元)
         ▼49%           ▼51%
         四川子柒文化传播有限公司
```

企业注册信息查询曾显示：杭州微念与李佳佳共同出资成立四川子柒文化传播有限公司

共苦易，同甘难。刚开始在还没有巨大收益产生的时候，这种分配好像也没什么大问题，反正等赚钱了再按比例分账。但是谁也没想到这个IP发展的速度实在是太快了。2017年，李子柒发布的一条"香喷喷的小烤鸡"视频在全网播放量达到了30亿次，她的粉丝也从10万级飙升到千万级，并且很快在全网拥有了过亿的粉丝量，热度在国内外都很高，她更成为传播中国文化的一个符号。因为李子柒的视频风格具有浓浓的中国风特色，古风古韵，内容依据中国传统文化的节气、节日、民风民俗确定选题，以美食为主线，涵盖从采摘到制作的全过程，视频没有过多的旁白，配乐以大自然原声及传统曲风相互交织，视频整体呈现出淳朴、清新的田园风格，许多网友表示：看过李子柒后，自己的心灵都被治愈了。不仅如此，在视频中，李子柒娇柔的身躯下，却是无所不能：割稻子、犁地、砍竹子、做手工、骑马等重活样样拿手。

2021年2月2日，李子柒以1410万的YouTube订阅量刷新了由其创下的"YouTube中文频道最多订阅量"的吉尼斯世界纪录。中国文化中的天人合一、四季更替、适时而食、自己动手丰衣足食等内涵，通过李子柒在海外的传播，获得了"来自东方的神秘力量"的赞誉，引起了人们对世外桃源的美好想象。许多国外网友表示：因为李子柒，爱上了中国文化。包括《人民日报》、新华网、共青团中央等官媒都直接为她发声点赞，央视称赞她的视频："没有一个字夸中国好，但她讲好了中国文化，讲好了中国故事。"李子柒俨然成为中国文化输出的一个符号。

依托李子柒这个大IP衍生出来的螺蛳粉、藕粉等产品都成为爆款，据估算，李子柒品牌的年销售额高达15亿～30亿元，其中仅李子柒螺蛳粉一年的销量就突破了5亿元。李子柒天猫店的粉丝数曾高达641万。另据海外网红营销服务平台Noxinfluencer数据，李子柒仅在YouTube上每个月就有50万美元左右的广告联盟收入，一年算下来约600万美元。

李子柒在海外视频平台曾拥有巨大的影响力

那么问题就来了，李子柒本人除了最初约定的分成比例，竟然一分钱股东分红也分不到，因为产品开发销售都被放在了微念这个公司，李子柒在这个公司没有任何持股。而且进行融资的也是微念，形成了非常复杂的股权结构，也拉进了许多知名机构作为投资人，截至2021年9月，杭州微念已完成7轮融资。投资方包括华映资本、新浪微博、芒果基金以及后来已退出的字节跳动关联公司北京量子跃动科技有限公司，一系列资本运作下，微念的估值一度高达百亿元人民币，都跟李子柒没有利益上的关系。这就是双方矛盾的根源。

双方其实积怨已深，隐患早就埋下了。作为内容创作者，李子柒出类拔萃，但作为经营者实在是很嫩，没有采取任何有效手段对自己进行保护；而微念，只能表明它格局太小，吃相太难看，既

第五章 新财富革命：粉丝、流量、个人IP 219

不想给李子柒分钱，又没有培养起其他的网红支撑企业运营。微念在融资的时候，就多次被问到过，如果有一天李子柒不红了怎么办，因为这就是它最大的品牌价值和变现来源。不过，"李子柒品牌"这个大IP的塑造，并非只是靠李子柒一个人的单打独斗。虽然微念曾为李子柒配置了一个多达百人的团队，但李子柒却指出这些是"李子柒品牌"的整个体系里面的工作人员，其中包括物流、客服等，而自己的内容团队只有助理、摄影师和她自己，一共也才4个人。由此可见，微念对"李子柒品牌"也没有多少真正的掌控力。

在"李子柒品牌"纠纷中，李子柒最终获胜。根据《商标法》的规定，四川子柒文化传播有限公司持有"李子柒""子柒"商标，其商标在规定范围内使用合法合规，商标类别包括方便食品、酒、食品等。据中国商标网的相关数据显示，子柒文化申请的"李子柒""子柒"相关的商标申请约100件，所以驳回微念注册的"李子柒"相关商标是有法律依据的。

从情感角度来看，网友是站在李子柒本人这边的，有人说："我们喜欢的是带有烟火气的李子柒这个人，而不是单纯地想去为一个叫作'李子柒'的冷冰冰的商标符号买单。"李子柒在接受央视采访时也曾表示想保护"李子柒"这三个字，不希望太过商业化。

但从经营角度来看，"李子柒品牌"争夺战告诉我们，最好的商业模式是双赢，合则两利，斗则两伤。李子柒与微念之争肯定是两败俱伤，双方已经撕破脸，在账号权、商标权、品牌权上必然争斗不休，重归于好几乎不可能，而李子柒自己不见得能再造一个更好的"李子柒"，微念也失去了最大的"造血"机器。

可口可乐公司前董事长罗伯特·伍德鲁夫曾说过：即使有一

天，公司在大火中化为灰烬，只要"可口可乐"这个品牌还在，那么第二天早上，企业界新闻媒体的头条消息就是各大银行争着向"可口可乐"公司贷款，凭借着品牌的无形资产，可口可乐照样可以重塑辉煌。

同样"李子柒品牌"争夺战也揭示了这个道理，无论是企业还是个人，最宝贵的资产都是品牌，一个成功品牌往往是任何有形资产所不能替代的。

掘金之道·财富故事

1. 雷军专业拿捏人心

雷军造车前，车展全是长腿女模特，雷军造车后，车展全是会"整活"的CEO。这就应了那句老话，打败你的从来不是同行，而是具有颠覆性的闯入者。为什么雷军总是能如此精准地拿捏人心呢？

"不会抢流量的老板不是好车模"。2024北京国际车展，开局就"出圈"：爬上车顶看风景的周鸿祎；马卡龙色系T恤轮番换的雷军；"请军入瓮"的李想；还有所有新能源汽车行业背后的"大哥"，宁德时代董事长曾毓群等。当网红们抢着拍汽车，各位老板们却使尽浑身解数当网红。原因只有一个，在万物互联的时代，谁抓住了流量，谁就抓住了财富。

对于企业老板来说，自己有更鲜明的人设和吸睛能力，就能有力量为自家品牌造势，不仅名利双收，还省下大把公关宣传费。

在当今社会，个人IP就是你的社交货币，它的价值在一定程度上取决于你输出故事的能力。如果你只会做不会说，人生处处要吃亏。

我们知道，在消费品领域有两个品牌几乎是不用打广告的，一个是苹果，一个是特斯拉，因为它们的老板乔布斯和马斯克就是流量入口。如今，"雷布斯"雷军和"红衣大叔"周鸿祎也越来越具有这个势头。

那么，普通企业家和个人需要打造个人IP吗？答案是肯定的。我们该如何打造个人IP，积累自己的故事资产呢？

首先需要找到你的原始人设，把身份聚焦在一个最优势的点上去展开故事。比如雷军的平易近人、开得起玩笑是能在当下互联网环境中爆火的一大因素。

本次车展上，不管路人是喊"雷总"、喊"爸爸"、喊"Are you ok？"都能立刻触发雷军的微笑招手"开关"，拿捏人心雷军手到擒来。

未来十年，不再是争夺资源红利、渠道红利、人口红利，而是争夺"人心"的红利。

2.景德镇IP如何爆火"出圈"

"无语菩萨"让千年瓷都景德镇突然翻红了，四线小城吸引"北上广"青年打卡，带动吃喝游购娱全面发展，这几位"不想上班"的菩萨功不可没。

"半个娱乐圈都在景德镇"，是2023年文旅的一大现象，但直到"无语菩萨"的出现，景德镇才算真正"出圈"了，仅十一黄金周期间，就有约十万人次打卡菩萨所在地——景德镇中国陶瓷博物馆。

其实"无语"只是雅号，这可是一尊正经文物"沉思罗汉"像。

一直以来，景德镇都饱受名气大、庙太小的困扰，在瓷都买不到正宗本地产的瓷器也广受诟病，随着"无语菩萨"出名，景德镇终于打破区域经济发展的天花板,实现线上线下两条腿走路。

"不想上班"的菩萨们开始"被迫加班"了。如今,想要目睹菩萨风采的游客们大排长龙,拍完照有的人去观光打卡,还有的人去陶瓷市场进货,直播代购生意做得风生水起。

菩萨们的周边产品也安排上了,冰箱贴、钥匙扣、卡包等,热销款经常卖断货。菩萨官方表情包也上线了,让你在朋友圈随时随地解压,治疗精神内耗。和喜茶的联名也开售了,忙到飞起的菩萨根本下不了班。

曾经"卖萌"的马踏飞燕、"撞脸"郭德纲的陶俑都为当地文旅带来一阵热度,可惜一阵风过去就无人问津了。"无语菩萨"却抓住了大众需求,不断提供情绪价值,输出互动产品,通过商业化经营显示出更强的持续力。

3.文创雪糕撬动千亿市场

动辄几十元一支的文创雪糕你吃过吗,你以为它们都是景区自己开发的吗?不,800多个款式的背后,竟然藏着同一家公司,千亿暴利产业,有人在悄悄赚钱。

卖产品不如卖IP,西湖、兵马俑、南海观音、哆啦A梦等近千种文创雪糕的背后,站着同一个男人:郑奥南。

2019年,郑奥南首先将"社交属性"融入雪糕设计中,让许仙和白娘子断桥相会,让兵马俑点赞,这些具有"网感"的设计,激发出年轻人的消费动机,一年狂销1000多万支。

社交价值,是拿捏年轻人钱包的密码。同时,文创雪糕形成的文化符号,也在反哺景区旅游价值。以鲁迅故里为IP的文创雪糕设计,就将百草园和三味书屋两个空间梦境组合,创造出全新的形象记忆点。这款雪糕推出后迅速走红,为了买一支雪糕，很多游客甚至特地赶来绍兴。

在各大景点举着同款雪糕拍照打卡，成为游客的必选动作。

"社交感"和"符号化"，让文创雪糕在竞争激烈的市场中脱颖而出，小产品撬动千亿市场。

6

第六章
CHAPTER 6

文旅的黄金时代

SECTION 1 第一节

赌场经济 VS 芯片经济：新加坡为什么赶不上硅谷？

当经济转型遇到困难，增长乏力时：是举全国之力研发高科技芯片，还是营建全世界最豪华的赌场？

新加坡的选择是开设赌场：毕竟高科技风险太大，赌场则日进斗金包赚不赔。这就是为什么硅谷只能在美国出现，发达如新加坡也出现不了硅谷。有着"狮城"之称的新加坡，是典型的湾区经济，目前已发展成闻名世界的旅游胜地之一。在1965年刚刚建国的时候，新加坡国土面积只有580多平方公里，到了2023年，国土面积就增加到了735.2平方公里，多出来的150多万平方公里土地，都是填海造地填出来的。

湾区经济作为重要的滨海经济形态，因港而生、依湾而兴。地理优势决定了其高度开放的社会形态，所以很多湾区经济是外向型的，人口多元、开放包容。根据世界银行的一项数据统计表明：全球经济总量中的60%，来自港口海湾地带及其直接腹地。

美国硅谷同样位于世界三大湾区之一的旧金山湾区，享受着湾区经济带来的独特优势，硅谷的面积和新加坡面积相仿，但两地居民对于生活品质的追求却完全不同。在硅谷，人们仅需一个小隔间用来工作、一辆汽车用来上班，因为公共交通实在老旧，他们在穿着上也没有太大的要求，T恤短裤随意舒服就好。尽管生活在充斥着古老建筑和连锁快餐文化的贫瘠之地，但创业者们依然倍感幸福，他们很享受这种工作氛围。

而在新加坡，人们理想中的城市是一个舒适的宜居之地。高科技只能作为城市的一部分,他们更注重生活的环境和品质。在相对恶劣的环境中,硅谷出现了苹果、谷歌、Facebook,而在富饶优越的新加坡,却始终不见高科技的突破。

在硅谷,人们研究科技,心甘情愿地艰苦工作,只为有朝一日成为"独角兽",人们认为自己早晚有一天会改变世界,而新加坡不是一个风险偏好的社会,集权社会导致人们的思想相对保守,不愿意冒险。不管是谁改变了世界,只要最后能为我所用就好。

新加坡的每一寸土地都经过仔细的规划,有摩天大楼,也有全世界较大的赌场。一到晚上花灯齐放,是人均旅游收入最高的度假胜地。但是当时硅谷不同,交通落后,硬件设施也跟不上,一到晚上就黑灯。还有很多的私人住宅周围不允许安路灯,刻意要保持这一份幽静。

新加坡一直是全世界"以德治国"的典范,远离黄赌毒,但形势发生变化,亚洲金融危机和中国经济崛起后,新加坡经济遭遇重挫,GDP萎缩1.6个百分点。新加坡人面临重大选择:是继续推进"IT2000"计划,投入重金将新加坡转化成"科技岛",还是拍卖填海新造出来的土地建全世界最豪华的赌场?最后,新加坡人放弃了高科技、高风险,建设了全世界最豪华的赌场。

2010年,马来西亚云顶集团和美国金沙集团建造的豪华赌场度假村相继在新加坡圣淘沙和滨海湾盛大开张,博彩业给新加坡经济注入了新的活力;圣淘沙赌场开业后的第二季度利润就达到了6.3亿美元,滨海湾金沙赌场更是后来居上。新加坡开放赌业带来的繁荣产生了强刺激和强示范效应,使得当时日本首相安倍晋三也来跨洋取经。

区域经济的发展仅凭硬实力,只能取得一时进步,而软环境、生态系统的完美构建才能走得更远。美国硅谷有自己的良性生态系统,思想和体制的自由已渗透到社会生活的各个方面。新加坡虽然经济繁荣，但以前长期实行民主机制下的柔性威权治理模式，使政府对于社会各项资源具有很大的掌控力；虽有助于新加坡的长期发展和稳定，但也在一定程度上限制了新加坡的进步和活力。时至今日，新加坡依然是一个禁止进口口香糖的国家。单凭高资金投入，没有制度松绑，形成不了像硅谷那样的原创研发基地。这就是高度发达的国家资本主义样板新加坡都打不破的"芯片魔咒"。

好在经过数代人的努力，新加坡政府与社会各界通过经济和人力政策打造出了实实在在的高度自由的贸易体系与亲商生态，在全球营商环境中名列前茅。加之依托区位优势，成熟的基础建设，先进的科技环境，形成了由供应商和合作伙伴组成的庞大生态系统，能够吸引到大量技术人才，新加坡受到许多世界著名半导体公司的青睐。美国格芯、美光及德国英飞凌等多家芯片制造商都在新加坡有大量业务活动，约5%的全球晶圆制造产能位于新加坡。可见，虽然在芯片等原创研发上无法与硅谷比肩，新加坡却通过打造出一片经商乐土，成为具有一定世界影响力的商业和创新基地。

SECTION 2 第二节

小巷经济学

人们常说：走近一座城易，但走进一座城难。一座城市最让游客感怀的往往就是它的旧街老巷。一座城市的灵魂，也融合在一条条纵横阡陌的街巷之中。一街一景，一巷一情，小巷是城市最具特色的一道风景，小巷经济更是城市经济的"毛细血管"。城市源于街巷，小巷是城市的灵魂，这从"街巷"的本义就可以看出。街巷原指相通的大道和胡同里弄。一般来说，大者为街，小者为巷；直者为街，曲者为巷。中国古代的许多城市就是由"街坊与市井"发展而兴盛起来的。无数小街小巷成为了城市的"毛细血管"，与城市居民的生活日益息息相关。

城市小巷经济的回归

大型购物中心的崛起是现代城市经济时代的一个重要标志。当人类进入工业文明时代，传统的城市街巷小店已无法满足社会化大生产与城市商业大流通的需求。1852年在巴黎开张的乐蓬马歇百货公司被公认为世界上第一家百货公司，它的前身就是一家布店。到了1917年10月20日，上海南京路开张了中国第一家自建百货公司——先施百货，它并非一家单纯的百货公司，其中还附设屋顶戏院、东亚旅馆和餐厅，成为城市的新商业中心。百货商店与大型购物中心开始逐渐取代街巷小店，兼容时尚购物、餐饮、文创、休闲、娱乐等多种业态于一体，成为现代零售商业最成熟的业态和现代城市文明化发展的标志。

1917年10月20日，中国第一家自建百货公司——先施百货在上海南京路开张

随着生活环境和消费的多元化,中国的购物中心已跨过了快速发展的黄金期,而随着城市商业副中心规划的逐步发展、老城区改造升级,街巷经济又在许多城市逐渐火热起来。

小巷大民生

小巷虽小,却连着城市大民生。在中国的许多大城市,遍布城区的小街巷数以千计,与市民的生活紧密相关,更见证着城市的人文和历史。近年来,北京、上海、天津、济南、成都、杭州、苏州等城市,都把街巷经济作为新的经济增长点倾力打造。例如,北京市东城区依托区域内各具特色的王府井大街、南锣鼓巷、簋街等商圈,举办形式多样的"不夜节""深夜食堂"等活动,打造大街小巷里的餐饮、夜市、旅游等夜间消费市场,从而满足市民和游客多元化的消费需求。而上海新天地则是由上海巷弄里的石库门建筑改造而成,一直以来都是上海的商业地标,游客络绎不绝。此外像苏州观前街、成都宽窄巷子等一批特色街巷,也都各具特点,色彩纷呈。

小街巷连着大民生,让街巷经济活起来、火起来,可以把城市脉络打通,把城市毛细血管激活。复苏老城区,也是城市经济多元化的需求。在许多城市,经过特色改造后的城区小街巷如今更成了商家眼中的香饽饽。

小巷经济:夜经济的潮流要求

现代都市中,很多人白天上班都非常忙碌,到了夜晚,他们才会有空闲的时间去逛街、购物、看电影。因此,在许多城市,夜经济自然而然地发展起来。

街巷中的夜经济不仅为夜晚增色不少,也成为提振城市消费市场的一大"法宝"。

一个地区夜间的灯火越明亮，意味着该地区的经济越繁荣。

夜经济的发展可以促进经济活动时间延长，增加就业机会，扩大消费，增加税收，从而推动服务行业快速发展，提高城市的竞争力和吸引力，拉动城市经济快速增长。白天经济靠生产，夜晚经济则靠消费。事实上，夜经济不仅代表着城市的活力指数，也检验着一座城市经济的发展水平。

小巷夜经济，自古夜来香。夜经济最好的载体就是在街头巷陌。华灯初上，城市里昼与夜的交替被闪烁的霓虹和五彩的灯火抹去了界限，热闹的峰值从白天一直持续到夜晚，变换的只是光影营造出来的一幕幕斑斓场景。

为进一步扩大消费需求，推动经济增长，大力发展夜经济成为近年来城市的新亮点，活跃夜间商业和市场成了焦点内容。多个城市相继出台了"夜经济"的相关政策。北京出台13条具体措施，大力打造"夜京城"商圈，推动繁荣深夜食堂、深夜健身、夜场剧院等活动场所，并延长其营业时间；上海设立了"夜间区长"和"夜生活首席执行官"，点亮都市，再造"夜上海"；天津努力打造夜间经济示范街区以及繁荣夜间消费体验活动；成都打造夜消费地标；济南则选择丰富夜间经济消费业态，繁荣夜间娱乐文化体验，如夜游主题观光、夜食特色餐饮、夜购时尚消费和夜宿品质休闲等。

夜经济正在催生出更加多元化的消费市场，涵盖了餐饮、娱乐、旅游等诸多方面。夜经济已经成为城市消费领域一个新的增长点。

街巷夜景，小店经济的便民与富民

第七次全国人口普查主要数据情况显示：在全国人口中，居住在城镇的人口为9.02亿人，占63.89%；居住在乡村的人口为5.09亿人，占比36.11%。与2010年第六次全国人口普查相比，中国城镇人口增加2.36亿人，城镇人口比重上升了14.21个百分点。城市人口的增加，尤其是年轻人口的流入，一方面加快了城市的经济建设，带动了城市活力聚集，另一方面也需要大力发展街巷经济，因为小店业态能起到很好的蓄水池作用。城市消费能力提升的新动能之一就在于小巷小店，因为它承载着城市便民与富民的两大功能。

街巷是城市的"毛细血管"，与居民生活息息相关。街巷小店既是一种商业现象，也是一种文化现象。根据《全国小店经济发展指南》中的定义，小店通常指面向居民消费的批发、零售、住宿、餐饮、家庭服务、洗染服务、美容美发、维修、摄影扩印、配送服务等行业的个体工商户，雇员10人以下或年营业额100万元以下的微型企业，以及年营业额1500万元以下的网店。由此形成促进大众就业、服务改善民生、驱动多元化消费的经济形态，被称为小店经济。近年来，小店经济快速发展，在扩大就业、方便群众生活、繁荣市场经济等方面具有不可替代的作用，已成为国民经济和社会发展的重要组成部分。中国商务部的数据显示，截至2019年年底，我国注册小店已超过8000多万户，带动就业约2亿人。

2020年7月，中国商务部等七部门联合印发了《关于开展小店经济推进行动的通知》，明确提出开展小店经济推进行动，培育一批试点城市，推动社区、批发市场、现代商圈、特色街区等各类小店形成集聚区。到2025年，形成人气旺、"烟火气"浓的小店集聚区1000个，达到"百城千区亿店"目标。

小店经济作为大型商圈的补充，与居民的日常生活更为贴近，为城市经济的发展增添了不少活力。由此可见，小店经济的发展空间大有可为。

街巷是天然的网红之地

老年人爱遛弯,年轻人爱打卡,网红经济已成为新经济与新消费的重要风口之一。移动互联网的时代,传统商业逻辑发生极大变化。碎片化时间、场景化消费开始颠覆既有模式,依托品牌情感,人格传播,小众定制,精准聚能,引领时尚消费等命题形成的"网红经济",作为品牌营销的强劲风口正在袭来。而小巷经济具有天然的网红属性,许多城市的小街小巷是天然的网红之地,自带网红流量,具有变身网红街得天独厚的优势。

网红经济的主力军是年轻人,网红火爆的根源还要追溯到"90后""00后"年轻群体的崛起和多元化生活的盛行。这代人的父母基本伴随改革开放成长起来,宽裕的经济条件使其生活态度和思维方式明显不同于过往,其子女也更加开放、包容,由于父辈已经积累了相当的财富,年轻一代开始有时间和条件追求张扬的生活方式,时尚、自我,想要的立刻就要实现。

如今越来越多的年轻人更加爱上街巷中的网红店,将夜生活是否丰富作为他们评价一座城市生活体验的一个重要标准。一条街巷能否火起来,归根结底取决于有没有人气。在爱逛街爱打卡的年轻人的带动下,小巷夜经济越来越吃香。同时,由于直播和短视频平台的火热,也带动起很多小店参与其中,部分小吃店、甜品店、咖啡店等,利用直播或短视频平台推广,让市民逐渐熟知,甚至成为网红店。据调查显示,从我国主要城市消费增长数据看,"90后"年轻人开始成为小店经济发展的新兴力量。微信支付数据表明,在新增小商家店主中20~29岁群体增速最快。在新增商户中,20~29岁商户占比达到24.6%。

网红+小巷,对城市经济产生的贡献、承载的就业相当可观。

城市匠人在小巷，城市匠人爱小巷

城市里的街巷不仅展现着都市风情与生活气息，也承载年轻人挑战创意产业之动力，更是技艺传承者、匠人以创意实现理想的广阔平台。自古城市中的小街小巷就是匠人们藏龙卧虎之地。许多小巷的历史往往是从第一间在此创业的特色小店开始的，这家店具有其他地区找不到的特色，不断吸引人来探访，流动人口增加又带动各式各样的店家陆续入驻，集聚效应之下，小巷成为充满活力的商圈。时光积淀，整个小巷商圈的魅力就更能得以传承，整个地区的城市特色风格更加鲜明，匠人共同体就会成为一街一巷一城市的代表。

如今，从一条街、一个区到一座城，小巷经济中的匠人文化正在日益兴盛，具有专业性、有个性又有独特事物的创业人才开始扎根小巷。

小巷经济与创意经济、创新城市

城市的未来，在相当程度上取决于街巷竞争力。街巷不只是观光、文化、生活风格的会聚地，更是创意城市崛起的最前线。借鉴国内外著名小街巷的升级改造经验，吸纳本地历史和文化，打造出多条不同主题、不同用料和设计风格、设施完善的特色小巷，已成为城市文化与经济建设的新风口。

以前，街巷经济一般不被认为是国家经济发展的重要主题。然而，随着近年世界各国重点都市的街巷文化复苏，各国政府意识到巩固小巷经济竞争力的重要性。有魅力的街巷文化，可以决定都市的样貌。在国外，城市街巷不仅保留原有的步行空间功能，还逐渐发展成为社区交流场所和新的零售业中心。越来越多的街巷为城市带来新商业形态与创意人才的聚集，小巷经济带逐渐成为创意经济与创新城市的重要源泉。而一座城市的大学，历来都是知识提供、人才支持与文化创造汇聚的商圈。

雪城大学是美国著名的综合性、研究型大学，该校成立于1870年，坐落于美国纽约州雪城市内，是一所著名的私立研究型大学，其公共管理学科排名全美第一，多个学科全美排名前十，建筑学院、信息学院、计算机科学与工程学院、视觉与表演艺术学院、教育学院均在美国名列前茅，在各学科领域中成就卓著且影响巨大，在美国政界及国际上具有影响力，是一所世界知名高校。

坐落于美国纽约州雪城市内的雪城大学

雪城曾是美国重要的工业城市，雪城大学原本与雪城市中心很近，但1956年一条名为81号的高速公路隔开了雪城大学与雪城市中心，之后雪城大学仍是那所美国名校，雪城城市却由于与雪城大学的疏隔日显落寞。到了2005年，雪城市中心涌起了变化的风潮，大众交通路线扩大，自行车道开通，新的商业入驻，最大的变化是街道的颜色，市区街道被涂上了雪城大学的代表色——橘色。这都得益于雪城大学设计学院的搬迁，因为雪城大学买下了市中心西端的仓库重新改建。雪城市政府抓住了这一机会，大力改建社区与街道，并将新街区的主色调与雪城大学的橘色保持一致。

美国纽约州雪城的新街区街景

连接校园和市区的自行车道与市民交通网络的扩充，也和校园设施搬迁、建筑物和街巷重建同步进行。当往返校园和市区的公交线路开通后，人行道和自行车道也随之开通，道路两旁尽是美丽的林荫与路灯。雪城原有的街巷景气得以回归。于是市区流动人口增加，公园、艺术画廊、超市、餐厅等城市生活与文化设施重现活力，新的企业也开始入驻。

小巷经济是一个系统工程，满足市场供需、公共投资支持、形成与其他商圈竞争力的差异化，缺一不可，其中的关键在于空间的规划与设计，尤其是扩大和其他区域的连接道路与大众交通基础设施的建设。未来，随着小巷经济的日益发展，竞争也会越来越激烈，扩张性、可及性、整体性、多元化等小巷经济的核心竞争力将成为重要的成功要素。

街巷温暖烟火气，最是一城好风景。小巷经济的一幅幅宏伟蓝图，已然在城市中徐徐展开。

SECTION 3 第三节

城市品牌的烟火气如何出奇制胜？

每当假日来临，许多人都会纠结：最想去哪里玩？愿意花多少钱玩？哪个城市的热度更高？

2023年3月入春，文旅行业被赋予了巨大的期许。恰逢此时，一座城突出了重围，引发现象级的流量关注，它就是山东省的淄博市，一座凭烧烤频频"出圈"的城市。

据美团、大众点评的数据显示，仅2023年4月上旬，山东省"五一"假期住宿预订量较2019年增长400%，其中，淄博市住宿预订量较2019年增长800%，位居山东省第一。淄博烧烤攀上热搜高位为城市的品牌经营带来了新的启示：城市品牌化是大城名市竞争的必由之路。

对各个城市来说，重要的问题同样是经济。城市之间的竞争将会越演越烈，吸引眼球、抓住流量、转化消费、获得认可与投资的机会成本只会越来越高。打造良好的营商环境与城市品牌化经营更加至关重要。

我国经济发展已由高速增长阶段向高质量发展阶段转变，城镇化发展水平也由速度型向质量型转变，依托产业结构升级与消费分级，城市品牌化将成为新的法宝。一方面，城市品牌化经营是城市化发展到一定阶段的必然要求；另一方面，城市品牌化体验的有效提升才能满足人们追求更健康、更安全、更宜居、更高品质生活空间的内在要求，带动城市内、外部的消费活动拓展。一个具有良好品牌形象的城市可以提高居民的认同感和归属感，激发居民与旅游者的消费热情和购买欲望。另外，城市品牌的发展将引领着品牌经济的发展，成为不断释放内需潜力和发展的动能。而城市的品牌经营将进一步增强城市的吸引力，吸引更多的人才、投资和企业，创造更多的就业机会和消费需求。

自带流量的年轻人是城市品牌争夺的焦点，烟火气是城市品牌经营的新方向。淄博烧烤"出圈"的引爆点就在于首先抓住大学生这一年轻群体。庞大的大学生群体，既是消费的生力军，更具有创造价值、引领消费时尚的群聚效应。淄博烧烤具有独立小炉、纯炭有烟烧烤的特色，店家先将烤串烤到七八分熟，摆到食客面前，食客还需再加工，亲自动手在小火炉上烤串烤至出油香熟，"撸肉包饼加葱"，配上各色蘸料，自带仪式感与场景感，契合了年轻人对烟火气和生活感的喜爱理念。大学生组团去淄博吃烧烤的热潮经社交媒体的传播，很快蔓延放大为现象级的消费潮流。

2020年盛夏之际，当我参加由武汉市委、武汉市人民政府与品牌联盟共同主办的2020（第十四届）中国品牌节年会时，就提出时代在变化，城市的定位也要与时俱进，武汉还应该呈现更多元素和气质。世界已不是原来的世界，武汉却更具英雄气概与江湖气魄。湖北是千湖之省，武汉是百湖之市。大江大湖大武汉"浴火重生"之后，人民更具英雄气概，生死之交也让武汉人更重情义。于是我为武汉提出了新的城市品牌口号："英雄城，江湖情，烟火气"，让更多人感受到武汉新的城市精神和气质。当下，年轻群体的崛起和多元化生活的盛行，要求城市的品牌化经营必须重视这一趋势，提供更具仪式感与沉浸感的消费体验。如今，"沉浸式"一词已是文化、娱乐、旅游、教育、科技、游戏、商业地产等众多行业、领域的热词之一，场景化、氛围感更成为营销的新潮模式。城市品牌经营、沉浸式营销的核心在于场景与氛围，让来宾感到快乐，乐于互动，沉浸其中。一个城市能更多地留住消费者的时间，就不愁打不开消费者的钱包。

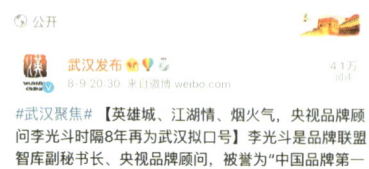

2020年8月9日，《武汉发布》刊出《英雄城、江湖情、烟火气，央视品牌顾问李光斗时隔8年再为武汉拟口号》的报道

城市品牌是目的地之争，需要品牌经营的全要素支撑

人人都向往说走就走的旅行，但对于个人而言，难的是有说走就走的勇气，对于城市而言，就要找到一个让人们说去就去的理

由。这个理由外化为品牌，打造出城市IP名片，就是城市之间的目的地之争。

城市经营的品牌化，需要名企、名牌、名胜、名人、名流、名故事与名场面融会贯通，从而带动贸易、文旅业、交通业、餐饮业、酒店业等诸多行业的综合发展。打造城市品牌竞争力是以城市为主体进行的一种"形神合一"的美化，也是对城市形象信息的挖掘、提炼、组合和综合优化，使某个具体城市在全省、全国乃至全世界的城市之林中突跳出来，闪现其特定的形象光彩。例如一个城市的会展城市定位，也跟这座城市的气质相关。三亚世界先生、世界小姐大赛，带动了三亚的"美丽经济"。三亚依据其阳光、沙滩营造的度假气质，定位"美丽经济"，每年当地会定期举办选美比赛。三亚发展会展经济加上房地产项目，把原来一个不知名的地方，变成一个世界瞩目的焦点。再比如，航展对珠海经济助推、烟酒会展之于成都、国际车展之于北京。

2007年3月14日，《三亚晨报》刊出《以美丽经济塑造城市品牌——访著名品牌战略专家李光斗》的报道

山东省持续推出一批网红打卡地，形成更多新场景、新业态、新体验，更好地满足人民群众多元化、个性化的文旅消费需求。实际上山东省一直在主打"好客山东·好品山东"的名号，追求不仅响在外、更秀于内的品牌价值。在中国的城市经营与品牌建设上，青岛堪称典范之一。长久以来，青岛视城市品牌为自身最强烈、最直接的符号，打造出一座具有良好品牌基础和深厚品牌底蕴的品牌之都。为推进品牌梯次式培育、高端化提升和数字化赋能，以品牌建设引领经济高质量发展，青岛市人大常委会通过决定，将每年7月17日定为"青岛品牌日"，这使得青岛成为全国首个以人大行使重大事项决定权的形式设立品牌日的城市，围绕"工赋青岛·智造强市"城市品牌策略，以"城市与品牌共成长"为主题，从不同层级、多个维度提升品牌内生引领能力，打造城市级品牌宣传IP，既汇集了青岛的城市底蕴、优势，又彰显了青岛的未来、雄心。

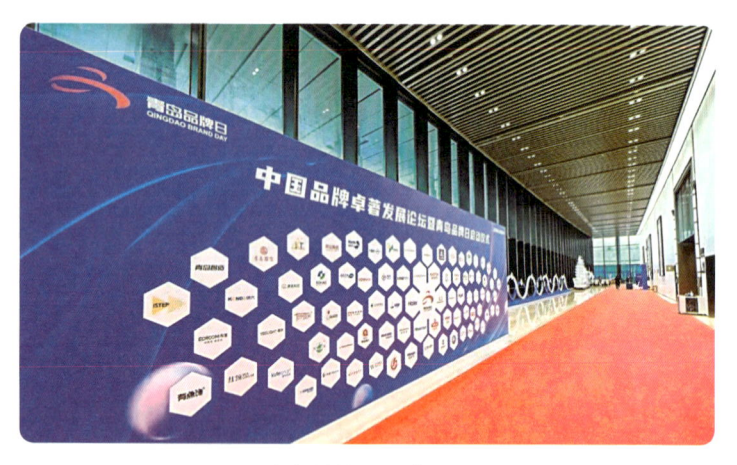

青岛品牌日活动现场

通过"青岛品牌日"的系列活动，青岛进一步推动以海尔等为代表的本土品牌成为青岛城市品牌发展史上最亮丽重要的名片之一，生动演绎了城市品牌和企业品牌的共生共融。立足青岛、走向世界的同时，海尔集团在充分借鉴西方技术与先进管理经验的基础上，在品牌营销与管理方面，勇于创新，变得更加成熟、更加有活力、更加强大，创造出"人单合一模式"。为进一步推动中国管理模式与品牌价值输出能力，海尔连续多年在青岛举办"人单合一模式引领论坛"，吸引了来自全球的管理学家、经济学家、企业家共聚一堂，对话全球管理创新的前沿观点。国际权威机构发布普适化的变革工具，引领企业分享创新实践经验，共襄物联网时代管理变革之道。"青岛品牌日"的系列活动与"人单合一模式引领论坛"相映生辉，意味着中国品牌在走向世界，也意味着中国的管理模式在走上世界舞台中央，更体现了从制造大国到品牌强国的中国智慧和中国力量。这代表着从输出中国品牌到输出中国的管理模式，中国智慧正走向全世界。

海尔的"人单合一"管理模式，成为从输出中国品牌到输出中国管理模式的代表之一

SECTION 4 第四节

淄博烧烤热度不再：如何从网红经济到品牌经济？

"撸肉包饼加葱"是淄博烧烤三位一体的灵魂，"小饼卷一切"也是淄博烧烤的招牌名片。但热潮过后，作为制作淄博烧烤的神器"小饼机"不再一机难求，低价转卖甚至低价贱卖的消息也屡见不鲜。2023年热潮过后，50多万元抢购的小饼加工机，15万元都很难甩卖出去！寒意显现在产业链前端更让人心惊，一叶落而知天下秋，淄博烧烤由热转凉速度之快，出乎很多人的意料。

"进淄赶烤"无疑是2023年上半年大热词之一，更是将千年古城淄博推上了流量经济的高峰。从初春到初夏，短短几个月之内，淄博烧烤就成为消费、网红旅游与热度话题的新"顶流"。但随着时间推移，淄博烧烤却没有在"史上最热的盛夏"延续提升热度，网红效应与流量红利出现滞胀与降温趋势。淄博烧烤的热度勃兴于2023年3月，在"五一黄金周"冲上了顶峰，之后热潮就逐渐地开始消退。进入盛夏，除了已在淄博烧烤圈深耕多年，拥有众多老客、熟客的品牌店以及积淀出打卡效应的网红区域"八大局市场""牧羊村烧烤"等仍经营得有声有色以外，许多抢流量热度开的新烧烤店，已不复往日座无虚席的盛景，只能靠零星食客勉强维持，市场上也有不少新开业、新装修的淄博烧烤店频传转租转售的信息。

在淄博当地政府、商界与市民看来，当下的淄博烧烤热度有所降温，主要在于市场供求的变化，流量热潮下放大了产能过剩的问题，来淄博旅游消费的客流量虽没有高峰时火爆，但较往年同期相比仍旧多了不少。话虽如此，更揭示出打造热度难得，将热度固化为长久价值更难得，如何将"流量"转化为"留量"，将网红经济升级为品牌经济更为重要，是更具价值的战略方向。

淄博烧烤虽然在2023年最热的夏天降温了，但在内循环时代，仍有可资借鉴的标本意义。只要淄博烧烤内在品牌力量热血难凉，只要翻过从"流量"到"留量"的重峦叠嶂，淄博烧烤打造出长久的价值仍未来可期。

淄博烧烤的火热"出圈上位"并非偶然，其实背后有一定的必然性。正如大多数爆款产品与现象级产品，能够在短时间内吸引众多用户眼球的一定是用户感兴趣的，能够引发用户疯狂转载的一定是真正击中消费者痛点的。淄博烧烤正是深谙互联网时代的真谛，知道如何制造流量、吸引流量、转化流量……淄博烧烤虽降温，但仍不失为流量经济的一个成功样板。

淄博开通烧烤专列，畅通旅客烧烤体验旅程

第六章 文旅的黄金时代

把流量留下来只是网红经济的第一步，把网红经济变成品牌经济才能基业长青。淄博经济虽然快速火出了圈，但和兰州拉面、沙县小吃相比，不仅产业链基础没有夯实，全国性市场更是没有来得及布局，使得淄博面临流量长久维持提升的巨大压力。兰州拉面与沙县小吃的成功在于多年的品牌积累以及全国性市场的开拓，而网红经济的特点是来得快去得快，"其兴也勃焉，其亡也忽焉"，消费者的兴趣更是"光速"转移。

淄博烧烤在发展公共品牌的同时，应该让区域品牌公司化，形成人格产权，否则很容易产生品牌公地悲剧。英国经济学家哈定曾这样形容公地悲剧：一个没有围栏的公共草场，如果人人都可以去放牧，大家都会拼命增加羊的数量，最后草地上的草都会被啃光。原产地品牌一般都以某种资源和技术工艺为基础，做大做强原产地品牌需要正确的品牌观念和系统的品牌产业链管理模式，淄博烧烤本质上也具有原产地品牌的属性，大家都来吃淄博烧烤品牌的大锅饭，最后可能就会遭遇发展瓶颈，遭遇劣币驱逐良币，品牌会很快垮掉。

正因如此，淄博烧烤的标本意义，除了带火流量经济，还在于给振兴经济的思路与方式打开了一扇新的窗口。

对于淄博烧烤来说，本身不在8大菜系中，也不在鲁菜的"顶流"中，能爆火爆红的关键是抓住了流量，抓住了年轻人这一关键群体。年轻人本身就是金喇叭，自带流量与影响力。所以淄博烧烤的成功很好地诠释了移动互联网时代流量经济的特征。

但流量经济要想长久成功还是要转化为品牌经济，才能避开旅游城市潮汐化的深坑。而淄博烧烤更是面临季节性消费和消费者兴趣转变快的双重考验。网红经济与流量经济的痼疾与软肋在于"各领风骚没几天"，可能出道即巅峰，红得快，去得可能也快。互联网时代每个人都有可能出名15分钟，但每个人可能都只能出名15分钟。解决这一问题最好的办法在于利用好流量价值最大化，拓展发展全国性市场，利用地域性的差异，突破季节性与区域性消费的瓶颈制约。单纯一个区域很难支撑起网红经济与流量经济的发展及经济供给。淄博烧烤本质上还是一种文旅经济的传统思路与模式。

淄博烧烤本身有网红经济与流量经济的缺点，但发展为品牌经济是一个思路与方向。比如烧烤可能过气，但青岛啤酒节这样的"顶流"却成功地持续发展。

网红经济与流量经济需要一个或少量几个特写的品牌来承接。因为品牌有专属性，如果不能大浪淘沙，优胜劣汰出几个头部品牌，很容易跳不出品牌公地的悲剧。例如淄博烧烤高峰时有千余家店，仅在2023年3月至6月期间，淄博市新增烧烤相关企业近700家，而2022年一年淄博烧烤相关企业才新增了400余家。消费者记得住淄博烧烤，却难以记住以及形成消费指向哪一个或哪几个具体的淄博烧烤品牌。因此，流量经济优选的品牌要及时转向连锁化经营。淄博烧烤如何像麻辣烫、韩国烤肉一样取得连锁甚至跨国发展的契机，值得深入思考。

淄博烧烤同样证明了淄博的管理理念是一股清流，展现的是服务型政府理念：乐于服务，敢于赋能。本身淄博烧烤的流量成功与热点落地也在于当地政府抓住流量，用服务来落地变现。至少淄博烧烤成功了一波，变现了一波。这种现象级超越尝试打破管制经济的桎梏，继续发扬这种服务型管理的精神，就是为了将管理落脚于服务。如今淄博对于电动车的特色管理也是淄博烧烤精神的延续。基于服务型的政府管理，才能出台真正的疏解、引导、扶持的政策。不管淄博烧烤最后兴衰结果如何，其管理精神更值得借鉴。

淄博烧烤成败皆荣，兴衰皆有价，初心更值钱。

SECTION 5 第五节

湾区经济：新财富的引擎

只要是滨海之地，有一个稳定持续的好政策，不出几十年，中国人一定能够把它建成一个繁荣富庶的地区。多年来，这不但是国人也是世人的普遍共识。改革开放40多年，这句话在中国很多沿海城市上得到应验。

世界银行曾经做过一个统计，全球经济总量中的60%来自港口海湾地带及其直接腹地，这说明了湾区经济的重要性。如今，我国经济正力争由高速增长阶段转向高质量发展阶段，处在转变发展方式、优化经济结构、转换增长动力的攻关期。当前世界外部环境复杂多变，国内经济又处在换挡期，所以很多人都在关心，中国经济新的内生动力从何处来？接下来经济发展的亮点之一便是中国大湾区经济的崛起。

由珠三角九市和港澳组成的粤港澳大湾区从基础设施到产业集群，从合作平台到科技创新，步步进阶。至2023年年底，大湾区经济总量突破14万亿元，5年增长了3.2万亿元，且以不到全国0.6%的国土面积，创造了全国九分之一的经济总量。

湾区经济实质上是世界一流滨海城市的标志，它有五个显著特点：第一，湾区必须要有优良的海港，所谓因港而生、依湾而兴；第二，湾区是创新的引领者，影响周边地区进行产业升级、科技创新；第三，地处海边决定了湾区要高度开放，所以很多湾区经济是外向型的，人口多元，经济社会更为开放包容；第四，湾区的基础设施要完善，交通便利、产业集聚、投资环境良好、人才充分流动，这些都是湾区经济发展的必备条件；第五，宜居宜业，也就是生态环境好，能留住人。

放眼全球，发达国家湾区经济的发展，对我们有很多借鉴意义。例如曾引领世界经济跨越式发展的三大湾区，分别是旧金山湾区、纽约湾区、东京湾区。旧金山湾区就在美国西海岸，湾区的南部是世界著名高科技研发基地——硅谷，这里聚集了英特尔、苹果、谷歌、Facebook、特斯拉等互联网科技巨头，旧金山湾区也是21世纪科技的象征。这里还聚集了20多所著名的大学，其中就有斯坦福大学、加州大学伯克利分校等，而且诞生了160多位诺贝尔奖得主。而在东海岸的纽约湾区：纽约曼哈顿是CBD的发源地，华尔街充当着世界金融的心脏，拥有纽交所和纳斯达克证券交易所。美国7家大银行中，有6家总部位于纽约湾区，这里聚集着林林总总2900多家金融机构，所以说纽约湾区又是当之无愧的"金融湾区"。全美最大的500家公司中，超过三分之一选择把总部设在纽约湾区。美国的旧金山湾区和纽约湾区以全国0.4%的土地，承载了美国约10%的人口，创造了美国六分之一的GDP，可谓相当成功。说完美国两大湾区，我们再看邻国日本，日本的东京湾区有六个港口相连，其中横滨港、东京港、横须贺港是国人比较熟悉的；湾区内有全世界最密集的轨道交通网，80%～90%的通勤依赖轨道交通。东京湾区是日本最大的工业城市群，三菱、丰田、索尼等世界500强企业会聚于此，所以东京湾区又被称为"产业湾区"。东京湾区聚集了日本三分之一的人口，但经济总量却占据日本的三分之二，工业产值更是占据四分之三。

伴随着改革开放的持续深入，我们欣喜地看到中国经济版图上也在形成三大湾区。

长三角经济一直以来都是中国经济发展的标杆，以上海为核心城市的经济带活力十足。近年来，长三角经济发展又呈现一个新特征，这便是以杭州为代表的互联网经济的崛起。目前杭州聚集了全国超过三分之一的电子商务网站，一大批互联网企业总部坐落于杭州，比如我们熟悉的阿里巴巴、网易、丁香园、蘑菇街、有赞、同花顺等。"杭州湾区"还大力发展会展经济，很多国际会议、互联网会议都在这里举办，从云栖大会到乌镇互联网大会，再到全球G20杭州峰会、杭州亚运会，互联网给了杭州一个成为黑马的机会，也让杭州经济充满魅力。以至于有人说，中国有四个超大型城市，不是"北上广深"，而是"北上杭深"。目前的"杭州湾区"，有上海国际化大都市做龙头，又有杭州、宁波2座中心城市做支撑，还有3座支点城市嘉兴、绍兴、舟山，已经形成了一个城市梯度结构。"杭州湾区"区位优势、政策优势也很突出，既是沿海开放带，又是长江经济带，还是长江三角洲城市群，而且还有"一带一路"等国家倡议支持。"杭州湾区"的带动效应还在持续扩散，进入新的深入发展期。

中国的改革开放发轫于广东。广东毗邻港澳，与东南亚隔海相望，发展优势得天独厚，所以广东被称为改革开放的策源地，一直是开风气之先的地方。改革开放40年多年来，一轮又一轮政策红利释放，珠三角迅速成为中国经济发展的重要引擎。现在的珠江三角洲地区，是有全球影响力的先进制造业基地，也是全球领先的现代服务业基地。交通高速发展、要素充分流动、经济联系紧密，这一切让珠江三角洲正超越日本东京，成为世界人口和面积最大的城市群，这也为"粤港澳大湾区"战略的提出，奠定了经济基础。"粤港澳大湾区"以广州为一极，一边挑起珠海、中山、佛山、江门、肇庆，另一边连接深圳、东莞、惠州，香港和澳门位于另外两极，形成一个金三角。目前"粤港澳大湾区"人口总量已超过8600万，经济总量超过1.9万亿美元，相当于全球第十大经济体。

未来将是全球范围内具有经济活力和发展潜力的新湾区。

说完南方如火如荼的湾区经济,我们再来看北方。中国北方的湾区建设,始于1992年。那一年正式提出要加快环渤海地区的开发、开放,随后确立了"环渤海经济圈"的概念,吹响了"渤海大湾区"建设的前奏。起初的环渤海地区,是以京、津两个直辖市为中心,沿海城市主要是大连、青岛、烟台、威海,其他覆盖的省会城市有沈阳、济南、石家庄、太原、呼和浩特等,这样的规模构成了中国北方最重要的城市群落。可以想象,未来的"渤海大湾区"建设,将形成北京、天津、雄安新区的经济三角,区域协调发展充满前景。

从"粤港澳大湾区"到"杭州湾区",再到"渤海大湾区",中国经济的区域发展呈现波浪式递进的特点,由沿海辐射内陆,由南方延伸北方。但我们也看到,"粤港澳大湾区"面临着教育、人才等种种问题,比如湾区内仅有的5所世界100强高校,都集中在香港一个地方;而"杭州湾区"中"宁波杭州湾新区"的建设,遇到了产业升级转型的问题,同时又和上海、杭州等中心城市功能重叠,处境比较尴尬;北方的"渤海大湾区"虽然区域广阔,但城市之间差异非常明显,规划协调的难度也很大。那么,下一个中国的大湾区究竟在哪里呢?

下一个中国大湾区的崛起,需要我们借鉴发达国家湾区的经验,但也要避免它们的弯路,最重要的是要利用好新技术、新产业,发挥后发优势。

大湾区经济崛起,要充分发挥港口优势。世界三大湾区中,经济的腾飞都是以自由贸易和全球化为前提,充分发挥港口的进出口优势。以东京湾为例,东京湾拥有六大港口,同时拥有大量的产业码头。战后的日本,出口产业主导了经济发展模式,制造业在湾区内广泛布局。东京湾的崛起,依靠临海和大规模的集聚优势,高效率运转，同时又与腹地东京紧密联系。

大湾区的崛起，要注重产业转型、消费升级。不论是国内三大湾区的哪一个，都面临着产业升级转型的问题，这是中国经济发展的大背景，也是湾区经济腾飞的一个坎儿。随着城市经营成本的抬升，低附加值的生产、制造产业会向周边城市转移，大城市会保留金融服务、科技研发等高附加值的行业，而且会向知识产业、信息产业转型升级。我们看旧金山湾区的成功，就是因为有硅谷的推动。党的十九大报告指出，要加快建设创新型国家；要瞄准世界科技前沿，强化基础研究；要加强国家创新体系建设，强化战略科技力量。中国的大湾区经济就是一块实践的沃土。随着跨境电商的迅猛发展，湾区经济的进出口结构影响日益加深，所以湾区要腾飞，一定要注重服务消费升级。例如，东京湾的一个重要功能，就是在全球大量购买粮食、水果、奢侈品等，来供应给国内大都市圈消费。庞大的东京湾仓库群，背后是3800万人高质量的全球性消费。

大湾区经济崛起，还要形成自己的独特优势，有一张"世界名片"，这样中国经济的故事才能吸引人，我们才能有真正的全球影响力。世界三大湾区，旧金山有硅谷，它的标签是科技、教育；纽约湾区有财团，有金融大鳄，它的标签是金融、财富；东京湾区有大片的优质港口，日本制造品牌扎堆，它的标签是航运、产业。那中国的湾区经济有自己的特点吗？仅从产业结构来看，世界三大湾区服务业占地区生产总值的比重超过80%，而国内珠三角地区的服务业比重不到60%，而且还有为数不少的低端服务业。中国湾区经济的名片，将会在高端服务业中产生，湾区要主动吸引知识经济、高端服务业向区域内集中，并且要注重国际化和包容性，广泛吸收全球先进思想和经验，这一点上"粤港澳大湾区"有先天优势。广州应该加大和香港、澳门的互动，发挥各自的优势。比如香港金融业发达，澳门服务业专业，珠三角又有广阔的产业空间，恰好可以相互融合促进。

大湾区经济崛起，还要避免走弯路。沿海城市建设中，有一个特点就是向海洋要土地——填海造陆、人工岛建设。我们看，东京湾填海造陆从江户时代就开始了，迄今为止填出了250多平方公里的土地，满足了很多大型基础设施的建设需求。日本政府管理支配着填出来的土地，并建设了工业项目、垃圾处理场、发电厂、机场、港口等基础设施，后来的迪士尼乐园甚至也放在了填海的地块上。但东京湾走的是"先污染、后治理"的老路。第二次世界大战后工业化的日本，环境污染一度十分严重，海里排的、天上排的都是污染物，由此引发了严重的社会危机。东京湾大规模填海造陆，破坏了自然环境，负面影响至今还在，教训也非常深刻。所以，中国的湾区经济发展要避免生态危机的出现，甚至需要建立一些"负面清单"，明确哪些可以做，哪些不能做，哪些会对宜居产生影响，哪些会对生态产生长期破坏。

中国湾区经济的崛起，与其他发达经济体不同的是，发展的背景发生了改变。如今互联网已经充分发展，新技术、新应用的变革可以放大发展优势，这为中国大湾区发展提供了后发超车的机遇。湾区经济要大放异彩，一定要利用好互联网。互联网时代一个显著的特点是，互联网技术打破了地域限制、时间限制，数据传输、信息交流更加便捷通畅，资源的获取大众化、扁平化了，经济的协同融合更加高效，交易成本也降得很低。中国内陆省份贵州省，就是一个很好的例子。贵阳已借助互联网技术进军大数据领域，在中国首个大数据交易所（贵阳大数据交易所）挂牌运营之后，贵阳又连续举办中国国际大数据产业博览会，致力于将贵阳打造成为中国的大数据中心。而西北地区的内蒙古呼和浩特和林格尔新区，也建成

第六章　文旅的黄金时代 | 253

了大数据特色产业基地。可以想见，互联网与湾区经济的高度融合，将会产生巨大的发展潜能。

中国大湾区经济崛起，还需要培育自己的"硅谷"生态系统。仅凭硬实力，只能取得一时进步，软环境、生态系统的完美构建才能走得更远。美国硅谷之所以能在旧金山湾区经济中执牛耳，因为它有一整套的创新生态系统，并因此产生了高效的经济产出率。硅谷的技术研发依赖创造性的氛围、"自己动手"的文化、政府的支持以及创投的活力；在文化教育方面，硅谷有世界上最好的大学，为其提供源源不断的智力支持，而且开放包容的文化也吸引全球移民加入其中；在新公司创立方面，硅谷有大批风险投资、天使资金支持，同时政府提供完善的法律保护。显然，硅谷是一个技术、人才、资本等要素聚集的地方，并搭建了一个良性互动的生态系统，在系统的高效协同下，实现了产出价值的最大化。

中国经济大湾区崛起的路径：首先赢得了政策扶持；其次充分发挥港口的优势参与国际竞争；再次能在城市群协同、产业融合方面有所作为，服务和引领中国市场的消费升级、产业升级；还要通过利用新技术、新模式打造属于自己的世界名片；最终形成良性的生态系统。

掘金之道·财富故事

1. 卡塔尔是如何逆袭的？

人均年入百万，这个超级家族企业是怎么做到的？看懂卡塔尔的逆袭之路，你的团队也能快速脱贫致富。

说到卡塔尔，人们的第一印象就是"壕"，其实这个如今人均GDP世界前列的国家，并非生来富贵，但从濒临破产到人均

GDP居全球前列，卡塔尔只用了30年，它是怎么做到的。

接下来我们从资源变现、财富分配、国家战略、公关传播四个维度，全面解析卡塔尔的逆袭之路。

卡塔尔属于资源型国家，也好比一个超级家族企业。1920年之前靠采珍珠发家，随着日本将珍珠养殖技术推向市场，卡塔尔陷入经济危机。1949年，老天爷又给了它一次机会，石油天然气从地下源源不断涌出来，多年来，油气都是其重要经济基础，约占财政收入的70%以上。

这次，卡塔尔长记性了，一边靠着天然资源狂敛全球财富，一边积极寻找经济的第二增长曲线。

高价卖出资源换取美元，等于积累了家族逆袭的启动资金，随后卡塔尔转战基建和投资行业。工业方面有生产石化等产品的卡塔尔工业集团，交通方面有广受好评的卡塔尔航空。卡塔尔还成立国家投资局，管理由能源交易产生的利润，资产规模高达4600多亿美元，经营着世界上最大的国家主权财富基金之一。

伦敦证券、德意志银行、金融城、帝国大厦、英国航空、大众汽车、荷兰皇家壳牌等机构都有投资，卡塔尔又在太后谢赫·莫扎的运筹之下，买下英国著名百货公司哈罗德、收购顶奢品牌华伦天奴，她在伦敦的地产投资比英国前女王伊丽莎白还要多。

但光赚钱可不是卡塔尔的终极目标。

除了财富，卡塔尔在树立国家品牌形象，不断提升国际地位方面一直不遗余力。豪掷数亿美元购入大量艺术品，打造4座世界级的展览馆，目的是发展高端旅游业；兴办多哈教育城，资助环保和可持续发展的技术研究，培养出一大批与国际接轨的顶尖人才；建立卡塔尔爱乐乐团，促进国际艺术交流；斥资1个亿美元建立半岛电视台，逐渐成为全世界具有重要影响力的电视媒体之一，树立国际话语权。

"砸"2200亿美元办世界杯，赛事、基建两手抓，铆足劲向全世界展示卡塔尔开放、现代、友善的国际环境，积极树立其国际活动中心的定位。

卡塔尔世界杯期间，就连我们的流量密码也被卡塔尔兄弟快速掌握了，当时有很多这样的视频，某球迷在大街上喝啤酒"偶遇"王室成员，还被请到王府做客。拉伊卜小王子表情包刚走红，就火速入驻我国各大短视频平台，三条视频，圈粉千万，他还热情地向中国网友发出邀请，俨然成为卡塔尔旅游代言人。

资源变现、财富分配、国家战略、公关传播，这就是卡塔尔的思维升级战略。

2.老牌网红城市长沙，为何爆款频出

"长沙一出手，估值百亿走"，茶颜悦色、墨茉点心局、三顿半、费大厨……长沙网红美食频频火"出圈"，不仅受年轻人追捧，也吸引了大量资本入局。长沙能催生出众多网红餐饮品牌，背后藏着这三大隐形推手。

一是娱乐基因。依靠湖南媒体的巨大影响力，长沙美食频频出现在《快乐大本营》《天天向上》等王牌节目中，文和友在全国闻名之前就多次登上湖南卫视，向全国年轻人推广。另外，传媒界也向餐饮业输出不少人才，墨茉点心局的创始人就做过湖南卫视的导演，盛香亭的创始人曾是长沙政法频道的记者……他们把一线传播经验应用在餐饮行业中，带出了一批网红美食。

二是规模效应。为什么茶颜悦色一条街上要开四五家店？这种反常识的操作，其实是应用了经济学中的规模效应，通过

密集型开店，降低单店在物流配送、人员管理上的经营成本，同时放大品牌和营销的效果，事半功倍。小范围密集开店成了"长沙系"餐饮品牌的扩张秘籍，在长沙最繁华的五一商圈里，炊烟小炒黄牛肉、墨茉点心局、黑色经典等品牌的大量门店都开在2公里范围内。

三是政策利好。2019年，长沙就通过政策推动夜经济发展，重点打造夜购商圈和夜食街区，还安排区领导值班担任"夜间管家"。因此，长沙打响了"24小时城市"的名片，很多商圈和商场延长了经营时间，吸引年轻游客前来打卡。

在政、商、娱共同作用下，长沙本地餐饮品牌的影响力迅速扩大。

3.上海鸿寿坊：新模式重塑老弄堂

上海竟然有比迪士尼还火的商区了，开业9天收入超千万元，首月客流突破400万人次，一个老弄堂穿上新"马甲"，男女老少都跑去打卡，上海鸿寿坊有什么经营之道？

2023年9月28日，刚刚开业的鸿寿坊商业街刷爆上海朋友圈，这个面积仅有1.5万平方米的微型老弄堂，用"商圈＋街区"的模式重新改造，竟然比迪士尼还受欢迎，成为全国城更项目的典型。总结鸿寿坊"出圈"秘籍，总共分三步：

一是保护地方文化基因。十里洋场老上海，有其独特的复古风情，鸿寿坊街区的改造没有进行破坏式创新，而是守住地方文化基因，保住里弄建筑的肌理，还原典型的鱼骨状石库门里弄结构，修复装饰主义建筑风貌。独一无二的文化特色，让鸿寿坊成为全国时髦青年的新圣地。

二是打造15分钟社区生活圈，守护城市烟火气。每天早晨6点，街区就开始供应平价菜和早餐，蔬菜水果、肉蛋海鲜，均能一站购齐,有的店铺还提供食材加工、切洗配送等服务。街区甚至还和"四叶草堂"联手打造了"可食园艺第三空间",在景观花草中增加了40多种农作物,开设"家门口"的自然科普课堂。

三是营造消费场景。围绕"商圈+街区"的模式,鸿寿坊推出"日咖夜酒、全日供应"的多种社区生活场景。清晨送走买菜、锻炼的阿婆爷叔,下午迎来逛街休闲的人群,咖啡爱好者甚至可以在没有柜台和围墙的店里自己烘焙豆子,自制一杯香浓的咖啡。深夜,还没打烊的小店又迎来热食配小酒的都市夜归人。

尊重文化、着眼生活、营造场景,让上海鸿寿坊脱颖而出,成为全国城更项目的典范。

4.番禺变身大湾区新CBD

广州番禺突然成了新财富的沃土,一夜之间从"睡城"变成大湾区新CBD。全球独角兽企业,番禺就占了四家,还有希音、广汽、小鹏汇天、探迹等品牌,涵盖跨境电商、新能源汽车、航天、服务业等多个领域。番禺发生了什么?

过去的番禺以服务、旅游、制造业等传统业态为主,人才结构老化,年轻人选择白天到市区上班,晚上回番禺睡觉,番禺因此得名"睡城"。

番禺作为广州南拓的第一站,论区位、论政策都没有什么优势,然而这片历史悠久的地方,却有着极其发达的供应链体系。

过去,番禺因珠宝首饰的生产加工闻名,番禺出品、精工细作得到业界认可,从这里出产的珠宝占港澳地区70%的市场份额。

番禺的动漫游戏设备、灯光音响设备生产也有悠久的历史。

全国60%、全球20%的商用游戏机都产自这里，灯光音响产业达世界一流水平。

这里还聚集着上万家大大小小的服装制造商。创始人登顶广州首富的跨境电商平台希音，当初就是看中这里强大的服装柔性供应链，选择落户番禺。

但番禺并不是低端制造的代名词，除希音之外，还有一家高端男装品牌——比音勒芬，也落座于番禺。该公司早在2016年于A股上市，成为"中国高尔夫服饰第一股"。

据测算，希音、广汽埃安未来一旦IPO，总市值有望冲击6000亿元。估值达200亿美元的Temu，也可能从拼多多拆分出来，成为一家总部在番禺的独立公司，届时将有一大批亿万富翁行走在番禺。

在大企业、新科技的带动下，新的人才、技术、资本向番禺蜂拥而来，曾经历史悠久、自强不息的老番禺，成为一颗迅速崛起的明星。

如今的番禺布局了广州南站商务区、长隆万博商务区、广州国际科技创新城、广州大学城、番禺汽车城等多个重大发展平台，被称为广州"最有发展潜力"的新CBD。

7

第七章
CHAPTER7

如何搭上财富快车

SECTION 1 第一节

达维多定律：你的客户因何一夜之间消失不见了？

企业突然面临产品销售断崖式的下滑；一夜之间客户突然消失不见了；老的消费者突然退出，而新的消费者没有跟进来……

这是近些年我走访国内企业时，经常发现的一些严峻问题。对于中国企业而言，顺风顺水躺着都能赚钱的红利时代已然远去，常常面对"屋漏偏逢连夜雨，船迟又遇打头风"。当客户在一夜之间全部消失，企业如何转型？当品牌老化，新旧消费者的动能无法转化，企业又应如何先知先觉，逃出生天，进入一个全新的领域？

达维多定律告诉我们：任何企业在本产业中必须不断更新自己的产品。一家企业如果要在市场上占据主导地位，就必须第一个开发出新一代产品。达维多定律是由曾任职于英特尔公司的高级行销主管和副总裁威廉·达维多提出并以其名字命名的。达维多发现，如果被动地以第二或者第三家企业将新产品推进市场，那么获得的利益远不如第一家企业作为冒险者获得的利益，因为市场的第一代产品能够自动获得50%的市场份额。尽管可能当时的产品还不尽完善。比如英特尔公司的微处理器并不总是性能最好、速度最快的，但是英特尔公司始终是新一代产品的开发者和倡导者。

英特尔公司在1995年为了避开IBM公司的PowerPC RISC系列产品的挑战，曾经故意缩短了当时极其成功的486处理器的技术生命。1995年4月26日，许多新闻媒体都报道了英特尔公司牺牲486

处理器，支撑奔腾586处理器的决定。这一决定反映了英特尔公司的一个长期战略，即运用达维多定律的方法，要比竞争对手抢先一步生产出速度更快、体积更小的微处理器……然后通过一边消减旧芯片的供应，一边降低新芯片的价格，使得电脑制造商和电脑用户不得不听其摆布。英特尔公司通过使用这种战略，把许多竞争对手远远抛在了后面，因为这些竞争对手在此时生产出的产品尚未能达到英特尔公司制定的新标准。

对于一个企业来说要勇于否定自己，甚至要在产品畅销的时候否定自己，不断推出新产品。如果一个企业在自己产品销售最红火的时候，吃老本看不到危机，很快就有同类的竞争企业推出新一代的产品。

最著名的达维多定律反面案例当属柯达。百年老店柯达创立于1880年，曾是胶卷的代名词，在胶卷时代占据了全球份额的三分之二，是当之无愧的胶卷大王，在其巅峰时期柯达公司共有14.5万名员工。20世纪90年代，柯达还被公认为全球最有价值的五个品牌之一。

可悲的是巨大的成功也让柯达陷入路径依赖的泥淖而不能自拔。柯达本来是一个善于发明的伟大企业，在20世纪70年代末到80年代初，柯达实验室产生了一千多项与数码相机有关的专利，奠定了数码相机的架构和发展基础，1975年，柯达的工程师研发出世界上第一台数码相机，成像之后不需要再冲洗照片了。但柯达的高层却惊恐于这一跨时代的发明，因为数码相机不需要胶卷直接成像，一旦数码时代开启，自己最主要的胶卷业务就会被颠覆。于是柯达的高层决定雪藏这一新发明。然而仅仅过了六年，索尼就推出了自己的第一台数码相机——MAVICA，抢得了市场先机。数码时代来得比任何人想象得都快，进入21世纪，数码已成为市场与生活的标配，个人的手机都可以照相，都可以分发照片，柯达几乎失去了自己的所有老客户，对新的年轻消费者又没有任何吸引力，一步步走向衰落，最终在2012年破产。

1975年，柯达的工程师史蒂文·赛尚（Steven Sasson）发明了世界上第一台数码相机

随着科技、社会环境、消费人群的变化，任何领先的企业都不能对创新掉以轻心，市场时时刻刻发生着变化，企业要想增强自身的竞争力，在不断迭代的竞争中胜出，不但要充分运用达维多定律突破创新，甚至需要颠覆式的创新。

美国的太阳微系统公司依据达维多定律为自己订下了他人难以企及的目标：每12个月使它的工作站的性能提高一倍。公司在年度报告中公开向自己的员工及竞争对手提出了这个挑战。太阳微系统公司时刻准备淘汰旧产品，推出自己的新产品，并以其产品价格、性能上的优势打乱竞争对手的阵脚。公司的理念是：与其让别人迫使你的产品淘汰，还不如自己淘汰自己的产品。太阳微系统公司是首先尝到了"自我淘汰"的甜头的企业之一。在一个速度竞争异常激烈的行业,淘汰自己的产品是不可避免的。而这种法则的优势是可以审时度势,在竞争中占据主动。

令人欣慰的是,随着我国经济发展质的提升,越来越多的中国企业敢于奉行达维多定律,投身于对市场现状的挑战、对技术的突破、对商业模式的创新。

而运用达维多定律最得心应手的就是马斯克,他打破"自己一句话能说清楚,别人一眼能看得懂的企业才是好企业"的桎梏,一直在不断地颠覆,不断进入新领域。从互联网公司到电动车公司,马斯克对汽车行业的颠覆不仅是把汽车智能化,因为新能源汽车的核心问题是电池问题,涉及它的体积、蓄能性能、维护管理能力、寿命,以及更重要的安全性。开过特斯拉的人有体会,它的强大并不是因为整车设计有多出色,更不是因为豪华感有多强,在这方面它跟很多豪华轿车相比甚至看上去很粗糙,它的强大在于其电池组以及配套的电板,无论是设计思路还是电板生产制造能力,在新能源汽车中都是颠覆性的存在。马斯克还颠覆性地实现了火箭回收技术,接下来还要颠覆高铁等出行方式,马斯克的终极目标,是颠覆人类的生存环境,移民到火星。

作为企业,永远要走在市场的前面。达维多定律告诉我们,无论是个人还是组织,都不能躺在以往的功劳簿上睡大觉,而是要不断地自我否定,自我超越,这样你才能永远立在潮头。

如果你不遵循达维多定理,你就会被竞争对手狠狠地打击。

SECTION 2 第二节

颠覆式创新

互联网"下半场"什么样的市场奇迹都可能发生。如果你只是走自己的老路,可能一夜醒来,发现已经无路可走,因为别人已经断了你的后路。

管理学创新大师、哈佛商学院教授克莱顿·克里斯坦森在《创新者的窘境》书中指出:那些由于新的消费供给方式的出现而"亡"的公司企业,本应该对颠覆性技术有所预见,但无动于衷,直至为时已晚。许多成功的大公司管理者只专注于他们认为该做的事情,如服务于最有利可图的顾客,聚焦边际利润最诱人的产品项目,那些大公司的领导者一直在走一条持续创新的道路,而恰是这一经营路线,为颠覆性新技术埋葬他们敞开了大门。这一悲剧之所以发生,是因为现有公司资源配置流程的设计总是以可持续创新、实现利润最大化为导向的,这一设计思想最为关注的是现有顾客以及被证明了的商业选择。然而,一旦颠覆性创新出现(它是市场上现有产品更为便宜、更为方便的替代品,它直接锁定低端消费者或者产生全然一新的消费群体),现有企业便立刻瘫痪。为此,他们采取的应对措施往往是转向高端市场,而不是积极防御这些新技术、固守低端市场,然而,颠覆性创新不断发展进步,一步步蚕食传统企业的市场份额,最终取代传统产品的统治地位。

克里斯坦森的颠覆性创新理论被誉为21世纪初最有影响力的商业思想之一,包括比尔·盖茨、乔布斯、贝索斯在内的众多著名企业家,均认为受到了颠覆性创新理论的深刻影响。我国的家电巨

管理学创新大师、哈佛商学院教授克莱顿·克里斯坦森

头海尔在数十年的管理创新的实践中，就曾受到过克里斯坦森颠覆性创新理论的启发。"你要么是破坏性创新，要么你被别人破坏"曾被海尔作为商业模式创新的号角与口号。经过多年的持续探索，海尔的"人单合一"模式，把科层制企业成功转型为自组织、自驱动、自进化的生态型企业，管理模式也由"管控"变为"赋能"，激发内部员工创业活力，成为引领物联网时代的管理范式。同时海尔依托全球布局的"10+N"研发体系不断进行原创迭代，不断推出改变用户生活方式的颠覆性产品，向全球展现中国品牌的创新与创意。

克里斯坦森也曾以海尔进军拓展美国的成功为例指出颠覆性创新的一个重要手段在于透过科技性的创新，针对低端或新兴市场推出更便宜、更便利的产品或服务，逐步走向上游市场，直至取代主流产品或服务，这个过程将不断重复。海尔在刚进军美国市场时，就曾瞄准低端市场，刚开始时推出一些很小的冰箱，让美国的大学生等一些原本没钱购买同类型市场上已有产品的人可以购买得起，扩大了市场。大公司看到低端市场的海尔逐渐崛起的时候，它们觉得这个市场不够吸引人，因为价位太低了，毛利率很低，海尔等新公司就得以拥有发展壮大的空间，逐步与原来在市场上占主导地位的大公司展开全面的竞争。

诚如克里斯坦森所言，许多曾经无限风光的巨无霸企业都是受困于往日的成功，败于成败阴影下的墨守成规，因为原来的产品市场占有率太大，利润太高了，在舒服地带也过得太安稳，但是一夜醒来发现市场变天了。

柯达就是因为胶卷太赚钱，雪藏了自己发明的数码相机，最后导致百年品牌走向破产。

摩托罗拉和诺基亚也是模拟手机卖得太好了，最后被乔布斯的苹果反超。

美国的三大汽车公司燃油车市场独占鳌头，但是横空出世的特斯拉汽车却在市值上将它们抛在了后边。

这就是市场竞争的颠覆性创新法则，如果你不去走新路，别人就会抄了你的老路。

SECTION 3 第三节

马斯克的"钢铁侠"式科技复合体

2021年1月7日，马斯克的个人净资产冲高至1950亿美元，折合人民币约12636亿元，首次成为世界首富。得益于其持续的利润，当年特斯拉的股价飙升，马斯克的财富不断增加，被称为"可能是历史上最快的财富创造"。实际上 2020 年可谓马斯克财富增值的"开挂"年：2020 年年初，马斯克的身家还只有 270 亿美元，但是接下来的 365 天里，他身家暴增，2021 年开年仅一周，他的财富就增加了 280 亿美元，相当于一天增长 40 亿美元，换算成人民币，每秒钟增长约 30 万元。而在财富排名上，2020 年的马斯克简直是跳跃式升位，2020 年 7 月，马斯克超越股神巴菲特成为全球第七大富豪；8 月，他超越路威酩轩集团总裁阿尔诺成为第四大富豪；9 月，他超越 Facebook 创始人扎克伯格成为第三大富豪；11 月，他超越比尔·盖茨，成为世界第二大富豪。

中国用户把马斯克抬上世界首富宝座

马斯克之所以在 2020 年进入财富增值的快车道，相当程度上得益于当时的中国市场贡献。是特斯拉中国将马斯克抬上了世界首富宝座。

从 2020 年年初的 270 亿美元身家，经过一年的时间，马斯克净资产增长 7 倍以上，马斯克成为 2021 年赚钱最多的富豪，这主要得益于特斯拉股票的狂飙式增长，马斯克持有特斯拉 20.9% 股份。虽然特斯拉所占有的市场份额远不及传统车商，但其股价却一路飙升，特斯拉的总市值一度超过传统车辆主要品牌的总和。特斯拉已率先树立起了汽车行业"新能源""智能化"的旗帜，在新能源汽车布局上已经占得先机，目前是当之无愧的世界范围内行业知名度最高的企业、是全球新能源车销量第一的车企，头部地位凸显。同时，特斯拉对电动车底层技术的创新使其有着强大的核心竞争力，同时头部效应为其引来资金帮助其快速扩张和占领更多的市场份额。除了新能源概念加持外，令资本感兴趣的还有特斯拉一直坚持的自动驾驶。马斯克一直对自动驾驶的未来充满信心，在他看来自动驾驶会比人类驾驶更安全，它的安全性可能会达到人类驾驶的10倍。在卖车的背后，特斯拉的自动驾驶已经从概念到落地，有了清晰的商业模式。马斯克坚定地认为自动驾驶FSD（Full Self-Driving）软件会是特斯拉未来估值增长的重要途径。特斯拉已放弃了廉价电动车的开发，转向自动驾驶出租车并全力以赴开发自动驾驶技术。马斯克一直倡导特斯拉实际上是"一家人工智能公司"，而不是一家汽车公司。他认为，实现全自动驾驶将会支撑特斯拉未来成为一家十万亿美元的公司。

在马斯克成为世界新首富之时，有中国网友在朋友圈中感慨：马斯克登上世界首富宝座，有我们这些中国用户的功劳。此言非虚，还真不是特斯拉中国车友自作多情。2020年是特斯拉在中国生产车辆的第一年，也是马斯克财富跃升的关键之年。从某种意义上讲，马斯克是被中国人抬上首富之位的，每收获一位中国特斯拉车主，马斯克的身家就会更高。

早在2012年年底，特斯拉就在位于北京繁华地段的侨福芳草地购物中心一层租下了近800平方米铺位，筹划全球最大规模的专卖门店。此后，又成立了"中国委员会"，组建了中国团队，专门研究中国市场和法律政策。

正式进入中国市场前，马斯克当时预测称："中国将会是特斯拉的第二大市场，销往中国的销量将会在2015年与美国旗鼓相当。"

然而之后的2015年至2018年，特斯拉在全球市场的表现并非尽如"马"意，一度濒临"破产"的危险边缘。由于特斯拉盈利的主要来源是销售车辆，仅凭美国市场很难支撑，中国市场就成了盈利的最大希望。2018年7月特斯拉正式和上海市政府签约，在上海临港建设特斯拉超级工厂，走出了特斯拉国产化的关键一步。2019

年特斯拉在上海"跑"出了当年开工、当年投产、当年交付的"中国速度"。为此 2020 年 1 月 7 日，马斯克专门乘坐自己私人飞机"湾流 G650"从洛杉矶起飞，途中超过一架同航线的波音 777，抢先抵达上海，在交付仪式上更是兴奋地热舞一曲为中国特斯拉助兴，他还激动地宣称："没有中国市场，就没有今天的特斯拉。"

2020 年美国疫情大暴发期间，特斯拉美国工厂在当地政府的要求下被迫停工，从 3 月 23 日到 5 月 4 日，这一个多月的时间里，美国工厂没有生产出一辆车。而同期，特斯拉上海工厂一直在开工，为特斯拉产销作了巨大的贡献。自特斯拉上海工厂投产后，产量每个月都会有一定的提升。2020 年 10 月，特斯拉上海工厂生产了 22900 辆车，相比之下北京奔驰用了十年，月产量才迈过 2 万大关。同时 2020 年特斯拉北美工厂的产能不足，影响到了特斯拉车型的出口。在这个关头，上海工厂生产的 Model 3 在 2020 年下半年开始出口到欧洲，最终保证了全球销量。

上海超级工厂为特斯拉接上了超级产能的一条"大腿"，而庞大的中国市场成为撑起特斯拉销售的另一条"大腿"。中国新能源车市场是一个高速增长的增量市场，2020 年国内新能源汽车的零售销量为 110.9 万辆。作为全球最大的汽车市场，中国希望通过成本、技术优势和巨大的国内市场，实现电动汽车销售比例的大幅提升，国务院办公厅在《新能源汽车产业发展规划（2021—2035 年）》提出 2025 年新能源汽车销售量达到汽车新车销售总量 20% 左右；而据市场预测，2025 年中国汽车销量将达到 3000 万辆，其中新能源汽车有望达到 600 万辆的巨大市场规模。因此，对马斯克而言，"中国市场重要性超过美国"，市场重任由美国转移到中国，中国市场是特斯拉未来前景、自己财富数字的决定性力量。恰如其言，2020 年上半年，特斯拉在中国市场的营收占总营收比例已接近20%。当时特斯拉实现总营收120.21亿美元，中国市场营收达到23亿美元。到了2020年11月，特斯拉单月就售出了2.2万辆国产Model 3，全年总销量达15万辆。这也意味着，中国市场为特斯拉贡献了将近30%的销量。

除了中国工厂的超级产能，中国市场的广度与深度，特斯拉的供应链在中国实现本土化则为特斯拉的利润增长带来了更大的空间。2019年之前特斯拉在中国出售的车型均采用进口的形式，这些车的生产全都是在美国进行的，因此供应链也都集中在美国。特斯拉在中国生产的电动汽车，车辆底盘、内外饰等传统零部件以及汽车电子中的硬件部分的国产化程度都比较高，大幅降低了特斯拉的成本。随着供应链的不断国产化，国产Model 3的毛利率也得到了提升，据业内人士分析，在2020年10月1日之前，国产Model 3的成本价可能已降到20万元之下，毛利率达到了30%左右，这一数据远超特斯拉在2020年第三季度财报公布的23.5%。这说明特斯拉选择在国内生产拥有更大的利润空间，这让特斯拉在频繁降价的情况下还能保持不错的毛利率，既让特斯拉保持了较好的营收，也在一定程度上促进了特斯拉的销量。

2021年1月1日特斯拉在国内推出中国制造Model Y以及改款Model 3，和此前价格相比分别下调14.81万元、16.51万元，特斯拉官网订单页面一度被中国消费者"挤瘫痪"，由此可见，中国国内消费者对于特斯拉的喜爱程度，只要买得起，特斯拉在中国不愁卖不火。

拥有超强生产力、超强购买力的中国市场，为马斯克的财富增长加持了强大动力。

马斯克：一句话说不清干什么的企业家

2020年6月，马斯克就亚马逊网站下架一本引起争议的畅销书，批评过贝佐斯利用垄断地位打击那些对自己不利的观点。他认为如此庞大的亚马逊妨碍了其他企业的自由竞争和创新，按照反垄断法，是时候分拆亚马逊了。在美国，这相当于公开的司法举报。

之后，当贝佐斯以12亿美元收购自动驾驶领域明星企业Zoox后，马斯克转发了相关新闻，并评论称"贝佐斯是copycat"，而"copycat"这个表述在中文语境下就是"盲目模仿者"。因为2019年3月，特斯拉曾对Zoox提起了两起诉讼。原因是四名特斯拉前职员，在跳槽至Zoox工作时，携带了特斯拉专有文件和商业机密，并利用特斯拉技术为Zoox运营仓储、物流和库存控制业务。之后，Zoox主动赔偿和解。对于贝佐斯收购一家盗取特斯拉商业机密的企业，马斯克自然感到不满。更为重要的是亚马逊其实是当时全球公共卫生危机的巨大受益者。为对抗疫情而颁布的"居家令"迫使更多消费者放弃传统的购物方式，而转向网络购物来满足日常需要。即使在疫情发生之前，由于巨大的货运压力，他们就已经遇到了卡车司机短缺的问题。根据美国卡车协会发布的《2019年卡车司机短缺分析报告》，未来10年内美国需要新雇用110万卡车司机。而Zoox由于没有可行的商业模式，暂时也面临资本市场上融资困难的风险。因此，在这个特殊时期，亚马逊选择收购Zoox以获得自动驾驶技术并不意外，但是这就与特斯拉的业务产生了重叠。因为特斯拉在2017年就发布了自己的纯电动和半自动驾驶卡车。如果亚马逊把自己在电子商务的主导地位扩展到自动驾驶领域，这无疑让特斯拉很受伤。

而马斯克和贝佐斯在太空业务上的冲突则更加针锋相对。马斯克的SpaceX公司和贝佐斯的蓝色起源公司都致力于开发火箭重用技术，并且都把外星探索作为自己的目标。只不过贝佐斯的目标是月球，而马斯克的目标是火星。媒体长时间把两家公司的竞争关系比喻成美苏冷战时期的"太空竞赛"。

大家都看得出，贝佐斯总试图在马斯克从事的行业领域里横插上一腿，但是贝佐斯还是被定位于"一句话能说清楚干什么的企业家"，至少马斯克总是可以简而言之，戏称贝佐斯为"一位网上卖货的大老板"。相比之下，想要一句话说清楚马斯克是干什么的可真不容易，马斯克打破了"自己一句话能说清楚，别人一眼能看得懂的企业才是好企业"的局限。

马斯克的初心与野心：打造科技复合体

当年，在得知自己成为世界首富之后，马斯克倒是非常平静，先是在推特上表示，"How strange（好奇怪）"，然后又表示，"Well, back to work（好了，回去工作了）"。

如此淡定的回应，还真的可能不是马斯克"凡尔赛文学"式的炫耀做作，也许马斯克真的不在意"世界首富"的名衔，因为他的大志并不在此，他的初心与野心是想建立自己的科技复合体。

近二十年来，世界首富的位置一直被互联网企业的掌门人握在手里，前有微软的比尔·盖茨，后有亚马逊的贝佐斯，扎克伯格也是世界首富的强有力竞争者。实际上，特斯拉股票在资本市场上一直被做空资本反复围攻。2020年特斯拉的股价一路上涨，涨幅高达743%，这让做空特斯拉的空头们损失惨重，空头们赌特斯拉股价暴跌甚至崩盘的希望落空，损失高达401亿美元，创造了有史以来最惨的空头损失。马斯克突破互联网企业巨头的垄断成为首富，也被认为是一个新时代变局的代表性事件。

马斯克的成功，给我们带来全新的启迪：从企业到国家都应把原始创新能力的提升摆在更加突出的位置，努力实现更多"从0到1"的突破，才会迎来科技创新的星辰大海与未来无限可能性的新浪潮。

与专注于某一领域取得成功的企业家不同，马斯克的产业横跨多个不相关的领域，在航空航天界，创立太空探索技术公司SpaceX，并成功发射猎鹰系列火箭；在汽车界，创立电动汽车公司特斯拉，制造出一系列热销车型；在火车领域，创立并设计超高速列车；在脑科学领域，创办Neuralink，实现脑机互联；在金融科技领域，参与Paypal的创办。

马斯克取得令世人瞩目的成绩，他一向以特立独行而闻名，也喊出过很多狂言，但表达的都是更遥远的向往与追求，却从未说过自己有一天要成为世界首富。

2021年年初，欧洲最大的数字出版社Axel Springer（《商业内幕》的母公司）的CEO对马斯克进行了一次深度访谈，在这次访谈中，马斯克敞开心扉，不仅大胆谈到自己的观点和下一步计划，也聊到了关于个人财富以及未来的话题。

马斯克表示，自己已经卖掉了在洛杉矶的房子，他未来或许会在某个地方租一套房子。事实上，马斯克基本上没有固定资产了。马斯克说，"如果工作繁忙，我会比较喜欢直接睡在工厂或者办公室里。如果我的孩子也在，那还是需要一个住处，所以，我倾向于租一个地方。但是，其实很多时候只有我一个人，所以我也确实不需要一个很大的房子"。

对于既然要丢掉财产，为什么还要继续持有特斯拉的股票问题，马斯克的解释是，"我认为人类成为太空文明物种和多星球物种是一件重要的事。在火星上建造城市需要使用掉大量的资源，我希望能为打造火星城市做尽可能多的贡献，而这需要大量资金"。因此，出售自己的房产以及其他资产，也是马斯克向外界在表明的态度，即他的财富和个人消费无关，在他看来，对于有钱人，外界会非议这个人有多少财产、有多少房子之类的，那么现在，他已经都没有了。

马斯克认为，登陆火星不是人类的一个备用计划，而是人类想要成为一个多星球物种、打造太空文明的常规计划。马斯克曾表示，希望自己去世后可以被葬在火星。他的解释是，如果非得被埋在某个地方，那在地球上出生然后在火星上死去是一件很酷的事。

马斯克的这一表态再次表明他更在意的是要为世界插上想象的翅膀，还要改变日益现实的人类。

早在2014年面对BBC采访时，马斯克就说出一段心声：我并不知道自己多有钱，这并不是像那里有一叠现金那样。我真的只是在SpaceX、特斯拉以及太阳城公司有一定的表决权，而市场对这些表决权赋予了价值而已。

马斯克给我们的一个启示就是，只要有雄心壮志，一切皆有可能。

SECTION 4 第四节

唯快不破的背后：希音的爆红密码

希音凭什么创造了快时尚品牌的奇迹，短短三年就席卷了全球市场，超过ZARA和优衣库。2023年希音的营收达到450亿美元，占到美国40%的快时尚市场份额。希音甚至超越了亚马逊，在全球54个国家iOS购物App中排名第一。

一个以卖便宜女装起家的平台，还没上市估值就高达660亿美元，在胡润百富公布的2023年全球独角兽榜单中，仅次于字节跳动、SpaceX和蚂蚁集团，排名第四。

在竞争激烈的全球快时尚市场，希音是如何一步步做强做大的。

2008年至2013年是希音发展的初创阶段。创始人许仰天是个"80后"山东小伙，依靠做SEO（搜索引擎优化）的优势，以高利润的跨境婚纱销售起家，利用当时境外搜索平台流量红利，完成原始资本积累。之后从销售婚纱单品转向时尚女装品类。

2014年至2019年是希音的品牌化经营阶段。公司正式成立希音品牌，对标ZARA，移动端App上线，打造自主设计师团队，整合庞大供应链，推行"小单快返"模式。2018年年末成为美国"购物类App前十"的大型网站。

2020年起是希音的平台化运作阶段。2020年到2022年，线下门店生意遭受重创，线上消费却呈倍速增长，希音依托国内不间断供应链及价格优势，一跃成为欧美市场占比最大的快时尚女装品牌。如今希音正在从自营服装品牌向全品类、平台型企业转变。

依托国内不间断供应链及价格优势，希音一跃成为欧美市场占比最大的快时尚女装品牌

随着希音在全球市场的飞速发展，以及近几年来品牌出海，跨境电商再次成为国内热词，这家低调赚钱的公司终于开始在国内

"火"了起来。但很多人在初步了解希音后不禁要问,这家公司的核心竞争力是什么?品牌护城河又是如何建立的?"小单快返"能够支撑一家公司成为全球独角兽吗?它凭什么能跟字节跳动这样的超级平台、SpaceX这样的"硬核"企业相提并论?

其实希音除了众所周知的"唯快不破",至少还有三大能力:趋势判断能力、供应链管理能力和品牌思维能力。

趋势判断能力

希音创始人许仰天,虽然全网找不出几张宣传照,但他却对经济发展趋势和互联网营销异常敏感。2008年美国爆发次贷危机波及全球,中产级层财富缩水,消费降级,买更便宜的商品满足物质和心理需求成了一种刚需。许仰天正是在这样的背景下,从原来的公司辞职创业。

为什么许仰天有这样的敏锐度?因为老东家的主营业务就是为跨境贸易公司提供SEO服务。春江水暖鸭先知。

2008年,许仰天带着团队在南京成立了点唯信息技术有限公司,把国内的产品挂到境外网上卖,什么好卖就卖什么,无货源模式,有人下单再去批发市场拿货、发货。许仰天团队的差异化优势,就是他们会利用当时谷歌的算法漏洞做搜索优化,成本低、见效快。

这一时期许仰天积累了做跨境电商的初步经验,并且发现婚纱这个单品的市场机会。

当时婚纱在美国卖得非常贵,动辄几千甚至上万美元一件,然而在国内批发市场上,婚纱款式多样,价格还便宜,最便宜只要几百元人民币。于是他决定主攻这个单品,并且简单粗暴地直接把拿货价的人民币标签换成美元挂到网上,赚得盆满钵满。不久后,许仰天看到这个单品的天花板,同时随着网络环境的变化,2012年他决定扩大产品范围,向快时尚女装领域进军,建立独立网站"SheInside.com",目标就是做互联网领域的ZARA,受众精准到18~30岁、消费欲望强烈但购买能力一般的年轻女性。

在这个过程中,智能手机开始普及,随之而来的是Facebook、Instagram等社交软件相继登上历史舞台,互联网进入了一个"网红时代"。许仰天是最早一批吃到网红流量红利的人,他立刻就用极低的成本跟大大小小的网红展开合作,只要付点小钱,甚至有的"素人"网红只需要免费给她们寄衣服,她们就可以发布视频,于是年轻人都在用的社交软件上,随处能刷到希音的穿搭分享。

当同行都在做衣服的时候,实际上希音已经开始做内容了。2014年是希音发展的关键一年,许仰天着手干了两件大事,一是决定开启品牌化经营模式,布局供应链,彻底改变以往拿货铺货的批发商模式,为此还收购女装品牌ROMWE;二是看准移动端的发展势头,开始组建团队研发自主品牌App。

在很多人急着抓住流量赚快钱的时候,希音一手做"快",搭上流量的高速列车卖产品;一手做"慢",斥资搭建渠道做品牌。

从2014年到2019年,是希音稳扎稳打走品牌化之路的阶段。

2020年,随着全球受到新冠疫情影响,线下的生意几乎全都涌向线上,作为线上平价版的ZARA,希音又一次承接住了这巨大的机遇,当年营收较2019年翻了3倍,挺进千亿规模。

这时候正好抖音的海外版TikTok也迎来流量猛增,希音又毫不犹豫且不计成本跟TikTok展开合作,享受到平台早期的流量扶持。同时,希音也拿出真金白银不遗余力地扶持大批网红带货,让TikTok随处可见年轻女孩穿着希音的活跃身影。

回顾希音的十五年,每一次历史大机会它都抓住了,而每一个坑又都没有掉进去，这里面固然有运气的成分，但更多的是面对稍纵即逝的机会，敏锐地看见它，迅速地抓住它。

供应链管理能力

奠定希音成为行业龙头的根本，当然是它的供应链管理能力。分析希音大家往往提到两个词，"柔性"和"小单快返"，但仅仅是这样的话，为什么希音的模式你还是学不会呢？

我们先来看如此规模庞大、反应快速的供应链都包含哪些部分，绝不仅仅是加工生产环节。实际上它涵盖了从前端的设计、宣传物料、产品原料的采购，到中端的生产、仓储、销售、物流配送，以及后端的售后服务、库存管理等方方面面的环节。做到这一整套流程的"快"和"准"就没那么容易了。

希音早期是做线上版的ZARA，就是要款式多、更新快，女装的流行变化是很快的，比如夏天所有人都在穿的"多巴胺风"，但凡追得慢半拍，一转眼秋天就成了库存，因为满大街已经是"美拉德"的天下了。

服装行业押款如押宝，再优秀的设计师，再灵敏的商人，也不见得总是能赌对哪款开大、哪款开小，最好的办法就是能用最低的成本把所有风格、各种元素都试试。比如"小单快返"界的老大哥ZARA，每年上新12000个款式，周周有更新，很多款式最低只做500件，卖得好了再追加，反响不佳的就直接砍掉。

众所周知，企业销售额的80%通常是由20%的SKU（最小存货单位）贡献的，但在没卖之前，你不知道是哪20%。"百货业之父"约翰·沃纳梅克有句话："我知道在广告上的投资有一半是无用的，但问题是我不知道是哪一半。"

"小单快返"的目的，就是用数据找出最有价值的部分，以提升经营管理效益。

希音青出于蓝胜于蓝，要求每年上新15万款，每款只做200件，甚至低到几十件，最大限度降低试错成本。哪些款式在网上点击率高、卖得好，根据后台数据就可以马上安排批量生产，进行饱和式铺货，这样一来既不会造成严重的库存积压风险，又不会畅销款无货可卖。

在时间上，希音把一个新款从打版到上架的周期压缩到只有一个星期，这样留给工厂加工的时间往往只有3~5天。

单小、要求多，导致有生产力的工厂都不愿意接，许仰天就自己培养供应商，为此2015年希音把总部从南京搬到了广州番禺城中村——南村镇，把松散的家庭式作坊组织起来，花了两三年时间培养出300家小供应商。南村镇直接被改造成了"希音村"。

随着希音的发展，供应商的范围扩大至整个广州乃至大湾区，数量有上万家，2022年，希音投资150亿元在增城设立湾区供应链总部。

为了更快应对不同市场的需求，希音还分别在南美、欧洲、东南亚等地建立起供应链，还将在巴西、土耳其建立供应链基地。

希音的供应商又分两种，一种是来单加工，一种是深度合作，后者希音会派专人给工厂装上自主研发的供应链数字化管理工具，由平台的职业买手根据当下流行趋势、热卖元素、消费情况等进行综合数据分析，指导工厂进行新款开发。一手掌握供应链，一手握有流量，再用大数据将二者进行匹配，把营销信息推送给精准人群，希音这一套操作是用更便宜的价格，把验证过好卖的东西拿到合适的消费者面前，这谁能拒绝呢？

解决完生产问题，消费者还关心自己下单的商品多久能送到，在跨境发货方面，希音已经把商品从中国发出到送达美国用户的时间控制在了7天以内，在希音的货仓里，直接驻扎着合作物流公司的办公点。

在强大的供应链和数据支撑下，希音做的已经不仅是快时尚，可谓是实时时尚。英国经济学家马丁·克里斯多夫曾说过，21世纪的竞争不再是个别企业与企业的竞争，而是供应链与供应链之间的竞争。

品牌思维能力

尽管希音速度、希音模式令人望尘莫及，但希音依然面临很多棘手问题，比如存量竞争、新用户数下降、环保、抄袭、品控等。为此，在卖图片的时代，当其他同行还在盗窃ZARA等大品牌图片时，希音用最快的速度签约模特、找摄影师拍摄，换上了原创图片，形成了统一的品牌风格、调性。

希音已形成了统一的品牌风格与调性

2014年在确定品牌化发展路径后，2015年，创始人下定决心将已经颇有大众认知度的"SheInside.com"全面换成"SHEIN"这个更短、更便于记忆的品牌符号。这件事说起来容易，真正要做的却非常考验创始人的决心,因为有太多的企业因为创始人的情怀、成本等问题始终无法下定决心更新公司名或品牌商标,给后续经营发展带来麻烦,甚至形成阻碍。

许仰天虽然年轻、低调,但是通过希音的发展可见他在大是大非面前非常当机立断。

近年来,希音还经常举办各种活动来提高品牌形象和影响,如举办虚拟音乐节Together Fest、设计师挑战真人秀SHEIN X 100k等。这些活动在希音自己的App,以及Facebook、Twitter、YouTube、Instagram等平台上进行播出和大量的营销传播。

SHEIN X计划通过挑战赛吸引、孵化一批来自世界各地的设计师,不仅提高了原创设计水平,规避抄袭、侵权等问题,还和一些设计师合作推出联名款,以适应希音在不同国家和地区的本土化。

随着希音加快上市步伐,企业也加紧收购,弥补自身短板,提升品牌价值,提高估值。比如2023年8月,希音与Forever21母公司SPARC集团达成战略合作,希音收购其约三分之一的股权,SPARC集团也拥有希音少量股份。希音有线上优势,SPARC则在全球还拥有4200多家零售店以及店中店,双方还将推出联合品牌。随后,希音又收购了英国时尚零售集团星狮集团旗下的快时尚品牌Missguided,以及该品牌的所有知识产权,以便更快在英国市场打开局面。

从一家在广州十三行拿货的商行起家,希音已成长为国际巨头,无数小公司抱紧希音的"大腿"出海,我们静等希音穿越下一个周期继续创造奇迹。

SECTION 5 第五节

奈飞腾飞启示录：企业如何转型？

奈飞（Netflix）又名网飞，是美国一家会员订阅制的流媒体播放平台，和Facebook、亚马逊、谷歌并称"美股四剑客"。1997年奈飞以租赁DVD电影影碟起家，2002年上市，在2009年到2018年的十年间，其股价创造了6168.47%的涨幅，一度超越迪士尼，而苹果公司在这段时间股价才上涨了598%。这让"奈飞现象"一下子成为大家研究学习的对象，同时，一套独特的《奈飞文化手册》也被称为硅谷最重要的文件之一。

美剧《纸牌屋》，横扫全球120个奖项的电影《罗马》，还有奥巴马作为幕后推手的纪录片《美国工厂》，这些都是奈飞或出品制片或在线发行的。我们常说有什么事"百度一下"，在国外很多人要看什么片都会"奈飞一下"，仅仅成立20余年的奈飞，就在全球观众的注意力大战中占据了重要位置。

如今，这家颇具传奇色彩的公司市值高达2700多亿美元，业务覆盖了全球190多个国家和地区，全球会员超过2亿，是全世界最大的收费视频网站。

从一个出租影碟的小网站到市值超万亿人民币的互联网巨头，奈飞是如何转型，又是如何腾飞的呢？

纵观奈飞的发展，我们总结出它的四个重要阶段，几乎是所有公司从成立到壮大，保持屹立不倒必然要经历的过程：第一是和所有初创公司一样，活下去；第二是创新模式，颠覆当下；第三是让团队在变化中成长；第四是把握市场趋势，不断探索产品、营销模式的创新。

同时我们也必须注意到，凡是能够取得巨大成就的企业和企业家，都必然在历史发展的滚滚洪流中及早发现并把握住重要转折点。时代给了奈飞三次这样的机会，每一次它都牢牢把握住了。

有个故事这样描述奈飞创立的过程：有一次，创始人里德·哈斯廷斯在当时美国最大的音像租赁连锁店百视达租了一部电影《阿波罗13号》，归还录像带的时候因为逾期不得不支付40美元的滞纳金，这可不是一笔小数目，他当时想要是没有滞纳金这种东西那该多好啊，于是，奈飞的创意就此诞生。

事实上，奈飞的创业过程没有这么简单。奈飞的原始创始人有两位，分别是里德·哈斯廷斯和马克·伦道夫，创立奈飞之前他们都在里德的公司工作，里德非常擅长产品开发和商业运作，在资本方面也颇有经验，他工作起来雷厉风行、制度严明，而马克则是一位营销天才，随时随地都能想出各种点子，管理风格比较亲和宽容，两个人在领导力和性格上都非常互补。

后来这家公司就被成功收购了，有钱之后马克整天都在想下一步要干点什么，因为他之前自己也创办过一家网络邮寄公司，所以就想是不是可以给人邮寄定制洗发水、给狗做定制狗粮，还有定制棒球棒、冲浪板等各种各样的点子，但这些都不是"高刚海"属性的生意，所谓"高刚海"就是消费者需求要有高频次、刚需、海量的特点。每次马克兴奋地把主意讲给里德听，里德都给他泼一盆冷水，因为这些点子都没法在硅谷讲故事融到资。

但两人还有个共同爱好——看电影，那时候流行租录像带看。20世纪八九十年代那种VHS格式的黑色录像带，要放到专门的录像机里接上电视才能看，那时候VCD、DVD尚在萌芽阶段，更没有U盘、网络在线技术。买台录像机不便宜，一盘录像带也不便宜，所以大部分人都是到音像店里去租，要是不及时归还，还得扣钱。马克和里德觉得把电影录像带放到网上出租或许是个好主意。

经过一番测试他们发现，租赁市场虽然需求空间不小，可是当时的录像带比较大，物流也不够发达，快递又慢又贵，成本全都花在周转上了，根本赚不到钱。不过他们并没有死心，因为这时候DVD开始出现了。这种新兴的载体体积小、价格低，邮寄也方便很多，只是当时大部人家里还没有DVD机，但随着未来播放机的普及，在线租赁业务一定会发展起来。这一次他们达成了共识，肯定了自己的想法。

洞察到播放影视的媒介从录像带向DVD的转变，是他们抓住的第一波大趋势，可以说没有DVD的流行，奈飞只能"胎死腹中"。

1998年4月14日，经过一年多筹备的奈飞终于正式上线了，他们通过各个媒体一遍一遍地告诉大众：还在学习怎么设置录像机吗？不如丢了它吧。

全美第一家线上DVD租赁店开张了，每一位DVD爱好者，不论住在哪里，不论住的离音像店有多远，现在不用开车、不用排队就可以在网上租赁了，归还也很方便，不光能租还能买，而且电影齐全，所有市面上发行的奈飞都有，一周7天，一天24小时不打烊。

这个新鲜事物一下子吸引了人们的注意，巨大的浏览量在上线当天就把网站挤爆了，他们原本预计当天能有15~20个人来租DVD就不错了，结果收到了137个订单，迎来开门红。

在为平台导流、增加用户方面，初期的奈飞做了两件事，首先跟两大DVD播放机巨头索尼和东芝达成合作，在它们的产品包装盒里放上免费租赁奈飞几张DVD的优惠券，当然，这是蚂蚁跟大象合作，让奈飞付出了巨大的营销成本代价。

之后奈飞做了一件更疯狂的事情，一夜出名。1998年，美国白宫闹出了绯闻。奈飞当即决定，把司法调查的视频做成DVD，仅以2美分的价格向市场出售，不为赚钱，只为利用这场全美瞩目的焦点事件，获取媒体关注和用户流量。结果可想而知，奈飞流量再次被挤爆，引来《纽约时报》《华尔街日报》《华盛顿邮报》等各大报刊争相报道，获得连当时大热明星辛普森都没有的巨大关注度。

奈飞的下一关是作选择。奈飞发现本来是想靠租赁业务发展壮大，但是公司盈利能力更强的却是售卖业务，每月能卖10万美元，超过收入的90%，那租赁业务还有没有必要做呢？公司是不是就此转型卖光盘呢？

公司小的时候，鸡蛋还是要放在一个篮子里，集中精力、财力才有可能获得成功，那么在租和售之间该如何抉择呢？这确实很难，本来公司就一直在烧钱，资金紧张，一下子砍掉几乎全部的收入来源下一步怎么办？但如果不坚持租赁业务，随着竞争对手蜂拥而入，售卖所占的份额只会越来越少。尤其这个时候，奈飞成立也还没几年，但年营业额已经有1.5亿美元的亚马逊，已经不满足于只是开网上书店，它的目标是做包罗万象的网上商城，迟早也会售卖DVD，到那时候奈飞只有倒闭的份儿。

还没等到亚马逊卖DVD，创始人等到了见贝佐斯的机会，贝佐斯愿意以大约1500万美元左右的价格收购奈飞。马克在《复盘网飞》一书中这样描述当时他的内心：

这对我来说已经很不错了，因为我当时拥有公司30%的股份，1500万美元的30%，对于12个月的辛勤工作来说是相当可观的回报——尤其是在你的妻子已经从各方面暗示你，现在手头拮据，可能不得不让孩子们从昂贵的私立学校退学，卖掉大房子，搬到偏远的乡下去住的情况下。

当然他们没有卖掉公司，这就意味着他们必须在公司亏损的情况下，停掉正在赚钱的部分业务，并且尽快为公司融到新的资金，这就是伟大的企业家最终所做的：完成不可能的任务。

这件不可能的任务最终靠里德在资本市场的影响力完成了，事实上奈飞几乎每一次的融资都是这么完成的，所以马克说："杰夫·贝佐斯、史蒂夫·乔布斯、里德·哈斯廷斯——他们都是天才，他们做的都是没人认为有可能的事情。如果你做成了一次，你再做成一次的概率就会成倍地增长。"

随着里德在公司发挥的作用越来越大，马克不得不逐渐退出首席执行官的位置，先被降为总裁，后来又降为制作人，公司的董事长、首席执行官兼总裁均由里德担任。奈飞团队变动的不只马克一个人，很多创始团队的成员也在这一轮大清洗中黯然离场，不再符合奈飞发展需要的各阶层员工也被迫离开。

这也是很多企业在发展过程中必然要经历的阵痛，小公司仰仗才华横溢、热情澎湃的多面手，但发展到一定程度就必须引进具有丰富经验和专业知识的人员。通常，在创业初期适合这份工作的人，到了中期阶段就无法继续胜任了。

马克退居二线之后，里德开始启用新的企业文化的管理制度。2009年的时候，里德把一份名为《奈飞文化：自由和责任》的文件传到网上，很快开始在硅谷疯传，时任Facebook首席运营官的谢丽尔·桑德伯格还称它是"硅谷最重要的文件"。

这份文件里把奈飞对员工的要求总结为一句话，就是：奈飞只想吸引那些"完全成熟的成年人"。

奈飞为什么这样说？

我们先来看看奈飞的制度是怎样的，它取消了员工的固定休假制度，员工可以自己在觉得合适的任何时候休假，只需要跟直系领导商量就行了，不用人事经理、总经理签字批准。

而且奈飞取消了报销制度和差旅政策，员工可以通过自己的判断，来决定怎么花公司的钱。大家想想，自己作为老板，敢不敢给员工这样的权利，你们公司是不是因此会有很多人去坐头等舱、住五星级饭店？

那么奈飞在推行了这套制度之后情况怎么样？员工的平均休假时长、差旅开支，几乎没有发生什么显著的变化。因为奈飞相信公司只会雇用、奖励和容忍完全成熟的成年人。对于一个成年人来说，自由与责任是并行的，你有充分的选择权，也要理性地捍卫这份自由。

员工珍惜这种自由选择权，并会为捍卫这种自由而做出最理性和负责任的选择。那么，当每一个岗位上都是成年人，他们必定希望自由自在地、以他们认为最短时间内可以创造最好成绩的方式工作。那么管理层的猜疑，或那些低效的管理系统和规章制度，只会阻碍和限制员工进行高效工作。

招到成年人只是第一步，怎么把他当成年人对待，这个更难，大人在教育小孩的时候总是说，"你要听话"，其实我们现在很多企业在管理员工的时候，前面鼓励大家要有主人翁的意识，后面就像教育小孩一样，要求大家听话。

奈飞有一个"新员工大学"，在新员工入职的时候会全面介绍公司的所有业务环节，包括每一个部门详细的考核指标和成果，这个培训没有"假大空"，各个部门的主管要亲自来给新员工培训，让他认识各个部门的对接人，全面了解公司组织架构，深刻地理解公司的业务逻辑，并且明确自己的位置，清晰自己在公司中的定位和目标。

奈飞也没有办公室政治，员工之间不论上下级，需要绝对坦诚，提倡公开批评和面对面沟通，大家必须公开讨论问题，这是奈飞内部最重要的要求之一，也是最高效的解决问题的方式。

因为公司言论自由，也就形成了奈飞热爱辩论的文化，辩论跟吵架是两码事，辩论得有自己的观点，得有严密的逻辑和充分的论据支撑，这对大家发表自己的观点是有门槛要求的，不过目的不是输赢，而是互相交流观点，获得新知。

奈飞文化的另外一条准则是，所有团队管理者要自己来招聘本团队所需要的人才，这就必须得有主人翁的精神和领袖的意识，你得思考团队未来的发展方向和你需要储备的人才。每一个员工在进入奈飞的时候，都会被告知，你的成长只能由你自己负责。奈飞也相当提倡人才流动，公司会反复告诉你：你不必在一家公司待一辈子。

一般来说，员工听到这句话会想，这是要开除我吗？奈飞并不是这个意思，因为它判断人的标准不是你优不优秀，而是公司现阶段的发展是不是最需要这个员工，招聘是匹配的艺术，不是每个岗位都需要爱因斯坦，但每个岗位都需要最适合的员工。

这一点有时候是残酷的，但对于企业发展来说却是理性的。不过就算被迫离开的人往往都对奈飞的评价很高，即使走了也会说这是一家伟大的公司，它的员工满意度排在全美科技类公司的前三名。

在里德·哈斯廷斯全面负责奈飞之后，公司因为一系列的变革岌岌可危，奈飞坚决放弃了售卖业务，有人想买DVD，奈飞还会直接把用户引导到亚马逊网站上，但是怎么靠租赁生存下去，是必须跨越的难关。

在用户增加的过程中奈飞发现一个问题，那就是很多人其实不知道自己喜欢看什么样的视频,有时候刚想看一个片子可能还没下单就不想看了。最大化地满足人们的消费需求,并且帮助用户梳理自己的喜好,这是一个巨大的商机。

这时订阅模式的雏形开始出现,奈飞推出一个包月计划,用户每个月支付15.99美元就能拿到4张DVD光盘,可以看完一张寄回一张,奈飞每收到一张DVD就会给用户寄出下一张,这样人们就不用等了,家里总是有没看过的新内容可以看,这已经开始接近点播模式了,如果到了月底用户没有取消订阅,下个月就会自动续费。

经过一轮测试之后,他们发现用户很喜欢订阅模式,续费率很高,连网站的访问量都提高了300%。

这么一来,线下租赁巨头百视达就显得落伍了,但毕竟它的体量和实力在,只要大家一抄袭这种模式,奈飞还是会被轻易踢出局。奈飞必须建立自己的技术壁垒,那就是通过大数据挖掘和算法,为用户匹配内容,在用户都没想清楚自己要什么的时候,系统已经把他的偏好摆在面前了。

为此,奈飞开发了一套推荐系统,让用户为他们看过的内容打分、评论,然后把打分类似的人分成一组,再把这组人里大家看过,也评价不错的影片推荐给其他人。

我们现在在网上看视频会发现,系统会根据你最近看过的内容自动给你推荐类似视频,在一个视频快结束的几十秒里,系统还会自动给你推荐下一个符合你偏好的视频。

这就完全不是只会运营线下的百视达能够做到的事情了,最终这头大象只能在曾经的蚂蚁面前轰然倒下,而挖掘积累用户需求成为奈飞服务的重点,为此还推出了一个价值百万美元的奈飞大奖,谁能最大限度地提高奈飞推荐引擎的影片推荐效率,就赢得重奖。

当解决了向老用户推荐内容的难题后,如何准确预测新用户的偏好成了又一个挑战,这要求系统不需要等用户提供大量的评级数据,就能做出满意的推荐,奈飞很快又推出了第二个百万美元大奖,在技术的创新和提升方面,奈飞非常舍得花本钱。

在DVD租赁业务如日中天的时候,里德就敏锐地察觉到,在线租赁DVD终将像录像带一样退出历史舞台,而流媒体很可能是下一个行业趋势。早在2007年年初,奈飞就推出了"立即观看"功能,虽然刚开始时只有1000个左右视频供选择,但流媒体业务开启了奈飞第二条增长曲线,也避免了日后因DVD业务下滑带来的灾难。

布局流媒体,是奈飞抓住的第二个时代机遇。

在各项数据不断增长的同时,奈飞也清醒地知道自身的致命缺陷,这家贩卖内容的平台本身不生产内容,它跟包括迪士尼在内的各大影视公司、拥有自主版权的电视网合作,但获取内容的成本越来越高了,奈飞及时意识到,必须自己开始做内容。

2012年2月,当奈飞和美国Starz电视网的内容授权合同到期时,它的第一部自制剧《莉莉海默》已经抢先上线了。

自制内容,奈飞有一项专业制片公司没法比的优势:它掌握海量用户信息,可以根据用户需求开发产品。比如上线后大爆的系列美剧《纸牌屋》,连时任总统奥巴马都特别喜欢;再比如一集就投资上亿美元,获得13项艾美奖提名的自制剧《王冠》。奈飞会根据用户喜好对所有剧集的片头、内容、时长、集数、字幕、音乐等做出全面的控制,用户不知不觉就会被牢牢抓住。就好像我们刷抖音一样,你好像一打开就停不下来。

在电影方面,奈飞不但自制内容,还试图获得更多盈利。我们知道传统影片都是把电影院作为上映的首选,奈飞希望能利用网络平台让全球付费用户动一动手指,就能在线同步观看最新影片。

第七章 如何搭上财富快车 | 293

为了铺垫，奈飞聘请袁和平执导电影《卧虎藏龙2：青冥宝剑》，绕开院线，直接在网络平台首发。这样的电影俗称"网大"，虽然这部电影质量欠佳，却让在线发行电影成为可能。

当然，这种做法一下子动了传统院线的奶酪，大家肯定不同意，再加上电影过去在大家的概念里就应该是大荧幕艺术，放在小屏幕上看，根本体现不出电影的质感和价值。好莱坞著名大导演斯皮尔伯格就率先表示反对奈飞，2017年，当奈飞带着《玉子》和《迈耶罗维茨的故事》两部影片杀入戛纳电影节主竞赛单元之后，戛纳发了一条声明，表示：从今以后，所有希望参加戛纳电影节竞赛单元的影片都需承诺能够在法国院线发行。这被外界看作戛纳"封杀"奈飞的举动。

好在奥斯卡网开一面，把第91届奥斯卡金像奖最佳外语片颁给了奈飞出品的电影《罗马》。

已经退出奈飞的创始人之一马克曾经说过，创业要面临的，一边是大获成功，一边是一败涂地，而你就在中间地带如履薄冰，就像杂技演员骑自行车横跨峡谷，身上唯一的东西就是一根细细的金属绳，这听起来令人毛骨悚然，但如果你做得次数足够多，你就会发现这也只是一种生活方式而已。

SECTION 6 第六节

管理创新与变革：防止大企业病

各大公司都有各自的办公室故事，不过有一个故事在各大公司都广为流传。

两个食人族厌倦了丛林生活，想到大都市的大公司体验一下上班族的人生，收下土特产的人力资源总监说："如果你们在公司吃人，立马开除！"两位食人族满口答应。三个月下来大家相安无事，突然一天总监把这两个人叫到办公室大骂一顿："混蛋，叫你们不要吃人你们还吃，明天你们不用来上班了！"两食人族收拾东西离开公司，出门时一个忍不住骂另一个："告诉过你多少遍，不要吃干活儿的人，三个月来我们每天吃一个部门经理，什么事都没有，昨天你吃了一个清洁工，今天就被他们发现了！"

食人族上班的故事对于大公司而言，版本无穷无尽，普华永道、IBM、麦肯锡、埃森哲、微软、AT&T、高盛……大家都说这个段子的起源不是自家公司，又都觉得此段子就是专门针对本公司而编排的。

这就是大企业病的表征，虽然听起来搞笑却刻画得入木三分。

公司越大越易感大企业病

在学界内，大企业病的专业术语源自帕金森定律，它被称为20世纪西方文化三大发现之一，也可称之为"组织麻痹病"，源于英国著名历史学家诺斯古德·帕金森1958年出版的《帕金森定律》一书的标题。帕金森在书中阐述了机构人员膨胀的原因及后果：一个不称职的管理者，可能有三条出路，第一是申请退职，把位子让给能干的人；第二是让一位能干的人来协助自己工作；第三是任用两个水平比自己更低的人当助手。基于利益本位的考虑，管理者认为第一条路是万万走不得的，因为那样会丧失许多权力；第二条路也不能走，因为那个能干的人会成为自己的对手；看来只有第三条路最适宜。于是，两个平庸的助手分担了他的工作，他自己则高高在上发号施令，他们不会对自己的权力构成威胁。两个助手既然无能，他们就上行下效，再为自己找两个更加无能的助手。如此类推，就形成了一个机构臃肿、人浮于事、相互扯皮、效率低下的领导体系。由此，帕金森得出结论：在组织管理中，组织机构会像金字塔型一样不断增多，行政人员会不断膨胀，每个人都很忙，但组织效率越来越低下。这条定律又被称为"金字塔上升"现象。

英国著名历史学家诺斯古德·帕金森

帕金森定律具体到大企业病时，就表现为：企业内部层级过多，机构庞大臃肿，职责不清，决策复杂，行动迟疑，协调困难，信息沟通不畅；多头管理又管理过头，管理者思想僵化又独断专行，团队安于现状又墨守成规。

随着规模经济与全球化的深入发展，巨无霸大公司日益成为现代经济的一个常见现象，员工人数万人、十万人、百万人的大企业比比皆是。但任何一家大企业都不是上帝，上帝最多也只能直接管7个人，不采用层级管理与职级体系，现代化的大企业根本无法进行正常的公司化运转。但公司做大了难免会有大企业病。随着公司规模的膨胀、员工人数的增长，很多老板会感到管理力不从心，难以高效组织和指挥管理，人员内耗大、管理成本高。于是大企业病逐渐出现，重要表征就是科层繁杂、论资排辈，进而造成机构臃肿、决策缓慢、多重领导，机械地讲程序走流程而逐渐丧失活力与效率。

虽然大企业病造成的危害更多地表现在机构臃肿、决策缓慢、多重领导，机械地讲程序走流程而丧失活力与效率，但反过来辩证地看，机构臃肿、多重领导，讲程序重流程也会强化大企业的内控能力，形成广泛的制约与监督。一句话，大企业病容易导致"混吃等死"但不易出现"折腾作死"。于是，不断进行组织与管理创新就成为治疗大企业病的良药。

治大企业病需先治老板

一个企业的发展离不开老板的正确领导，但一个企业的成功也绝不是老板一个人的功劳。当企业的老板将所有的权力与成就功劳都归于自身，人们也会把所有的责任与过错灾殃归结于老板。患上大企业病的公司，顾客不是他们的上帝，老板才是。大企业病越重，越有可能不再以市场需求为导向，而是以老板为最终导向，无论对错是非，有益无益，老板一个人决定了企业和绝大多数员工的命运；而对于员工，最快的升职方式就是迎合老板的心意，无论真实情况如何，先捡老板爱听的说，而那些老板不爱听的真实情况就先放放吧。从本质上讲，这也是一种变相的堕落，员工通过隐瞒甚至欺骗的方式获得老板的赏识，影响了身为企业决策者的判断，终致一招棋错全盘皆输。

赋能自组织

什么是管理？很多人以为管理就是组织他人完成工作的艺术。原始社会里，自从出现了狩猎行为，就需要管理，毕竟一个人是难以打败一只老虎的，需要集体协作。当猎人们一拥而上时，尤其是发明了弓箭与铁器后，地球上没有任何一种动物是人的对手。人和动物最大的区别，就是人类会分工协作。

但是人有一种本性，即都会偷懒。IBM前总裁路易斯·郭士纳有句名言：你的下属不会做你希望他做的事情，他们只会做你监督和检查的事情。对于一个领导者来说，所谓的管理就是监督检查，你布置了一项工作，只有你监督检查这项工作才能完成。如果你强调什么，你就检查什么，你不检查就等于不重视，所以就有了公司制。公司把大家组织在一起，一起来完成工作，但是组织越庞大，管理的效率越低，一个人干10天能完成一件工作，但是10个人做一天，并不见得能够完成一件工作。这样就会出现各种公司政治，大家互相扯皮、互相推诿等，于是就催生激发出第一个管理理论——科学管理。

什么样的管理方式能够最大限度地激发员工的能力？什么样的管理方式能够创造更大的价值？一种全新的管理形式正在到来——自组织。所谓自组织，就是不需要外力干预，自己就可以敏锐察觉到环境变化，从外部获取力量，拥有自主权，最终实现自我成长的新型组织生态。

管理赋能将为企业带来更大的创新动能，每一个个体都能有管理职能。管理也不再像以前的金字塔型结构——上级压下级，一级压一级，级级加码，"马到成功"；下层蒙上层，一层蒙一层，层层掺水，"水到渠成"。创新的管理模式就是要颠覆传统组织的管理模式。大部分企业的管理模式都是自上而下的管理，企业领导者是管理者，员工是被管理者，员工的工作任务是由老板或上级领导布置的，具有一定的强制性。而全面的管理赋能就是要将组织扁平化，领导者和员工之间的关系发生变化，员工以用户为中心，领导提供资源，二者之间是合作、互相配合的关系，员工拥有了自我决策权，真正参与到管理中，自我驱动，达到效益最大化。

在互联网时代，信息从以前的不对称变成对称，并且传播得比以往任何时候都要快和直接，企业和消费者的联系变得更紧密，消费者之间对企业的评价也更容易传播。在这个微博、微信流行的时代，一个企业的产品、用户体验或者公关做得不好，往往就会成为一个事件的引爆点。因为质量问题上一次微博的热点，就可能让企业的形象一落千丈。很多庞大臃肿的企业面对不断的负面消息、被惯坏的消费者日新月异的要求，反应慢且乏力应对，都是因为企业内部层级过多，信息层层传达太慢。只有将企业组织扁平化、去中心化、分权管理，对小组设立恰当的奖励机制，才能激发员工的潜力和提高工作效率，从而提高企业的整体效率。

放权自管理

大多数创新都是现有事物的重组。但事实却是，企业越大，就越容易受到创新机制僵化的拖累。这种俗称"大企业病"的僵化症通常意味着封闭性，也是很多企业难以实现开放创新的根源。

海尔自2005年就开始探索适应新时代发展的管理模式，打破了"大企业病"对企业发展的桎梏，为打造开放的生态体系奠定了基石。

海尔所探索的"人单合一"模式，打破了传统的科层制组织，以用户付薪的方式将员工和用户需求连接起来，把员工变成创业者，管理模式也由"管控"变为"赋能"，从而形成一个真正的无边界、自驱动的生态组织。

显然，人单合一给企业带来的不仅仅是组织形态，更是对管理主体、管理客体和管理工具的颠覆，通过打造去中心化、分布式的自组织，链群合约中的每个人都成为创新主体，围绕用户需求进行生态创新，这是全新的、面向未来的商业模式探索，因为所有的经营创新行动都指向一个目的，那就是创造顾客。

为此企业要有向下放权的意识。当企业经营过程中发现有创新性的业务或产品，就应该尽快独立培育该业务。企业可以专门针对这项业务建立一个独立部门，也可以成立一个专项小组，然后，企业需要为这个团队建立明确的管理目标，比如将其考核脱离于企业的常规考核，给予其充分的自由。随着新业务的成长，企业要考虑在适当的时候，将其从组织中分离。

在财富分享的机制下，创新会不断涌现，企业就进入了一个良性的循环。在这样的循环下，小业务逐渐壮大，组织不断成长。不过当组织达到一定规模时，新的管理障碍又会出现。为了保持组织的活力，组织需要进行二度拆分。通过分权这种去中心化的方式激活每个小组织单元，企业不断扩张，在达到管理饱和之后自主裂变，继续扩张，成为无边界的企业集群。因为有创新能力，自主性强，这样的企业集群能紧贴市场与客户，永葆创新力和青春。

伴随着中国经济多年的高速发展，中国的企业与企业家的成就令世人瞩目。然而辉煌过后，很多企业却陷入一个"成名也忽，其败也速"的陷阱。对高速发展的企业，最大的挑战不是市场规模、成长速度与技术创新本身，而是是否具备管理变革与管理成长的能力，这就必然要求高速发展的企业时刻警惕"大企业病"，及时加强自我修炼，获取更长久、更稳定的竞争优势，在变革中成长，确保企业的基业长青。

SECTION 7 第七节
如何让你的企业更智慧

对于企业的经营者来说，如何让你的企业更智慧是一个难题，更是永恒的追求与奋斗目标。从自动化到信息化，到数字化，再到智能化，许多卓越的中国企业通过不断地成长革新，迈上了一个个生产经营的升级台阶。这些不断自我创新的过程为智慧型企业的打造逐步积累起更为深厚的条件与资源。

革新让传统企业更智慧

企业也跟人一样有"智商"，也分智慧和愚笨。但企业并非越大就能越"智慧"，往往是越大越容易患上"大企业病"。每个企业发展到一定阶段，都会遇到各种问题。组织机构臃肿，企业决策缓慢，管理过头，领导独断专行与企业各层级思维僵化等现象往往成为大企业病的典型症状。这些痼疾会导致企业人才大量流失或沦为平庸员工，使企业人才凋零，竞争力进一步缺失，最终会大大降低企业的工作效率，影响企业的发展。

大企业病是随着企业发展壮大必然会遇到的问题，如何对待大企业病，是传统企业"智商"高低的体现，传统企业的佼佼者，正是那些敢于为自己"开刀动手术"，使自己变得更智慧的企业。

为什么有些企业更容易丧失活力？这个问题的答案可以从热力学第二定律中找到，这个定律也被称为"熵增定律"。"熵"是一个抽象的物理学量，代表系统的无序程度，"熵增"指的是世上一切事物的发展，都是从井然有序走向混乱无序并最终灭亡的过程，即"熵死"。华为掌门人任正非发现，自然科学与社会科学有着同样的规律,对于企业而言,企业发展的自然法则也必然会经历一个"熵"不断增加,直至完全丧失活力的过程,企业不断向前发展,就是对抗"熵增"的过程,所以任正非提出了"熵减"的概念。

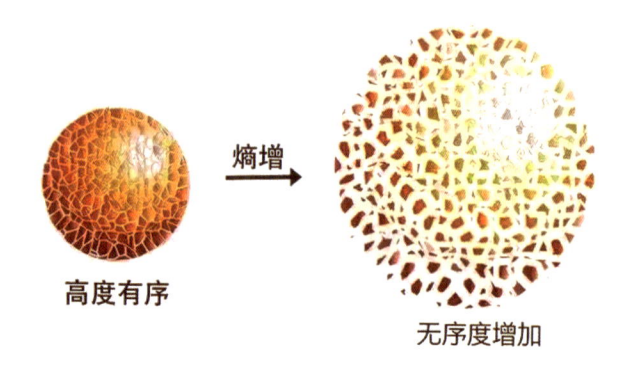

熵增定律的演变

华为分别针对组织和个人提出了一系列具体措施,首先是建立起驱动奋斗的机制,华为非常强调"奋斗者"三个字,企业文化中就指出"以奋斗者为本"。华为在利益分配、人才培养上都做了不少尝试,如减少静态股权的授予,尽可能采用动态股权,因为静态股权一旦授予,法律上就不可以撤回,这就不利于企业的动态激励;华为又采用轮岗制度,让所有员工有机会接触第一线的客户和企业不同的业务,不会"一上战场就死掉"。同时,华为建立了完善的退出机制,让已经不再适合的员工能有序离开,退出机制包括:角色变化,如从一线执行层退出到非执行层,还包括提前退休、内部创业、转移到非主业等。

华为一向很擅长借助全球资源,曾经邀请全球前五大人力咨询企业中的三家,来帮华为做人力资源管理,华为在世界各地建立了研究机构,不断吸引全球优秀的人才加入,加快中层干部的流动,培养未来的管理层干部,同时淘汰落后、懈怠的员工。通过一系列的改革措施,华为将管控目标逐步从中央集权式转向"让听得见炮声的人来呼唤炮火",让前方组织有责有权,后方组织赋能监管,这不仅增强了华为企业的内部活力,而且大大调动了前方"作战部队"的主观能动性,在瞬息万变的市场中掌握先机。

创新是智慧型企业的第一引擎

智慧型的企业重在倡导创新文化,创新可以是发现了新的问题并将其解决,或是发现有利于企业发展的事情并付诸行动,抑或仅仅是改进工作方法,提高工作效率。组织必须有鼓励创新和容忍失败的文化,才能使员工敢于不断尝试,如此打造的组织才能吸引优秀人才。智慧型企业的管理也要智能化,员工的入职、薪资、培训等办事流程要实现线上化,同时逐步开发"人才盘点系统""晋升评审系统""人才档案系统",启动人工智能赋能管理的项目,整合分析积累的大数据。通过人工智能的数据分析,可以提前发现组织管理中的异常和隐患,为解决问题提供有效的依据,帮助企业优化人员编制、预算、薪酬等多方面的管理。

智慧型企业重在以"人"为本

在互联网的"下半场",智慧企业的表现不仅体现在内部的管理模式和人才的培养方式上,更体现在科技创新力上。企业想要变得更智慧,还要拥有一批优秀人才。人才不仅要足够聪明,还要有很强的成功欲望,追求自我价值的实现。首先,真正的人才对工作的胜任感和成功有着强烈的要求,他们虽然也担心失败,但是更热衷于接受挑战,愿意为此承担责任,并从工作的成就中得到满足,即使失败也不会过分沮丧;其次,企业的各级人才骨干学习能力强,过去取得的成功以及在某个特定领域所展现出来的天赋,让他们获得了一般人难以企及的开阔视野,更容易看到问题的本质所在并提出解决思路,找到解决问题的方法。

企业更要有明确的使命、愿景和价值观,因为真正的人才往往更容易被有使命感和竞争力的企业所吸引。企业还应打造一个开放的环境,尽可能营造透明、现代化、年轻化的办公场景,这既是吸引人才的重要方式,也是激发企业活力和创造力的方法。企业领导的作用也至关重要,好的领导应该是"引导"而不仅仅是"控制"。

面向未来,伴随着中国制造向中国创造转变、中国速度向中国质量转变、中国产品向中国品牌的转变,越来越智慧型的中国企业将引领创新的广度与深度,为中国品牌创造无限的可能。

掘金之道·财富故事

1. 可口可乐如何穿越周期

很多人最爱的"肥宅快乐水"不光营销很厉害,商业模式更是其坚挺百年、屹立不倒的财富密码。

在全球经济增长放缓的大环境下,可口可乐的营收、净利润却连年强劲、迅猛增长,赛过iPhone,稳过茅台。不论外部环境如何变化,可口可乐始终旱涝保收,利润高昂,这要归功于它巧妙的商业模式——瓶装授权体系。

事实上,可口可乐从不生产和销售汽水,它只是浓缩糖浆原材料的供应商,而分散在世界各地的商家获得可口可乐官方授权后,就可以按照流程将原料兑水、装瓶、运输、销售,甚至为了规避国际糖价波动带来的风险,可口可乐后来只向授权商提供无糖浓缩粉,让他们自己按照规定比例加糖。

只要能拿到可口可乐的授权瓶装商资格,就意味着一夜暴富。

第二次世界大战期间,艾森豪威尔将军把可口可乐列为军需用品,部队行进到哪里,可口可乐的工厂就建在哪里,可口可乐正是趁此机会在全球大举扩张。资料显示,仅第二次世界大战期间,可口可乐就新建了64家瓶装厂,一共卖出了超过100亿瓶可口可乐。战后,可口可乐把整个南美洲授权瓶装商的资格给了艾森豪威尔父子。

为了在世界各地迅速打开市场,可口可乐会授权当地最具实力的大商家来做瓶装商,当然,"快乐水"的高利润也令财阀们蠢蠢欲动。比如日本的授权商有三菱、三井,印度有当地宗教领袖,我国有中粮、太古集团等。

在瓶装授权体系之下,可口可乐可以保持轻资产运作,只负责把秘方和品牌管理做到极致。

2.陕西女企业家把芯片植入布草,改变酒店卫生危机

酒店拿毛巾擦马桶、床单内裤一起洗引发信任危机,陕西女企业家把芯片植入酒店布草,一举改变行业卫生难问题。

陕西女企业家、雅兰集团董事长韩玲,经营酒店布草行业20余年,深知产业链上下游的各种问题,于是,她在国内首创了把智能芯片植入布草的技术先河,让每一件布草用品从出厂到使用、洗涤、流转,全过程可一码追溯,甚至一条床单使用了多长时间,洗涤了多少次,一车布草的具体数量、尺寸都不再需要工作人员人工统计,这些都可一键扫码,三至十秒出结果。

同时,雅兰集团在全国率先实践以布草企业为主导的酒店布草智能租洗一体服务模式,提供标准化智能共享布草、现代

化智能洗涤、智慧仓储及物流，让酒店以租赁代替购买，帮助酒店大大节约采购及管理成本，提升效率和卫生安全，运用物联网技术，开创了酒店布草租洗服务新纪元。

雅兰模式直击上下游产业痛点，解决纺织企业在布草使用过程中问题和责任难以界定的问题；解决洗涤厂纠纷多、第三方监管缺失、行业发展缓慢的问题；解决酒店卫生问题频发、消费者信任度偏低、管理滞后、效率低的问题。

雅兰集团也将该智能租洗模式应用到运动赛事当中，服务第十四届全运会、陕西省第十七届运动会等大型赛事。

经过20余年的发展，雅兰的用户已遍布全球86个国家，服务四季酒店、温德姆酒店、喜来登大酒店、南美希尔顿酒店、韩国酒店集团，是迪拜七星级酒店面料制造商。

3.长隆公园不学迪士尼，每年3000万游客抢着去

迪士尼四次涨价仍有大批追随者，商业模式已成行业黄金定律，但国内有家游乐园偏不学迪士尼，仍做到3000万的年客流量，全球排名第四，国内第一。

以前国内主题乐园走传统路线，盯着同行业竞品，复刻其成功模式，这样做砸再多钱最后也只是瞠乎其后。于是经营者转变思路，用蓝海视角观察行业，发现需求缺口，做别人没做过的，实现弯道超车。

比如，国内一家地产公司，发现各家野生动物园都将亲子游客作为核心客群，只在动物观赏和科普功能下纵向拓展，忽视了年轻客群的需求。因此，经营者引入主题乐园中的娱乐设施，将主题乐园的刺激感和欢乐氛围带进动物园中。这种全新的模式既保留了动物主题的核心优势，又创造了不同于传统动物园的体验感。这家乐园自开业就保持每年两位数的营收增长

率，成为国内最好玩的野生动物乐园之一。

动物园在营销上没有选择不具备优势的原创IP和对手"互卷"，而是采用借势营销，《中国好声音》火了，就找来好声音学员在园区里办巡演；《爸爸去哪儿》火了，就和电视台合作拍电影，场景就放在自家野生动物园……哪个IP火，就找哪家IP合作，为自己的品牌带来持续曝光。

拒绝内卷，借势营销，弯道超车，这套蓝海模式让长隆公园成为国产乐园的品牌担当。

8

第八章
CHAPTER 8

新财富王国

SECTION 1 第一节

大国崛起需要品牌助力

2023年《财富》世界500强排行榜榜单显示，中国内地及香港地区上榜企业数量共135家，只比美国136家公司上榜数量少一家，这表明中美两国在大企业数量上的优势仍然是全球其他国家和地区无法比拟的。虽然中国企业在世界500强中已形成了数量多、规模大、品类齐全的商业竞争高原优势，但我们更应保持清醒的头脑，中国的伟大复兴与全面崛起仍面临着巨大的挑战，更需要中国企业在做大的同时，进一步做强。

事实上，因为受制于核心技术与创新能力，不少进入世界500强的中国企业的综合竞争能力还不够强大。虽然以出口为导向的外向性经济发展战略为中国带来了多年的经济持续增长，创造了巨大的财富，但我国产业链结构中的高端核心技术、核心工艺、核心原料、核心环节、核心零部件一直面临着发展瓶颈。

以前中国企业多是在自己熟知的领域里进行大规模生产，随着逆全球化风险的不断加大，产业链重构势必会加剧逆全球化的趋势。以前世界还能接受"东莞一堵车，硅谷芯片就要涨价"的情景，现在全世界尤其是西方发达国家都建设了自己的产业链，形成小而全的格局与战略意向。

国际局势复杂多变，中国某些高、精、尖企业常有"断炊"之虞。电子科学、通信工程、生物医学、工业软件等行业面临着更大的瓶颈。中国要强盛、要复兴，就一定要大力发展科学技术。关键核心技术是要不来、买不来、讨不来的，这是中国企业从做大到做强必须攻克的第一个高地。同时全世界已经离不开中国制造，中国已成为世界上最大的出口国，世界第二大进口国。从代工服装到制造汽车，从模仿到创新，中国也早已不再是廉价的象征，既有生产能力又不断在提升研发能力，从"制造"到"智造"，将220多个商品品类做到了全球产量第一。

综观大国崛起，无一不伴随着品牌崛起，从制造大国走向品牌大国，品牌竞争力是一个国家竞争力的关键。区域经济的好坏取决于它有多少全国性品牌，一个国家经济的好坏取决于它有多少世界性品牌。品牌竞争力是一种综合实力的展现。对于国家而言，在"某国制造"的背后表现的不仅是经济硬实力，还囊括文化、政治、人才等方面的软实力。虽然全世界已经离不开中国制造，但中国模式存在着严重的缺陷——大国寡品，即在经济高速发展的同时，没能树立起中国品牌在全球的地位。许多国货承担的是平替的角色，也就是进口替代。在全球最佳品牌排行榜上，中国大陆地区只有华为能够常年上榜。美国依旧占据全球最佳品牌排行榜半壁江山。可见，中国虽为世界第二大经济体，但在品牌建设上却与美国相距甚远，与经济总量低于中国的日、法、德等国家相比，中国品牌依旧有很大差距，还处于大国寡品的尴尬境地。中国企业在未来更应着力于本土品牌崛起，对品牌进行重新升级改造，在互联网"下半场"通过差异化、高端化、全球化的路径，实现新消费、新产品、新品牌的品牌重构。

创新与品牌驱动仍然是世界经济发展最强大的双引擎，中国要建设创新驱动型国家，中国经济要转换动能，完成中国制造向中国创造、中国速度向中国质量、中国产品向中国品牌的三个转变；中国企业应通过不懈的努力去增强中国产品的竞争力，实现品牌价值从平替到高赞的升位，改变"制造大国、品牌小国"的现状。

SECTION 2 第二节

傍大牌结苦果，品牌告别草莽时代

真功夫被追诉、乔丹体育改名、中国红牛痛失品牌……做保姆工资再高，都不如抚养自己的孩子，品牌建设亦是如此。当年品牌傍大牌省下的钱如今要十倍百倍的偿还。即便已如日中天的大企业，如今也不得不含泪吞下当年自酿的苦酒。

品牌被夺，商标负资产：中国品牌三连败

流年不利，时势变幻。曾经野蛮生长的中国三家本土著名企业，同遭釜底抽薪暴击，有苦说不出。

2022年8月25日，以李小龙女儿李香凝为法定代表人的李小龙有限责任公司（Bruce Lee Enterprises，LLC），起诉上海真功夫快餐管理有限公司、广州市真功夫餐饮管理有限公司、广州真功夫快餐连锁管理有限公司肖像侵权一案在上海市第二中级人民法院开庭审理。原告主张其合法享有李小龙相关的各种权益，已陆续在中国大陆注册近60个与李小龙相关的商标，被告方"真功夫"擅自使用李小龙肖像，既侵犯了李小龙肖像上承载的人格尊严，也侵犯了财产上的利益，故诉请法院判决被告方"真功夫"立即停止使用李小龙形象，在媒体版面上连续90日澄清其与李小龙无关，判令被告方"真功夫"赔偿其经济损失2.1亿元，以及维权合理开支8.8万元。对此，被告方"真功夫"曾回应过："时隔多年后被起诉，我们也很疑惑，真功夫系列商标，是由公司申请，国家商标局严格审理后授权的。我们已经使用了15年，我们的商标是否侵权，多年前也曾有过争议，但我们的商标一直没有被判定侵权或者撤销的行

政或司法结论。"个中内涵，难言功夫在身的硬气。

很快，"真功夫"相关方申请注册的"真功夫及图""真功夫""真功夫功夫送"等20件图形商标被国家知识产权局宣告无效。该系列商标中，申请注册最早的始于2004年。根据中国商标网公示的裁定文书内容显示，国家知识产权局于2022年8月认定真功夫所申请注册的系列商标均违反了《商标法》。国家知识产权局商标局解释称，李小龙是一代武术宗师，中国功夫首位全球推广者，好莱坞的首位华人主角，被誉为"功夫之王"。在争议商标申请注册之前，李小龙已是家喻户晓的公众人物，具有极高的知名度和广泛的影响力。争议商标与李小龙的肖像及经典动作几近相同，作为商标使用在核定服务上，易使消费者对服务的来源等特点产生误认。

同样殷鉴不远，"乔丹体育"与"中国红牛"俱已惨败于搭便车、傍大牌与商标清算之争。

被誉为"飞人"的美国著名前NBA职业篮球运动员迈克尔·乔丹与中国乔丹体育品牌的商标官司缠斗，历经百起案件，10年时间，终以"乔丹体育股份有限公司"更名"中乔体育股份有限公司"，被判停止使用其企业名称中的"乔丹"商号，并向原告迈克尔·乔丹赔礼道歉，澄清二者关系而于事实上尘埃落定。为此，已由乔丹体育更名的中乔公司不得不发布道歉声明，道尽了心中的无奈与不甘：美国前NBA篮球运动员Michael Jeffrey Jordan同本公司关于"乔丹"中文姓名权纠纷一案，上海市高级人民法院已于2022年3月11日由（2021）沪民终547号判决书作出终审判决。根据上述终审判决及其他相关生效判决，对于本公司主营业务中注册时间超过5年的"乔丹"系列商标，本公司拥有正当合法的使用权；对于在企业商号中使用的中文"乔丹"字样，如果给Michael

Jeffrey Jordan 先生的姓名使用造成了精神困扰，本公司深表歉意，并再次澄清双方不存在任何关联关系。

而与之类似，2020年12月21日，最高人民法院就红牛维他命饮料有限公司与泰国天丝医药保健有限公司"红牛"商标权权属一案，作出终审判决，最终裁定泰国天丝医药保健有限公司为红牛系列商标的所有者，中国红牛不享有商标所有者的合法权益。

同病相怜，真功夫与曾经的乔丹体育、中国红牛都体会到了品牌被夺，"架在火上烤"的滋味。

品牌最讲血统：攒钱不如养孩，抱养不如生养

做产品难，做企业更难，做品牌难上加难。在追求商业利益的企业家看来，当然是傍大牌、搭便车来钱更快更讨巧，但正如真功夫与乔丹体育、中国红牛的遭遇，当时酿的苦酒过了多少年之后，还是要自己喝下去。

"真功夫"前身的品牌名是"双种子"，曾被誉为第一家实现"标准化"的中式快餐餐厅。2003年，品牌名由"双种子"改为"真功夫"，品牌主视觉上使用了李小龙典型的中国功夫的形象。经过20余年的苦心经营，其间虽经历了创始人家族的惨烈内斗，发展势头受挫，却仍不失为中国快餐连锁的著名品牌名号，高峰时门店数量达570家，遍布全国40个城市，位列中国餐饮企业百强。而乔丹体育的商标注册的时间是2000年，那个时候迈克尔·乔丹还没有退役，正如日中天，名满天下。有意无意之间，中国的乔丹体育使用的飞人带球的Logo形象宛若一个国际一线品牌，与迈克尔·乔丹有着千丝万缕的联系，分不清此乔丹与美国品牌AIR JORDAN的真正区别。一时间，乔丹体育的门店遍布中国的大街小巷，年销售额

最高时曾达到29亿元。

相比真功夫与乔丹体育，中国的华彬集团对泰国红牛倒是光明正大地"抱养"。1995年，中国的华彬集团与泰国天丝集团合资成立了红牛维他命饮料有限公司，获得"红牛"商标许可使用授权，正式将"红牛"引入中国。在华彬巨额广告投入与全国渠道运营下，一卖20年，将红牛做成了中国功能性饮料的绝对老大与代名词，市场份额一度高达60%以上，年销售额超过200亿元。"困了累了，喝红牛"成为中国红牛品牌的高价值载体，中国红牛的品牌价值估值曾高达230亿元。

商场如战场，没有永远的盟友，只有永恒的利益。2012年，真正的"红牛"生父，泰国天丝董事长许书标去世，其子许馨雄接班，看到被"抱养"走的中国红牛已成为超级"现金奶牛"，许氏家族的新一代就将先父与中国华彬董事长严彬的世交情谊抛于脑后，合资公司的商标使用许可合同于2016年10月到期后，天丝集团不再授权合资公司使用红牛商标，于是引发了一场长达六年的商标争夺战。可惜最后，红牛商标不能再被中国华彬使用。虽然华彬已开始专心养育自己亲生品牌"战马"，但品牌先机、品牌代差已牢固形成，再创一个中国红牛的市场奇迹难度非常之大。

中国的崛起复兴与长治久安，有赖于中国品牌摆脱低质、廉价的标签向中高端化发展，中国品牌不仅要改变世界对中国产品的偏见，更要重塑国人对中国品牌的信心。

正如中国家电品牌的王者海尔在长达40年的发展历程中，始终坚持以用户为中心，用颠覆与创新书写了一部中国企业创新史，一步步成为引领全球的生态型企业。也正是基于这种坚持，海尔才打造出向世界贡献中国力量的品牌，建立起三级品牌体系：高端品牌、场景品牌、生态品牌，深入全球200多个国家和地区，服务

10亿用户家庭。海尔以世界第一家电品牌、全球唯一生态品牌实现品牌引领，主导和参与了84项国际标准的制定和发布。由此可见，中国企业更应着力于本土品牌崛起，对品牌进行重新升级改造，通过差异化、高端化、全球化的路径，实现新消费、新产品、新品牌的品牌重构。

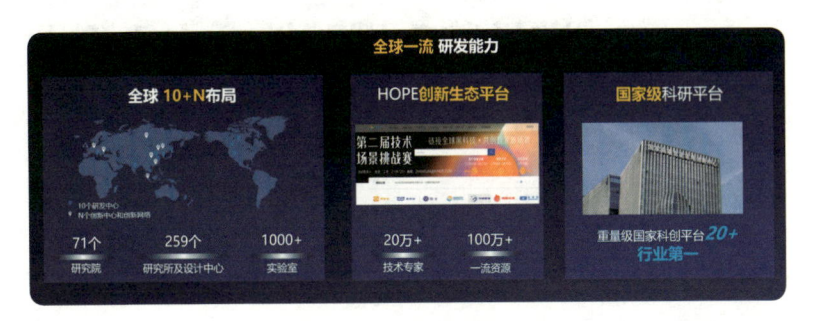

海尔全球一流的研发能力

斯蒂芬·茨威格曾在《断头皇后》中对法国国王路易十六之妻玛丽·安托瓦内特的香消玉殒评说过："当时她还年轻，不知道所有命运馈赠的礼物，都已在暗中标好了价格。"傍大牌、搭顺风车看似出名容易，但是当企业做大之后却不得不面临知识产权的风险。早知今日，何必当初。如果乔丹体育知道早晚都得改名为中乔体育，真功夫知道李小龙的后人会打上门来，中国红牛知道20年后人家的商标不给自己用了，它们肯定不会搭这个便车，为他人做嫁衣。看似当初走了捷径，省了费用，抢了时间，但长久地看却把企业置于巨大的知识产权风险之中。君子不立危墙之下，企业家更要守正出奇，有些便宜不能占，当年占到的小便宜，最终要付出巨大的代价。做品牌犹如养孩子，哪怕是自己的孩子有缺陷，也要好好地对他进行教育，用点点滴滴的心血养大，做保姆抚养别人的孩子，终归不是自己的孩子，难免有一天会被要回去。

正所谓品牌最讲究血统，攒钱不如养孩，抱养不如生养，创汇不如创牌。

SECTION 3 第三节
洋品牌攻城略地，本土企业凭什么反击？

三十年河东三十年河西，中国市场上洋品牌和本土品牌的竞争，如今也许正面临一个转折点：攻守之势异也。

打得赢就打，打不赢就买

"打得赢就打，打不赢就买，买了之后就束之高阁，等着它自然消亡。"这曾经是跨国公司在中国市场实现品牌垄断的标准套路，也是它们打压消减中国本土品牌的重要战略之一。

自20世纪90年代初，中国经济的市场开放程度和市场化进程日益深化，外资品牌纷纷涌入。跨国公司在中国展开了大规模的扩张战略，中国市场逐渐成为跨国公司全球战略版图的争夺中心。彼时，是洋品牌在中国大陆最为高光的时期，跨国公司凭借技术、资金、人才与政策优势，将综合竞争优势与核心竞争力外化为品牌竞争力，在中国神勇扩张，攻城略地，发起了一场场"消灭式合资"的品牌鲸吞战。

起初，洋品牌刚入中国，迫于操作难度，往往采取与中国的一些本土知名品牌合资的策略，例如大众、宝洁等品牌就是这样进入中国市场的。对于中国本土一些历史悠久、知名度很高或实力很强的品牌，洋品牌如果一时难以买断其所有权，就会转而以较少的资金买断这些使用权。实现品牌合资后，跨国公司通常就会采取亲疏有别的策略，利用自己的控股决策权，对于自己亲生的洋品牌重点培育，对于买来的中国本土品牌却有意安排在低档产品线上，甚至干脆弃之不用，打入冷宫。

1990年，美国庄臣收购美加净；1994年，联合利华收购中华牙膏；1996年，德国美洁时收购活力28；1999年，吉列收购南孚电池；2000年，法国达能收购乐百氏；2003年，法国欧莱雅收购小护士；2008年，美国强生收购大宝；2011年，百胜收购小肥羊……洋品牌掀起了多场并购本土品牌或者变相并购本土品牌的龙卷风。

然而，卖品牌容易重生难。美加净、中华牙膏、大宝、小肥羊等曾经风光无限的中国品牌在合资后都没有实现品牌的跨越与升位。有些是因为经营不善，有些则是因为本来想傍个大款，却"一入侯门深似海"，成为别人的一颗棋子。

1990年美国日化巨头庄臣和上海家化组建合资公司，美加净品牌并入合资公司，美加净就此被雪藏，直到2000年，美加净日华和美加净牙膏的品牌才被本土企业重金收回，重现市场。这样的例子不胜枚举：法国欧莱雅收购了小护士，小护士从此卸妆回家；美国肯德基的母公司百盛收购了小肥羊，小肥羊一年不如一年；英国强生收购了大宝，大宝不再是个宝；德国美洁时收购了活力28，江湖再无沙市日化。

我们有多少家喻户晓的民族品牌被外企收购后，遭遇雪藏，退出了市场？数不胜数。

品牌鲸吞战,风水轮流转

2004年,珠海计划以9亿元人民币的价格把格力电器卖给美国开利,以引进这家世界500强企业投资珠海,但董明珠力挽狂澜,阻止了这一"卖牌计划";如果格力当年卖给了美国开利,我们失去的不仅是一个本土品牌,更是一个"让世界爱上中国造"的世纪契机。

2011年,本土日化品牌丁家宜被全球化妆品巨头科蒂公司收购,随即遭到雪藏。而就在当年丁家宜被收购时还信誓旦旦地表示:丁家宜不会被束之高阁,因为其情况与全部股权都被收购的小护士不同,丁家宜仍然持有三分之一以上的股权,具有很大的话语权。但事实证明,这只是丁家宜的一厢情愿,仅仅一年后,其销售额就下降了50%!

国外大牌不会做亏本买卖,其收购的往往是较为成功的本土知名品牌,有较高的竞争价值。比如欧莱雅收购小护士即是看重其当时的强大渠道能力,但收购只是其假道伐虢之计,最终是为了用自己更为强势的品牌占领市场。

诞生于日本的SK-II在被宝洁收购前被喻为"神仙水",风靡整个亚洲。1991年SK-II被宝洁公司收购,并没有被束之高阁,而是成为宝洁用来占领高端化妆品市场的一把利器,同为"嫁入豪门",与中国品牌的遭遇可谓云泥之别。

一桩桩品牌战败仗之下,中国企业家终于明白了:品牌才是企业最宝贵的资产。就像农民不能卖种子,企业也不能卖品牌。

风水轮流转,中国品牌终于迎来了自己的高光时刻。随着国力增强,中国企业也学会了借船出海:吉利汽车的李书福为了品牌升级,斥巨资买下沃尔沃,让这个古老的欧洲品牌重新焕发生机,如今李书福已成为奔驰汽车母公司最大的个人股东，豪华汽车品牌不再是外国人的专属。

中国体育运动的头部品牌安踏，也联合腾讯收购了世界体育品牌始祖鸟，开始构建自己的高端品牌王国；中国家电巨头海尔收购美国拥有百年历史和备受认可的国家标志性的GE家电品牌。这些既是中国企业强大实力的象征，也代表着中国企业拿下了外国品牌拥有的研发、渠道、产品、品牌及其广阔的高端市场，也正是这些收购战略帮助中国品牌极大地拓展海外渠道，提升了国际化战略和布局。

品牌竞争力是一个国家的核心竞争力。我经常说：衡量一个地区强弱是看它有多少全国性的品牌，衡量一个国家的强弱是看它有多少世界性的品牌。

老外买了我们的品牌，很多都做砸了。我们买了老外的品牌，却把这些品牌给擦亮了，这也许就是风水轮流转。可见，中国经济要想保证长远稳定的发展与提升，最终还是要靠中国企业立足服务国内国际双循环，以全球视野谋划和推动发展，打造更多拥有全球知名品牌形象的典范企业，向世界贡献中国品牌的力量。

SECTION 4 **第四节**

中国企业应该向国际品牌学什么？

学习是为了追赶。罗马不是一天建成的，复兴也不会一蹴而就，学习更是为了超越。百尺竿头须进步，十方世界是全身。作为世界第二大经济体、第一大工业国，中国的产业结构调整与升级更加有赖于品牌升位，才能实现中国品牌的提升与国力的增长真正同步。但目前中国品牌的国际竞争力与中国世界第二大经济体的地位并不匹配。我们亟须进一步向国际大品牌深度学习品牌竞争力的塑造，一手提质保量巩固中国制造的硬实力，另一手更要修炼中国品牌的软实力，摆脱低质、廉价的标签向中高端化发展，从而将学习红利尽快转化为品牌红利。

中国曾是奢侈品与工匠精神的世界老师

品牌的背后是文化和价值观，体现的是品质的百年传承，文化的一以贯之。在几千年中华文明积淀结晶的历史长河中，中国曾是世界奢侈品的发祥地，精工制造、工匠精神，本身就源自中国。"如切如磋，如琢如磨"，这是中国古人在《诗经》中对"锤炼"的表述。七百多年前，意大利著名旅行家马可·波罗在中国游历，曾为当时天朝的富甲天下所震惊。面对琳琅满目的商品，他一边发出由衷赞叹，一边对中国人花费十几年时间制作一件瓷器感到不可理解。

可见，中国制造在古代历史上意味着精工品质，如瓷器、丝绸等物件，除了百姓日用品，也有官窑艺术品。古代中国制造业对品质追求的极致，让很多日用品都具有很强的艺术品化表现。《史记》有载：孟尝君有一狐白裘，直（值）千金。而在《红楼梦》中，曹雪芹对奢侈品的描述更是淋漓尽致，居所豪华、饮食精细，那颗集四种花蕊之精华，吸四节气露水之灵气，耗费巨大人力物力打造而成的"冷香丸"，让如今国外的奢侈精油都望尘莫及。西方人只知道用多少吨玫瑰花瓣提炼多少克玫瑰精油，曹雪芹却早已发现了奢侈品生产过程中的细节之美、工艺之繁、人文之雅。《红楼梦》第七回，宝钗描述她的补品"冷香丸"的配方："要春天开的白牡丹花蕊十二两，夏天开的白荷花蕊十二两，秋天的白芙蓉蕊十二两，冬天的白梅花蕊十二两。将这四样花蕊于次年春分这一天晒干，和在末药一处，一齐研好；又要雨水这日的天落水十二钱……白露这日的露水十二钱，霜降这日的霜十二钱，小雪这日的雪十二钱。把这四样水调匀，和了药，再加十二钱蜂蜜，十二钱白糖，丸了龙眼大的丸子，盛在旧瓷坛内，埋在花根底下。若发了病时，拿出来吃一丸，用十二分黄柏煎汤送下。"难怪周瑞家的在一旁听傻了："我的老天爷，恐怕十年的工夫也未必凑得齐你这些材料。"

只可惜随着时代发展，中国工匠精神的传承发生了断层。北京故宫博物院还现存一件凫靥裘褂，是用野鸭面部两颊附近的毛皮制作的，用大约720块凫靥裘一块压一块拼缝而成。这件凫靥裘褂在移动时会随着方向变换闪现出不同的颜色，光彩夺目。而现实中，精工制造的诀窍却被西方人学了去——劳斯莱斯就号称其座驾是纯手工打造的，座椅及内镶皮件全部采用斯堪的纳维亚半岛的小牛皮，一辆劳斯莱斯要用20张整张的小牛皮，唯其如此，才显珍贵。

复兴中国品牌的工匠精神，我们必须用现代市场经济的思维重新向国际品牌学习。

法国奢侈品品牌的密码

论及当今世界的奢侈品品牌，法国无疑是最具代表性的国家。近代意义上的法国奢侈品之父可上溯至"太阳王"路易十四。1682年，路易十四正式将法国宫廷从巴黎卢浮宫迁往凡尔赛宫，为了用奢侈来显示权威，在这座占地111万平方米，拥有2300个房间，67处楼梯和5210件家具的豪华宫殿，用雕塑、壁画各种艺术品将宫殿装饰得无比富丽堂皇。不仅如此，路易十四还创立了法国奢侈品的潮流，确立了芭蕾舞体系，用各种有品位的艺术品、珍藏品塞满凡尔赛宫，引领着整个法国走在了世界时尚潮流的前端。

意大利画家帕尼尼·乔瓦尼·保罗的代表作《凡尔赛宫》

虽然法国奢侈品也起源于封建宫廷,但以浪漫奢华、精益求精为内核的品牌传承却没有中断过,法国近代历史上也多有改朝换代与社会变革,但一直没有改变对品牌的初衷,即使在经济萧条与社会动荡时也没有放弃对品质的要求。作为欧罗巴大陆上历史最悠久的大国之一,法国的奢侈品历史虽然不及古中国的年代久远,却发轫于300多年前,并经历了工业文明与市场经济的洗礼与升华,保持住了工匠精神的传承与发展,并赋予品牌更符合现代社会需求的精神内涵,成就了众多百年品牌,共同让如今的法国成为奢侈品的圣地与天堂。例如,法国奢侈品的代表品牌LV,就是品牌创始人路易·威登(Louis Vuitton)名字的缩写。路易·威登是法国一个木匠家庭的穷孩子,进入法国宫廷里专门给王公贵族打包旅行行李,制作旅游皮箱的技艺十分精湛,巴黎闻名。后来,离开宫廷独自创业的路易·威登,继续了他的老本行,凭借一款平顶的旅行箱包,LV掀起了一场时尚革命。150多年的发展,为了满足现代旅行家对旅行品质的精致要求,LV陆续生产了可以存放两瓶佳酿的酒袋,还有可随意打开、折叠收起,用来阅读写生的桌椅。

自此以后,从行李箱到各种延伸的产品,路易·威登一直致力于演绎品牌的核心价值:优质旅行,其高贵、卓越的品质深得人心。日新月异的现代社会发展以及快节奏的生活,让应接不暇的人们成为奢华物质生活中的精神贫民。如何提高精神生活质量,实现生命的意义,是人们的需要,也是LV的思考。于是LV不断强化"生命本身就是一场旅行"的故事母题,引领新时代的新故事,成为风靡全球的奢侈品标识。

复兴中国品牌的工匠精神

圆明园是中国古代园林建筑的集大成者,被誉为万园之园,从品牌传承的角度看,它更是中国古代工匠精神的集大成者。圆明园的修建不仅是由清朝集国家财力、金银珍宝堆砌而成的,也是由无数工匠的娴熟工艺雕琢完成的,圆明园是中国古代工匠精神的一个缩影。

流失于海外的圆明园兽首曾屡被拍出天价,从侧面也反映出世界对中国优秀工匠的创作价值的肯定。在中国传统社会的人们眼里,再多财富也有失去的时候,唯有一门手艺可保证衣食无忧,因此工匠盛行一时。但是被古人所崇尚的"良田百顷,不如薄艺在身"的追求正在渐渐远逝,"技近乎道"的工匠精神未得到全面复兴。

追求工匠精神,就要让工匠享受充分的物质保障。圆明园时代,一个工匠可以凭自己的手艺,一年到头精雕一对石狮子,让家人在京城过上衣食无虞的生活,甚至让皇帝刮目相看,大加封赏,荫庇子孙后代,但如今,一个石匠一年打十对石狮子也过不上小康生活,所以就会导致近代我国工匠工作的态度不再是精益求精,而是敷衍和应付。德国制造之所以享誉全球，成为制造业的标杆，原因在于它所具备的工匠精神，而这种精神的背后就是给予工匠们充分的物质保证。例如在德国，蓝领工人只要努力工作，他的收入可能比那些坐办公室的白领的工资还要高，甚至美国一线生产线上的技师的收入比大学教授的年薪还要高。

制造业有一个通律，只有当工人的月薪达到一定程度的时候才可以造飞机，因为飞机是对安全性要求很高的产品，也对工人的敬业程度要求很高，稍有闪失，就会埋下日后空难的隐患。对于一线工人而言，飞机制造绝对要有高度的责任心。以机舱外面的油漆为例，看上去非常漂亮、光滑，但实际上整个飞机机舱的表面都是一块一块的铆钉铆出来的，因为全世界没有一张足够大的铁皮，能把飞机包起来，它需要运用铆钉将一块一块的铁皮铆起来，这样飞机在空中剧烈颠簸过程中才能有张力。飞机上的每个部件都要求认真打磨，保证终生耐用。"失之毫厘，谬以千里"，飞机制造工人在工作中的稍稍懈怠都可能演变成一场空难。缺乏基本的物质保障，没有追求极致的心态，工匠精神始终都是空谈。

长久以来，中国市场上单纯的买卖心态带来了许多一锤子买卖，买的没有卖的精，消费者对国货的信心难以建立；当买卖变成生意的时候，就变成了讨价还价，就不能一人赚尽所有的钱，要让大家一起都有钱赚。生意的本质直白来说是两个人要生出意思来，做完这笔生意要变成朋友，所谓"买卖不成情义在"才能成就更多的生意，而成长为商人，虽然万事好商量，仍旧不是现代意义上的企业家，只有到了最高的阶段才是企业家，企业家就是做品牌的，企业家精神就是要让品牌的事业世世代代传承下去。

中国民营企业的平均寿命只有短短几年，为了改变这种状况，我们就要重新定义品牌，品牌是产品力加上价值观，不光要有好产品，还要有好品牌。摒弃"差不多"习惯，坚持品牌的百年承诺、百年永恒，才能实现卖得贵、卖得快、卖得多、卖得久的品牌价值。具体到中国企业，复兴中国品牌的关键在于从打工心态回归工匠精神，从做产品到做作品，真正实现从买卖人、生意人、商人到企业家的成长蜕变。

SECTION 5 第五节

国潮和本土意识：从文化自信到品牌自信

近年来，中国国货新潮流正逐步迈上更高的台阶。中国本土品牌线上市场占有率已经达到72%。当下中国年轻一代对国货的接受度、喜爱度可以说是过去几十年来最高的，从文化自信发展到品牌自信。目前，中国品牌无论是在本土消费市场，还是全球竞争格局当中，都发生着深刻变化。

当"90后""00后"们开始成为消费者舞台上主角的时候，年轻人开始买国产手机、用国产化妆品、穿国潮服饰，连国产电影的票房占比都逐年增高。同时，越来越多国货产品走向海外并大受欢迎。2023年国产品牌手机国内市场出货量累计2.31亿部，占同期手机出货量的79.9%，而在全球手机出货量前五名中，中国品牌占三席。中国品牌手机在全球市场也占比50%左右。除此之外，大疆占据了全球民用无人机七成的份额，全世界90%以上的个人电脑都产自中国，联想收购IBM、吉利收购沃尔沃、海尔收购通用的白色家电业务，中国品牌已覆盖了全球市场。

从中国制造到中国品牌，国货品牌崛起

在提升硬实力的同时，中国也应更加注重软实力的塑造与输出。中国五千年文化的传承为软实力打造提供了坚实的基础，讲好中国故事，才能创新中国品牌。但在这方面过去的几十年其实我们做得并不好，比不上欧美、日韩。

提到日本，除了樱花、富士山、索尼、本田，还有影响世界的黑泽明、宫崎骏，仅占世界人口大约1.6%的日本，一直牢牢占据全球电影市场第二的位置，直到近几年才被中国超越。美国好莱坞更是难以逾越的高峰，好莱坞电影在世界电影生产总量中只占6%，但它的放映总时间却占80%。美国电影产业的发展不仅影响到美国的文化产业，还对全球电影产业和文化产业都有着重大影响。通过电影，好莱坞将美国精神和价值观念输入全世界观众心中，影响广泛。

可喜的是，这种情况正发生变化：中国国产动漫电影《哪吒之魔童降世》创造了世界动漫电影的新票房纪录；《姜子牙》无论在票房和口碑方面都超越了《花木兰》。国产电影开始在民族文化IP塑造方面与好莱坞一争高低。

如今，在中国本土市场，华为、小米、OPPO、vivo开始取代苹果，国货开始取代欧美、日韩品牌。胸前印着大大的"中国李宁"Logo，脚上一双回力鞋成为当下青年人彰显时尚与个性的标志。

为什么年轻人一夜之间回归国潮

首先是中国综合国力的提升，过去万人空巷看《北京人在纽约》的时候，国人一出国就像刘姥姥进了大观园，看什么都新鲜。而现在的年轻人走出去，再也不会为那些高楼大厦、科技产品而感叹，因为从这些基础的物质层面来看，别人有的我们都有，别人没

有的我们也有，我们的物流快递、交通方式、支付方式都是全世界最领先、最便利的。同时国际地位的提升必然让消费者对本土品牌更加自信。

其次是物质的极大丰富带来的还有消费品位的升级，不管是中国造还是外国造，谁的东西好就买谁的。面对新一代消费者，国货品牌的领导者们早已不再单纯地把性价比放在首位，而是更注重产品品质、设计创新。"Z世代"消费者既看中品牌和体验，又注重品质和内涵，不仅拥有较强的消费能力，也拥有更大的话语权，他们要求品牌所传达的价值观要与自己的理念相契合。

比如以"东方彩妆，以花养妆"为理念的中国彩妆品牌花西子，定位精品咖啡大众化的三顿半都乘着网络东风快速崛起。这些品牌背后的消费群体都以"95后"为主。本土品牌的崛起归根结底是文化自信的回归。当国人对国家实力越来越自信，国货品牌的崛起是理所当然的。

中国品牌引领网络购物

中国本土品牌的崛起也得益于网络购物的繁荣，国内品牌比国际品牌要更早地拥抱电商、占据主流消费渠道，自然带来巨大的发展。

阿里研究院通过对阿里平台上的数据研究发现，整个市场的发展从以制造者为核心转变成以消费者为核心，消费者在未来经济发展中变成了更大的驱动力，而消费者中年轻一代、中产和线上消费者变成了极其活跃的要素。尤其是年轻人，在经历数字化之后，通过移动端线上购买的比例大大增加。这些消费者购买的背后，是高增速、高频次、碎片化和个性化消费趋势的彰显。

中国有巨大的消费市场，而本土企业必然更了解国人的实际需求，早将市场进行横向、纵向的深度细分，挖掘出无穷的潜力。

横向来看，市场可以按照消费者的年龄、个性、居住情况等进行细分。老中青各不同年龄层的人对消费需求不同，同时他们的生活态度和方式也在不断发生变化。比如开始步入老年的人群不再像过去那样满足于奉献子女、照看儿孙，他们更倾向于发展自己的爱好，在旅游、运动、健康、服饰等方面投入的积极性也越来越高。

由于中国人口结构和生活方式的变化，独居人群越来越多。目前我国单身人口数量高达2亿多，围绕"一人经济"的产业链逐渐形成：单身公寓、一人电器、宠物文化大行其道。在这方面显然本土品牌的反应能力更强，走得更快。

纵向来看，深耕下沉市场是国货崛起的不可忽视的一个重要原因。

过去，买奢侈品、一些特定品牌的产品只能到某些一线城市的特定商场去购买，消费成本很高。随着互联网和电商的普及，更多商品可以在这个平行渠道得到消费者的广泛关注，从潮流最前端的品牌到针头线脑，只有你想不到没有你买不到，不论你是在北上广核心地段，还是边远小镇，在电商平台上所有人都有机会得到一模一样的品牌和产品，而且购买成本都一样。

另外，都市人群普遍生活节奏快、压力大，"小镇青年"由于稳定性强，反而有钱有闲更具有购买力，他们品牌意识形成的过程伴随着国货品牌的崛起，所以他们对国货品牌具有更高的认同度、忠诚度，是购买国货的中坚力量。

近年来，中国下沉市场的增速是远远超过一线城市的，拼多多的快速崛起就是最好的证明，现在不管是淘宝、京东还是拼多多或者其他渠道，都在抢滩"小镇青年"，三线及以下消费市场成为兵家必争之地。

风潮

从国货到国潮是本土品牌的一次飞跃

从国货到国潮是本土品牌的又一次飞跃，老品牌展现出新魅力。

2018年，本土原创品牌"中国李宁"走上纽约时装周的舞台，颠覆式的年轻化概念，一改过去跟时尚毫不沾边的形象，用新东方美学与中国哲学理念征服国际秀场，在国际上正式确立"国潮"的地位，并将"国潮"这个话题从国外引回国内，掀起"国潮"新浪潮。

品牌强则国强，中国品牌自信力与日俱增

中国在应对外部挑战的同时，正在构建以国内大循环为主，国内国际双循环相互促进的新发展格局。

本土市场已成为中国经济增长的主要力量，2023年我国最终消费支出对经济增长贡献率已达82.5%；2017年，国家设立"中国品牌日"加强品牌建设，推动中国由经济大国向经济强国转变，满足人们更高层次的物质文化需求；中国品牌日，不仅在改变世界对中国产品的偏见，更在重塑国人对中国品牌的信心。

未来，随着品牌塑造、品类细分、渠道下沉的继续优化，中国本土消费会有更大的发展空间。

很多中国本土品牌也纷纷走向国际舞台，用年轻化形象演绎中

式情怀,引领潮流营销,席卷了消费市场,一众品牌又通过各种跨界、联名等方式,或将中国传统文化元素融入创新品牌中,或与国际IP互动,带动中国品牌走向世界。

中国各个行业的品牌都开始发力:从服装、食品到家电、手机、电动汽车都开始进军世界市场。

从文化自信到品牌自信

历经40多年的改革开放与全面发展,中国制造的量与质已今非昔比。从代工服装到制造汽车,从模仿到创新,中国制造已开始摆脱价廉质低的形象。据联合国工业发展组织调查统计,中国是世界上工业门类最齐全的制造大国,按照国际标准工业分类,在22个大类中,中国在7个大类中名列第一;在世界500多种主要工业产品当中,中国有220多种工业品产量居世界第一。

虽然中国制造已取得举世瞩目的巨大成就,但我们也必须清醒地认识到,中国现在虽然是制造强国,但还不是品牌强国。品牌是国家软实力的基石之一,衡量一个国家竞争力的强弱要看它有多少世界性的品牌;衡量一个地区竞争力的强弱要看它有多少全国性的品牌。如今,中国已确定了制造业向更高附加值升级发展的战略目标,提出要"推动中国制造向中国创造转变、中国速度向中国质量转变、中国产品向中国品牌转变"的"三个转变"方向,品牌战略已经成为中国的国家战略。

竞争之下,小到企业大到国家,其生产能力和品牌价值的重要性更加凸显。中国品牌正在摆脱低质、廉价的标签向中高端化发展,一大批中国品牌开始在国际上集体崛起。中国年轻一代的民族自豪感以及对国货品牌的认同感与自信心进一步增强,其消费倾向的改变助力了国潮流行。

从中国产品向中国品牌转变正当其时

品牌的独特性可以形成其独一无二的竞争优势,具有差异化,让品牌从激烈的高频品类中脱颖而出,进而提升品牌形象。随着国力和民族自信心的增强,中国制造更上一层楼,年轻一代消费者的消费倾向也发生了很大变化。中国本土品牌开始成为中国内地消费市场的中坚力量。

年轻一代消费者正在不断提升自身的文化自信,民族自信心和民族自豪感增强,年轻人对自己本国优秀传统文化越来越有认同感。谁抓住了中国年轻一代消费群体,谁就拥有了未来市场的主导权。

随着民族自信心日益增强,品牌自信也随之增强,国人对自己文化自信心提高,消费观念也发生转变,年轻群体对品牌的认知态度更加积极与务实,不再一味追求大牌,同时"进口的等于好品质"的观念也在扭转,年轻人更愿意选择个性、国潮产品来彰显自己的时尚品位。他们从小就开始接触网络,获取到的信息更加多元化且具有高效的处理能力,因此,他们养成了辩证思维的习惯,看待问题也会从多角度分析,更不会轻易盲从别人的观点。于是,中国年轻的消费者的兴趣点更多样、更具有独特性,进而衍生出一系列小众经济。

随着时代的进步,一代人比一代人更潮流时尚,一方面接受着国外的潮流元素,另一方面也更热爱优秀的传统文化。

中国主流消费群体的本土品牌意识逐渐增强

我国社会主要矛盾已经转化为人民日益增长的美好生活需要和不平衡不充分的发展之间的矛盾,中国的老百姓理应获得更优质、健康、智能的生活环境与品质。谁能率先更高层次地把握住这一个消费升级的趋势,谁就能抢占未来的商业先机。

世界上任何一个国家，国家越强大，意味着这个国家的品牌也越来越强大。中国是制造业大国，中国制造名扬海外，却一直被贴上廉价、低质、"山寨"的标签，但其实中国制造业的尴尬现状，德国、日本、韩国这几个品牌大国同样经历过。在"大英帝国"横行的时代，"德国制造"曾经也是粗制滥造的代名词，日本与韩国也经历了一个从低端制造到品牌大国的过程。

新消费与消费升级时代，带来了挑战，也为中国本土品牌带来了更多的发展机遇。随着我国中产阶级消费需求的升级，主流消费群体的本土意识逐渐增强，中国消费者的心态也发生了微妙的变化，开始找回国货品牌的自信，更加青睐本土化设计与国潮风格；消费者追求更高质量的产品和服务成为常态，更进一步带动了品牌升级换代。重新打造品质为先的品牌核心价值，从制造转至附加值更高的研发、品牌营销与服务，都将带来巨大的市场空间。

未来品牌小众化、个性化、定制化成为大趋势，商家也更注重与消费者进行全方位的互动，从而打动消费者。

品牌强国，中国品牌价值输出能力提升

随着我国各个层面从单纯追求速度转向追求质量、追求创造、追求品牌，伴随着国货回潮，消费者对中国本土品牌的信心与日俱增，中国许多行业的品牌价值输出能力也日渐提升，在家电、服装、电动汽车、手机、电子商务等众多商业领域已经居于领先地位。

日本的一档电视节目曾让大家猜电脑、洗衣机、冰箱、空调、汽车等覆盖社会生活各方面的产品，哪些中国生产量是全世界第一。一位熟知家电领域的嘉宾说："怕不是全部吧！"而这正是正确的答案。

我国古代有造纸术、印刷术、火药、指南针四大发明，而如今，中国的"新四大发明"——高铁、支付宝、网购、共享单车；

外贸"新三样"——新能源汽车、锂电池、光伏产品再一次改变了世界。中国的高铁到底有多厉害？曾有一位外国人拍摄了一段在中国高铁上立硬币的视频，他把一枚硬币放在桌子上，在长达9分钟的视频里，列车飞速行驶，硬币始终屹立不倒，可见中国高铁不但快而且稳。截至2023年年底，我国铁路营业里程达到15.9万公里，其中高铁达到4.5万公里，超过世界其他国家高铁里程之和。而支付宝和网购彻底改变了人们的生活方式。支付宝对于阿里巴巴的意义不仅仅是支付工具这么简单，它还是一个沉淀大数据的工具。马云就曾经公开说过，数据才是阿里最值钱的财富。

截至2023年12月，我国网民规模达10.92亿人，互联网普及率达77.5%，其中手机网民规模达10.91亿人，网民中使用手机上网的比例为99.9%，成就了全球最大规模的移动互联网市场。同时我国网上零售额达15.42万亿元，同比增长11%，连续11年成为全球第一大网络零售市场。

中国手机品牌销量占据国际市场的半壁江山，但我们也应意识到，如果没有核心技术的支持，就无法保证供应的安全性，只有将核心技术全面掌握在自己的手里，才能获得更好的发展空间。

中国婴儿配方奶粉行业近几年也取得了巨大发展，市场占有率已超过外国品牌。作为中国最早的奶粉企业之一，黑龙江飞鹤乳业利用北纬47度世界黄金奶源带，全产业链优势，研制出更适合中国宝宝体质的奶粉，近几年销量大幅增加，2023年销售额已经达到195.3亿元人民币。

制造业是中国经济的根基所在，也是推动经济发展提质增效升级的主战场。如今的中国市场已经不可同日而语，中国消费者的消费意愿和能力显著增强，消费形态正从购买产品到购买服务，从大众产品到高端商品转变。与之相适应的是，中国制造业持续快速发展,总体规模大幅提升,综合实力不断增强,不仅对国内经济和社会发展作出了重要贡献,而且成为支撑世界经济的重要力量。

与此同时,随着中国经济的崛起,已经有越来越多代表中国的品牌自信地走向国际,以华为和海尔为代表的中国企业,早已走出传统中国制造道路的限制,扎根全球引领中国品牌走向高端化、精致化。以"高质量"提振"中国制造"的不懈努力,直接促进了中国经济发展的速度、质量和效益,增强了我国在全球化格局中的国际分工地位,使得中国制造不仅在国内大受欢迎,在国际上也拥有了一席之地。

内循环:中国本土市场的契机

中国拥有全球最完备的制造业产业链,面对竞争激烈的全球市场,着力进行原创品牌的创新升级,将有助于更高层次地打开消费升级的广度与深度,有效抵御"逆全球化"与"产业链转移"的负面影响。

中国是世界上工业门类最齐全的制造大国,拥有39个大类、191个中类、525个小类,具备了世界上最为完整的工业体系。小到一粒纽扣、一颗螺丝钉,大到汽车、高铁、航天火箭,中国的制造业包含了所有工业种类,是全球唯一一个拥有联合国产业分类中全部工业门类的国家。加之中国有14亿多人口的超大规模市场优势,韧性强,对于内循环经济不仅有历史经验,还有冲出重围的决心。内循环经济模式对于中国许多行业来说,也是一次取得本土品牌发展优势的契机。

中国高科技企业的品牌使命:实现逆势增长

有威胁就会有警醒,有压力就会有动力。面临"卡脖子"的威胁与压力，中国的本土化高科技企业临危受命，政策与资源配置红利将会与日俱增。

以大数据运用、监控安防、位置定位、人脸识别、人工智能等更适应中国国情为代表的高科技在中国将有更广阔的发展空间，围绕北斗卫星导航系统和5G等方面的"新基建"，在中国将会迎来新一波发展红利。

相比于传统的"铁公基"，"新基建"涵盖了5G基站建设、新能源汽车充电桩、大数据中心、人工智能、工业互联网、特高压、城际以及城轨交通，涉及了七大领域和相关产业链。"新基建"的加速启动，必将大力刺激中国经济。

未来，5G技术将为构建智慧社区、智慧交通、智慧城市提供可能，让我们的生活方式更加便捷和智能，中国社会的工业生产、生活和娱乐将迎来重大改变。

双循环之下中国企业如何把握契机，实现从文化到品牌自信，关键在于突破增长的极限，寻找到新的增长曲线，实现逆势增长。

SECTION 6 第六节

如何把握品牌的"六脉神剑"

电商时代，人们关注的是：流量、带货、变现；拼人气、拼价格、拼出位。变现为王还需不需要品牌？还要不要辛辛苦苦地做品牌？

直播间里主播往往都是宣扬全网最低价，这种现象本质上还是以产品销售为中心的卖货策略，更多满足的仅仅是消费者的物理需求，所以我们看到一波又一波的明星产品"各领风骚没几天"，很快就被消费者忘却抛弃。因为商品经济的大世界中没有最低的价格，只有更低，你的价格只能便宜一时，很快别人就会做得比你更便宜。恶性循环之下，直播间的比价战越演越烈，许多直播网红为了卖货常常喊出："我是全网最低价，只要你发现别的地方的价格比我便宜，我就赔给你差价。"喧嚣之下，甚至还引起了不少纠纷。这种以价格为导向的营销方式实际是不可持续的，只有品牌才能不仅满足消费者的物质需求，还能满足消费者的情感需求。唯有从流量到品牌，才能让你更持久地赚钱。

如今在商品经济极致发展的年代，品牌更是迎来了百花齐放。大浪淘沙之后，最后剩下来的就是让消费者产生了品牌忠诚的可持续发展的品牌。新商品总是层出不穷，最后还是要靠品牌来征服消费者。当下，直播间带货风头正劲，效果显著，但最后带来的也可能是巨大的库存。而品牌的长效作用就是让你更持久地赚钱。因此，在我们热衷于流量带货变现的同时，更要建立起自己品牌的江湖地位。

流量为王时代做好品牌的"六脉神剑"

第一，选好赛道。每个行业都有周期性的荣枯，每个产业也有发展的天花板局限，昨日的朝阳产业今天可能就变成了夕阳产业。K12学科培训，曾被视为中国教育领域最大、最长的赛道，吸引了最充足的资金、最豪华的投资阵容。2020年最高峰时全球教育投资大概80%都流向了中国，沉淀了超过千亿元的资本，全国K12学生的数量达到1.8亿。但当这一切都被按下了终止键，包括其他一些线下人员聚集的培训行业都遇到非常大的经营挑战，失去了宽广的赛道。如今在线生存能力成为企业抵抗风险的重要指标之一，互联网的线上经济爆发出了无穷的活力，无远弗届把人和人联结在一起，生意几乎没有了边界，人类的很多生活方式都正转向网上云端。因此，造势不如顺势，做好品牌，首先要找到更宽、更广、更长的"高刚海"赛道——高频、刚需、海量。

第二，成为品类的代名词。面对越来越复杂的国际竞争，中国的企业亟须抛弃单纯的产品思维，突破低成本与价格战的怪圈，调整方向，用品牌去竞争，成为某个品类的代名词，强化某一品牌在消费者心目中的印象，使品牌与某一品类利益点形成一一对应的关系，形成某一品牌对某一市场、某一利益点的垄断。同时强化品牌区隔，在某一特定市场树立山头，增加新生代企业进入某一行业的难度，才能实现更高的品牌溢价，更好地应对市场风云的变幻。

中国已成为全球最大的新能源汽车市场，销量占全球的半壁江山，也造就了众多国产新能源汽车品牌，蔚来、小鹏、理想、小米，似乎每个汽车厂家都在做电动汽车，但特斯拉却成为中国新能源汽车领域的带头人与风向标，赚取了最高的利润份额，原因就在于特斯拉已成为高端电动汽车的代名词。

第三，要为品牌起个好名字。中国有句古话：不怕生歹命，就怕取错名。好名字往往是社交成功的第一步。同样，名号是品牌原点，对于品牌非常重要。中国人自古讲究名不正则言不顺，一个好的品牌名称，往往可以直击消费者的内心。产品名称是产品的第一符号，是传递品牌精神的第一载体，一个好名字也许不能让一件烂产品畅销，但一个烂名字却肯定会让一件好产品滞销。

如今的互联网时代，起名也要有网感，让年轻人喜欢，还要有时代感。品牌的名字非常重要，找到一个好名字，就能让消费者眼前一亮,也是品牌成功、品牌塑造的关键一步。

第四,品牌因故事而生动。品牌的背后都有一个动人的故事,无论你是卖真正的小米还是卖小米手机,都要讲好你的故事,深入人心。品牌因故事而生动,传奇、生动、有趣的故事常常能够让品牌自己说话,把品牌从冰冷的物质世界带到一个生动的情感领域。会讲故事的品牌通常很容易就把别人带到那个场景,让人感同身受,传达的理念自然就比较容易被接受。而在信息爆炸的互联网时代,如何吸引眼球是品牌获取关注度、走向成功之路的关键。注意力变成了稀缺资源,需要给消费者一个关注你的理由。80% 的品牌宣传之所以失败,是因为它们没有建立在一个强有力的观点之上,而讲故事可以体现出强有力的观点,并且能将产品人格化,也就是指故事具有灵魂,有了灵魂才能吸引消费者的眼球。同时,故事具有为产品赋能的力量,有了故事的润色和加持,中国品牌会愈加生动,增强消费者对品牌的印象。综观可口可乐、依云矿泉水等基业长青的百年品牌,无一例外的都有撩人心弦的品牌故事。消费者的冲动,就是故事营销的机会。引人入胜,就是要彻底征服客户,让客户彻底爱上你的品牌,成为品牌忠诚的拥护者。

第五,品牌是价值共识。对于品牌而言,共识就是人们都知道你的品牌,认可你品牌的价值。消费者在选择产品的时候,往往会选择名牌,因为名牌就是付出最小购物代价的最优选择。作为一个整体概念,品牌代表着产品的品质、特色、服务,提示着产品在消费者偏好中所处的位置,因而,它在消费者心目中就成了产品的标志。这样,品牌就缩短了识别过程和消费者购买过程。于是具有品牌效应的名牌商品成为消费者与市场青睐的对象,向品牌靠拢已成为人们商品消费的一种主要趋势,而由于各类商品可选择性增多和受众的日渐成熟，受众对商品品牌的理性认识已上升到一个重要地位。

第六，品牌符号化。品牌的更高境界是变成一种符号、一种象征、一种社交价值，不仅能满足消费者的物质需求，也能映射出消费者的情感需求。无论是奔驰汽车、爱马仕皮包还是希尔顿酒店，当它们的品牌成为一个符号，就能进入消费者的精神世界。消费者越来越多地追求更高层次的消费，追求个性化消费，单纯的产品功能在购买因素中所占的比例越来越小，消费者在消费过程中并不单追求生理上的需求，更多的是追求心理上的需求，追求的是一种感觉、自我价值的体现，一种自身的价值和重要性得到认同后的心理满足。

掘金之道·财富故事

1. 那些消失的中国品牌

中华牙膏竟然不是中国的，哈尔滨啤酒是美国公司的，金龙鱼粮油是新加坡控股的公司，国人都吃的双汇火腿大股东是高盛，还有更多曾经辉煌一时的国货品牌被外资收购后，就销声匿迹了。

商战是一场没有硝烟的战争，谁能想到占据国内食用油市场半壁江山的金龙鱼，竟然不是中国企业控股的品牌。金龙鱼属于益海嘉里金龙鱼粮油食品公司，是国内最大的农产品和食品加工企业之一，而益海嘉里则是由新加坡丰益国际集团直接投资的侨资企业。

一直被误当国人骄傲的中华牙膏也早已不是中国品牌，它曾是新中国第一批自主生产的牙膏品牌，但早在1994年，品牌就被联合利华租用，品牌经营权至今属于联合利华。

更惨的是很多民族品牌在被收购之后没有盼来飞速发展，反而都很快被雪藏、边缘化，逐渐从市场上销声匿迹。

1994年，国产卫生巾舒尔美被美国金佰利收购，同年，金佰利旗下的高洁丝取代了舒尔美。

1996年，牵手百事可乐的国货品牌天府可乐，在帮其打开中国市场渠道后，彻底成为弃子。

2003年，占据中国市场份额前三的小护士被欧莱雅收购，然后迅速被旗下同款产品卡尼尔取代。

过去由于本土企业商标和品牌意识薄弱，流失了大量宝贵的财富，庆幸的是，近年来国潮崛起，让越来越多企业意识到创新和品牌的重要性，抓住机会进行了逆袭。

2.新中式成爆款"战袍"，年轻人"血脉觉醒"

马面裙卖出10亿元，各大电商平台、线下商场里的中式风服饰都卖爆了，新中式为什么突然抓住了年轻人的心？

往年临近春节，忙活了一整年的工厂都早早放假了，而2024年不少工人都被留下来加班加点做新中式服装。刺绣外套、中式马甲、马面裙都是畅销的单品，其中马面裙由于不挑身材、不挑年龄成为销量最高的春节"战袍"，一条裙子从一百多元到三四百元不等，一年竟然卖了10亿元。

过去中式服装往往只在婚庆、舞台表演等场合穿着，近年来穿一套中式服装去景区打卡拍照蔚然成风，明星网红都在穿，大街小巷穿着古风服装的小姐姐们也不再被视为奇葩，于是越来越多的人开始喜欢中式装扮。

服装商家也抓住商机，把烦琐华丽的中式礼服修改为更适合当下人们日常穿的服装，既运用了中国传统元素，又化繁为简符合现代人审美，不论是走亲访友还是上班通勤都能穿。

于是年轻人纷纷"血脉觉醒"了，春节不仅要为全家置办一身新中式服装，还把家里的装饰品都换成了新中式，甚至过年期间招待亲友的茶点也都换成了中式养生零食。

小到服装饰品，大到家居装修，未来，新中式赛道必然有巨大的市场前景。

3.年轻人爱上中式健身，催生亿级新商机

当代年轻人迷上烧香拜佛、打太极，让传统中式修身养性发展成狂奔的新商机，未来谁将在这个赛道赚到大钱？

中国传统健身功法八段锦曾登上龙年春晚的舞台，一大批不爱剧烈运动的年轻人突然融入老年人队伍，一起站桩、打太极。

这种看起来较为轻量化的运动，可以让身体微微发汗，舒筋活血，坚持下来不仅生发阳气，还能提高身体协调性和柔韧度，同时，舒缓的动作还能锻炼耐心和专注力。

当下在各大短视频平台上我们都能看到有关中式健身的内容活跃起来了，一条《八段锦 国家体育总局 口令版》的视频播放量超5000万。不少著名演员、主播也加入进来。

相关从业人员通过直播带货、卖课，线下开培训班等方式进行变现，还可以销售养生类食品、健身运动装备、练功鞋服、各类周边产品等。古法养生不仅成为新国潮，还成为财富新机会。

多个健身品牌也增设了相关课程，乐刻开设"太极FIT"团课；超级猩猩研发沉浸式"元气太极"课程；莱美在一些有氧搏击课程中加入虎爪、鹤立等五禽戏动作；就连瑜伽品牌露露乐蒙也组织起八段锦活动。

振兴传统中式运动也早已从娃娃抓起,如今,部分中小学课间操改为武术操,期末还要考试。

在未来体育健身大产业中,中式运动必将快速崛起,你准备好挖掘这座金矿了吗?

9

第九章
CHAPTER 9

品牌创富大趋势

SECTION 1 第一节

资本的逻辑：老品牌如何讲新故事

企业的价值是如何决定的？如何让你的企业更值钱？如何引起资本的兴趣和关注？如何让资本市场更看好你？如何增强金融资本的投资信心与力度？如何综合运用品牌、营销、资本等力量孵化企业上市？

传统的投资理论是从成本、市场与收益的综合比较分析出发，以期实现投资收益最大化。财务与法务人员即使看好一家公司的未来，给出的静态估值也一般为利润额的5～9倍，抢手的独角兽公司，兴许可以放大至30倍，实际上他们从专业角度出发，最愿意的还是按净资产的1～2倍或销售额的1倍左右来推算估值。幸运的是资本市场的话事者是天使投资人与战略投资者，他们更看重的是企业的未来和想象力。马克思在《路易斯·亨·摩尔根〈古代社会〉一书摘要》中指出："想象力，这个十分强烈地促进人类发展的伟大天赋，这时候已经开始创造出了还不是用文字来记载的神话、传奇和传说的文学，并且给予了人类以强大的影响。"

在市场运营上，想象力是企业发现需求、满足需求的探照灯。在资本市场上，想象力是发现赢利空间的灯塔。没有想象力，就没有跌宕起伏的商海传奇；没有想象力，就没有变幻莫测的财经风云。故事营销，自然需要想象力，要通过故事打动商业资本更要非凡的想象力。所以对于创业者来说，想要借助资本的力量进行突破式发展，必须具备描述未来的能力，也就是讲故事的能力。

很多企业上市敲钟后，创始人常常在圈子里感慨：我终于卖出了一个好故事。这倒不是这些成功创业企业家的自傲或自谑，更不是为成功融资的洋洋得意。从创业到上市,历经千辛万苦,很多人难以坚持到最后,企业家精神与企业家创业发展故事值得永久流传。正如海尔的张瑞敏只砸了一次冰箱,但海尔视质量为生命的故事却讲了几十年,而且还要一直讲下去。正是有了海尔砸冰箱的故事,才有了海尔的品牌元年,才能砸掉一锤子买卖的宿命,才成为海尔历史上强化质量观念的警钟,开启了海尔中国制造的高质量时代,也促使海尔带领中国家电业成为全球的引领者。

张瑞敏砸冰箱的锤子陈列在海尔的历史博览馆中

1985年,海尔从德国引进了冰箱生产线,随后,有顾客反映海尔的冰箱存在质量问题,76台海尔生产的"瑞雪"牌冰箱经检验不合格。当时人们的生活水平还不高,商场里甚至允许有"残次品"出售,76台冰箱对于企业也是很大一笔财产。厂里职工对这些冰箱的去留看法不同,有人主张低价卖给职工,有人主张修好后重新投入市场,但新任厂长张瑞敏举起大锤,果断命令当众砸毁了这些不合格冰箱。正是这一砸，砸醒了职工的质量意识；也正是这一砸，砸出了海尔的信誉，为海尔砸出了一个光明美好的未来。后来吴天明导演以张瑞敏为原型创作，拍了一部电影《首席执行官》，讲述的就是张瑞敏与海尔的故事。故事要有凭有据，经得起推敲。海尔正是将这个砸冰箱的故事作为企业的精神理念长期流传下去。随着时间的推移，故事更被赋予工匠精神的新含义，使得故事可以一直被人们接受，不会因为时过境迁而被忽略。

同样，当今的优秀企业家创业成功，上市敲钟时最大的成就感更在于他们知道自己的故事终于货卖识家，得到了资本方的认同，得到了大众的认同。因为创业其实是让消费者认可你，让投资方也认可你。你的市场有多大？你的消费者从哪来？消费者愿不愿意为你的商业模式持续地买单？其实任何企业都是从弱小到强大的，能不能说服投资者给你投钱，就要看投资者认不认可你的商业模式。

那么如何向资本、市场与公众讲好故事呢？

2021年，中国的一家百年老字号又创造了一个动人的品牌故事。2021年9月6日一家企业在深圳证券交易所创业板上市，引起很大的关注与热捧。有网友将这一上市盛况描绘为：一个平凡的周一，一支不平凡的股票上市了。它是冷兵器时代的王者，"国之重器"；它是"刀剪中的茅台"；它是网友心中的"初恋"新股；它是400年老字号，创业400年，终于在创业板上市；它更是家中常备、不可或缺的一员"虎将"。

本来，创业板的最大特点是为新兴公司提供集资途径，在创业板市场上市的企业以具有高科技，具有较高成长性为主，同时又成立时间较短，规模较小，业绩较好。但这次在创业板成功上市的品牌却已有近400年的历史，它就是张小泉刀剪。

张小泉刀剪创始于公元1628年的杭州，即崇祯元年，到如今已有近400年。相比之下，创立于康熙八年（1669年）的同仁堂，品牌历史比张小泉还要晚41年。对此，网友给出的理由是，张小泉不上市，天理难容，因为"功夫再高也怕菜刀"。当然这只是一个段子，但也折射出张小泉刀剪在大众心目中的品牌地位。

"南有张小泉，北有王麻子"，中国刀剪业的头部品牌本来是双雄争霸的局面。王麻子始创于清朝顺治八年（1651年），虽然比张小泉晚了23年，却诞生于皇城根下。王麻子原是北京宣武门外菜市口的一家卖火镰、剪刀的杂货铺，是闻名海内外的中华老字号，其传统锻制技艺已被国务院确定为国家级非物质文化遗产。只可惜王麻子的品牌故事没能像张小泉那样传承光大，与时俱进，未能赋予品牌更多能跟上时代发展的象征意义和内涵。日渐没落的王麻子几经停产、易主，直至2020年3月，"王麻子"的商标在北京产权交易所转让给了广东阳江民企金辉刀剪。

而2020年，张小泉的销售额增长超过18%，达到5.72亿元，2021年销售额更是同比增长了31.97%。刀剪本是老百姓日常生活的刚需，张小泉恰逢新冠疫情严重的2021年上市，人们在家做饭的次数与时间自然更多了，一把好菜刀更具刚需特点，但推动张小泉上市的并非仅仅是刚需，还有张小泉老故事新讲的过人能力。

如今的张小泉已成为一家集设计、研发、生产、销售和服务于一体的现代生活五金用品制造企业，公司的主要产品包括剪具、刀具、刀剪组合套和其他生活家居用品。在招股说明书中，张小泉表示，要将资本市场募集来的钱，用于张小泉阳江刀剪智能制造中心项目、企业管理信息化改造项目以及补充流动资金。募集资金投资项目的建设，有利于提高公司的综合服务能力和市场占有率，有利于进一步提高公司在业内的影响力。

老树发新芽，老字号讲新故事。张小泉的新故事，一下子就让资本市场兴奋了起来。"刀剪第一股"张小泉 IPO 发行价为 6.9 元/股，首日高开 331.88%，报 29.80 元/股，总市值达 46 亿元，让它的投资人赚得盆满钵满。

张小泉的成功再次告诉我们，资本市场喜欢听故事，更善于创造故事。一些比张小泉规模大得多的公司却上不了市，其中的一个原因就是不会向资本市场讲故事或者没有向资本市场讲好故事。企业发展到一定阶段，要扩大再生产，或者要抓住新的市场成长的机会，抵御外来的竞争对手，资金往往成为一个制约企业发展的瓶颈，引入投资者就成为一种必然的选择。引入商业资本不仅是引入资金，而是引入现代管理制度、现代管理理念和管理方法、领先的技术，并清晰企业发展战略。与知名的金融资本投资者合作，还可以创造公司的"故事"，是对企业形象和经济效益的整体提升。

SECTION 2 **第二节**

以中国服务提升中国品牌

中国不仅是世界制造业大国，也是世界贸易大国。世界贸易组织发布的 2023 年全球货物贸易数据显示，2023 年中国进出口总值达 5.94 万亿美元。其中，出口 3.38 万亿美元，占国际市场份额的 14.2%，连续 15 年保持全球第一；进口 2.56 万亿美元，占国际市场份额的 10.6%，连续 15 年保持全球第二。中国的进出口贸易已成为推动全球经济增长的核心引擎。另据中国国家外汇管理局公布的 2023 年我国国际收支平衡表及《2023 年中国国际收支报告》数据，2023 年，我国经常账户顺差 2530 亿美元，其中，货物贸易顺差5939亿美元，服务贸易逆差2078亿美元。

相比中国货物贸易的巨额顺差，中国服务贸易的短板明显

虽然中国服务贸易的规模和份额持续提升，但在贸易总量中的比重仍偏低，与经济总量、贸易份额不匹配。中国服务业在GDP增加值中的占比为54.5%，低于世界服务业在世界GDP增加值中67%的占比水平；我国服务贸易在国际贸易中的占比为14.64%，低于全球服务贸易在国际贸易中22%的占比。同时，我国的知识产权型出口、高端软件服务及数字化服务等规模还不大，与发达经济体相比有一定差距，服务贸易价值链地位尚不占优。

中国从推动服务贸易高质量发展的战略高度出台了《"十四五"服务贸易发展规划》：大力促进数字贸易、技术贸易、对外文化贸易高质量发展；探索服务贸易制度型开放路径，推动出台全国版跨境服务贸易负面清单；持续推进服务贸易创新发展试点各项政策举措落地见效，总结推广更多制度创新成果；遴选试点成效显著的地区，升级建设国家服务贸易创新发展示范区。大力发展数字贸易，打造数字贸易示范区，促进科技、制度双创新；推进特色服务出口基地提质升级扩围，完善基地管理制度和促进体系，落实支持基地发展的各项政策措施。

中国品牌与中国服务：中国经济高质量发展需要双轮驱动

从对外贸易角度看，货物贸易是指货物的进出海关边境，而服务贸易是指以服务为商品进行跨国交换的经济活动。

根据世界贸易组织的界定，服务贸易有12大领域，包括商业服

务、通信服务、建筑及相关工程服务、金融服务、旅游及旅行相关服务、娱乐文化与体育服务、运输服务、健康与社会服务、教育服务、分销服务、环境服务、其他服务。当前,世界经济总产出的六成来自服务业,服务业和服务贸易成为世界经济新引擎,占全球出口总额20%的服务出口贡献了全球外贸增加值的近一半。根据服务对象,服务贸易可以分为生产性服务业和生活性服务业,前者包括为生产活动提供的研发设计与其他技术服务、货物运输仓储和邮政快递服务、信息服务、金融服务等,后者是指满足居民最终消费需求的服务活动,涵盖居民和家庭服务、健康服务、养老服务、旅游游览和娱乐服务、体育服务等领域。

服务贸易越来越受到国家的重视。已成为国家级、国际性、综合型的服务贸易平台窗口的中国国际服务贸易交易会涵盖服务贸易12大领域,与进博会、广交会并列为中国对外开放三大展会平台。

中国国际服务贸易交易会已成为国家级、国际性、综合型的服务贸易平台窗口

全球价值链正在加速重构，以研发、金融、物流、营销、品牌为代表的服务环节在全球价值链中的地位愈加凸显。进入新发展阶段，以数字技术为引领的新一代技术革命，为服务贸易的创新发展提供了条件。但同时也应该看到，中国服务贸易发展的不足和面临的挑战，部分服务贸易领域国际竞争力亟待提升，仍有开放空间。服务贸易发展不平衡不充分问题仍然突出，改革深度、创新能力和发展动力仍显不足。而中国经济的高质量发展转型，必须借助中国品牌与中国服务的双轮驱动。

升级中国服务的软实力

在中国新消费升级的进程中，居民消费结构逐步由商品消费向服务消费转型，服务消费成为引领消费升级的重要领域，从结构上看，2023年，全国居民人均食品烟酒消费支出7983元，占人均消费支出的比重为29.8%；人均衣着消费支出1479元，占比为5.5%；人均居住消费支出6095元，占比为22.7%；人均生活用品及服务消费支出1526元，占比为5.7%；人均交通通信消费支出3652元，占比为13.6%；人均教育文化娱乐消费支出2904元，占比为10.8%；人均医疗保健消费支出2460元，占比为9.2%；人均其他用品及服务消费支出697元，占比为2.6%。增长最快的是娱乐、文化、交通、通信、医疗保健等方面的消费，可见服务消费增长最为迅速，潜力也最为巨大。目前中国服务消费占全部居民最终消费支出比重虽然已占半壁江山，但与发达国家的60%服务消费占比还有较大的增长空间。

中国经济的高质量增长必然要求从"哭泣曲线"转换为"微笑曲线"。研发、制造、品牌及服务分别占据了一个产业早期、中期和后期三个阶段。"哭泣曲线"与"微笑曲线"分别指的是产业发展中对这三个阶段的重视程度。前者制造能力强，而研发和品牌及服务能力相对较弱，所以形成中间高、前后低的"倒U"形状，如同哭泣的表情。后者则更重视研发、品牌及服务，形成中间低、两边高的微笑形状。无论是传统消费还是新消费，消费升级都会带动消费者的个性化需求，传统的品牌服务已经无法满足日益增长的用户要求。如何创新服务模式，为用户提供更加高品质、高效率的服务体验，成为许多行业亟待解决的关键课题，也是真正提升消费的动能之一。

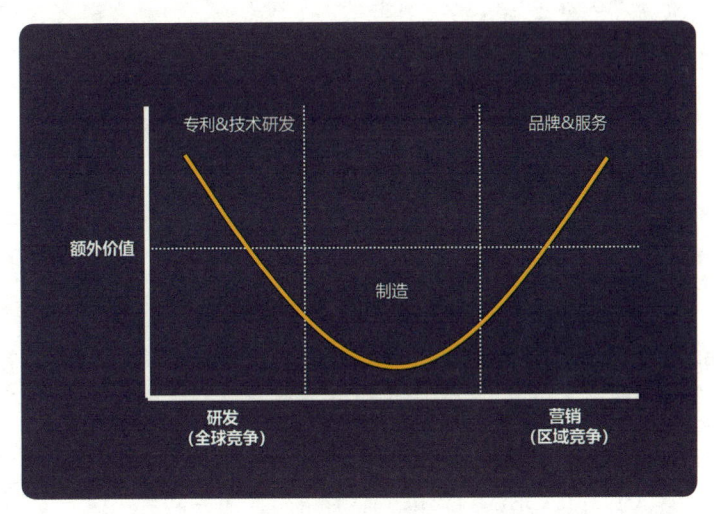

微笑曲线理论

服务即管理，管理即服务

回顾中国40多年波澜壮阔的改革开放风云历史，引进国际先进服务管理理念与标准正是对外开放的战略突破方向之一。

现代旅游业的最重要标志之一就是星级酒店的评定，为了促进旅游业的发展，保护旅游者的利益，便于酒店之间有所比较，国际上曾先后对酒店的等级标准做过一些规定，按照酒店的建筑设备、酒店规模、服务质量、管理水平，逐渐形成了比较统一的等级标准。用星的数量和色别表示旅游酒店的等级。星级分为五个等级，即一星级、二星级、三星级、四星级、五星级（含白金五星级）。最低为一星级，最高为白金五星级酒店。在这一标准体系下，诞生了香格里拉、万豪、宝格丽、希尔顿、悦榕庄、凯悦、安缦等全球知名的酒店管理集团品牌，它们在世界各地以"委托管理"模式，按照一定比例从营业收入和利润中抽取管理费，输出品牌，管理运营着众多高档豪华的五星级酒店。

2023年，全国开业星级酒店7245家，其中五星级达到772家。而在40多年前，中国大陆尚无一家五星级酒店。

1978年的夏天，改革开放尚在酝酿。彼时，国内物资较为匮乏。以广州为例，即使作为华南中心城市，但"老百姓上街购物要带46种票证""每届广交会期间的物资供应（糖、烟、酒、肉、禽、蛋、日用品等）均由经贸部向全国各地调拨""有的采购商来参加广交会，甚至要主管副省长过问解决住宿问题"。在此背景下，中国高层决定要在全国的几个大城市建立几个国际水准的旅游酒店。随后国务院成立了"利用侨资、外资建设旅游饭店领导小组"，具体提出在北京、广州、上海、南京四大城市，建八家涉外宾馆。1979年年初，香港工商领袖霍英东、彭国珍方面即与广东省旅游局签署《白天鹅投资与兴建旅馆计划意向草案》，即后来的白天鹅宾馆项目。该项目从中央到广东省政府均给予高规格重视与推动。

第76届中国进出口商品交易会（广交会）盛况

1983年，广州白天鹅宾馆建成开业后，不仅成为中国第一家五星级酒店，也拉开了中国服务业飞速发展的大幕。

中国第一家五星级酒店——广州白天鹅宾馆

同样，从1978年的54.8亿元，中国餐饮行业年营业收入已增长近千倍，如今已达到超过5万亿元人民币的规模。中国餐饮行业伴随经济发展，已逐步发展成为扩内需、促消费、稳增长、惠民生的支柱产业，也成为中国企业品牌创新与服务水平不断提升的重要平台。中国餐饮行业的视野和格局逐渐放大，越来越多的消费者从单纯的产品需求、价格需求转向价值与情感需求，并且愿意支付品牌溢价。

许多人都去过海底捞火锅，印象深刻。顾客们为什么都愿意来海底捞消费？除了海底捞火锅的味道独树一帜之外，其员工热情周到的服务与良好的精神面貌成为吸引顾客的一大"法宝"。

而另一个餐饮品牌——北京宴更是将中国式服务作为品牌价值的核心体系，把中国服务在宴会上进行落地，提出了宴会私人订制的理念，主打的是"生活要有仪式感"。从孩子出生的出生宴，到满月宴、百天宴、生日宴、求学宴、升学宴、谢师宴、毕业宴、求婚宴、订婚宴、结婚宴、结婚纪念日，再到银婚、金婚、钻石婚宴……把人生36个炫彩的片段，做成了36种宴会模式，每种宴会都进行了深度的私人订制，探索中国服务文化更高层次的升级，在规范化、标准化、程序化基础之上提供亲情化、个性化服务。

北京宴把中国服务融入品牌价值的核心体系

北京钓鱼台国宾馆在服务的精细化方面也独树一帜，从住宿、餐饮到出行都制定了中国特色的严格标准，赢得了国内外宾客的交口称赞。钓鱼台国宾馆的食品标准还被联合国开发署的标准化国际组织FFAS（Food Fabula Association Standardization）收录。

价值输出是更好的服务

改革开放伊始"以市场换技术"，通过销售产品、转让技术，跨国公司把先进的产品和设备等硬件引进中国，中国上下掀起了学习西方先进技术的高潮。进而，中国企业的竞争就从简单的产品竞争，发展到了更高层次的竞争，即企业治理和管理制度的较量上来。中国企业发现，原来管理也可以创造价值，而且是比产品大得多的价值。中国企业又掀起了引进西方现代企业制度，通过管理提升企业竞争力的新高潮，实现了企业从单卖产品到通过管理提升内在竞争力的跨越。

如今，一些优秀的中国企业在充分借鉴西方技术与先进管理经验上，在品牌营销与管理方面，勇于创新，变得更加成熟，更加有活力，并更加强大，推动着中国管理模式与品牌价值输出能力的日益提升。

所有经济活动的终极目标都是为人服务、为人民服务、为全人类服务，服务是人类命运共同体的核心内涵之一，这就决定了服务贸易无时无处不在地与社会生产、人民生活紧密相关，所以，中国企业在提升产品品质的同时，应更加着力开发附加值更高的产品研发及品牌营销与服务，打造基于品质、创新与服务的品牌核心价值并最终走向国际市场。

SECTION 3 第三节

中国茶品牌如何突出重围？

茶是中华文化的瑰宝，饮茶是中国人的一种日常生活方式。古代交通不便，中国南方和北部边疆靠茶马古道形了紧密的贸易连接。中国和欧洲经济文化往来的重要通道——丝绸之路，输出的主要就是中国的丝绸、瓷器还有茶叶。

相传，当年苏东坡初到杭州做官的时候，一次闲来无事，就到当地一个寺庙里游玩，还想偶遇大师一起谈个经、论个道。到了庙里，大家都不认识他，就把他当作普通香客对待。住持就叫苏东坡"坐"，随口吩咐小和尚说："茶"。没想到小和尚很会看师傅眼色，师傅这么不上心，小和尚就端过来了一碗普通的茶。苏东坡并不在意，就跟住持寒暄，几句话下来，住持觉得此人谈吐不凡，非等闲之辈，赶紧改口说，"请坐"，又叫小徒弟"敬茶"。再聊几句，住持彻底被苏东坡的才学所折服，赶紧问其来处，才知道眼前这位就是大名鼎鼎的苏东坡。能跟大文豪对谈，这下住持受宠若惊了，赶紧起身恭敬地让苏东坡"请上座"，吩咐小和尚"敬香茶"。

苏东坡走的时候，住持还请他留下墨宝，苏东坡想了想，提笔写了副对联：

坐，请坐，请上坐；

茶，敬茶，敬香茶。

住持看了，只觉面红耳赤，羞愧不已。

这个故事生动体现了我们国人很多礼仪文化都跟茶有关，像人走茶凉、粗茶淡饭、三茶六礼等，体现的都是这些人情世故。

苏东坡关于茶的千古名对

中国茶产业还未实现品牌化的战略突破

中国是全球茶产量、茶消费量最大的国家，2023年年产茶量高达355万吨，继续保持世界第一，中国也是唯一一个可以生产六大茶类的国家。中国是茶的故乡和茶文化的发源地，但在国内外都缺乏有影响力和竞争力的大品牌。而且按照人均喝茶量计算，我们在全世界连前十名也排不进去，这样来看，"把茶文化、茶产业、茶科技统筹起来"，未来我们的茶叶市场还有巨大的上升空间。

中国茶产业现实的困境之一在于缺乏真正的市场强势名牌。许多国人误以为，西湖龙井、云南普洱、福鼎白茶、武夷山大红袍等都是响当当的茶业名牌。其实这些都是茶的品类，而不是品牌。更多的中国茶叶品牌可能在地方有一定知名度，但是在全国范围内认知度却很小，目前我国茶叶市场大约有4000亿元左右的规模，但是排前100名的企业加起来，总销售额还不到市场份额的5%，可见茶企的集中度太低了。其中很大的一个原因是我们茶的品类太多、太丰富，光是红茶、白茶、绿茶、黑茶、黄茶、乌龙茶这六大茶类很多人就搞不明白。要不是对茶有一定研究的，也不知道安吉白茶是绿茶，铁观音是乌龙茶，白毫银针、白牡丹、寿眉、贡眉这些属于白茶，还有很多细分的茶类，一个品种就有不下几十种的口味。

这么多的茶品类已经让人眼花缭乱了，更复杂的是茶的冲泡方法，它对水质、器皿、置茶量、泡多长时间都有要求，想要真正了解中国茶文化，没个几年工夫连门儿都入不了。

有的人还特别讲究茶的礼仪，有时候小助理一个茶没泡好，一单大生意说不定都谈不下去了。以前我们认为"单反穷三代，摄影毁一生"，但是如果稍微深入了解一下喝茶的圈子，就会发现比摄影可烧钱多了，几千元甚至上万元的一泡茶，几口就喝没了。这个消费门槛实在太高，比买奢侈品的门槛还高，因为你光有钱还不行，还得懂行。

很多人认为中国茶适合走高端奢侈品路线，但即使我们把一部分高端茶作为奢侈品，依然没有出现具有影响力的大品牌。酒有茅台，烟有中华，茶却没有响当当的品牌。

奢侈品通常都有两个属性和功能，第一是炫耀属性，第二是金融属性，这两点要有标准、有流通性，要具有广泛的市场认可度和大众认知度。

茅台为什么成为酒中奢侈品？一个人要是有一箱飞天茅台，拿来送礼有面子，一些奢侈品包、名贵的手表也具有这样的功能，而且它们都建立了一套完善的鉴别流程和识别标准。

高端的茶叶其实还没有做到这一点。虽然当年普洱茶曾被炒得很热，近几年白茶发展也很快，储存很好、品质很好的老白茶拿出去也可以变现,但这个圈子很小,也还没有建立起权威的、被市场广泛认可的标准。

在发展高端化品牌之外,茶作为一种大众的消费品类,更多的必然是要走进大众市场,也就是让大众都喝得起、喜欢喝、方便喝,能同时做到这三点并不容易。

第一,喝得起,那就是价格适中。目前全国消费中,绿茶占比是最大的,超过一半,这是因为绿茶的产量高,大众认知度高,整体价格较低,一些传统消费者还保留着在菜市场买塑料袋散装的茉莉花茶的习惯,这种茶被北京人称之为高碎,就好这非常香的一口,相比之下红茶价格相对较高。

李光斗在全面推进福鼎白茶产业高质量发展报告会上发表主题演讲

第二,在价格合理的基础上,消费者会选择自己喜欢的口味,有人喜欢喝绿茶,有人喜欢喝红茶,有人喜欢喝白茶,但这又有一个要求,就是能持续喝到品质稳定的茶。由于我们的茶产业的工业集约化程度还不够高,像气候、地理位置、制作工艺等环节都可能影响茶的口感。

第三，饮用是否方便，这是品牌能否做大的一个关键问题。我到茶叶产区去的时候，看到大家从早到晚都喝茶，这种茶在当地被称为"工作茶"，口味还可以，质量也比较稳定，价格不高，像柴米油盐一样，是大家的日常消耗品。但是我们要注意一个问题，在福建、广东这样的核心茶产区，不管是在家里、办公场所、酒店，到处都摆着茶具，很方便冲泡饮用。但到了其他地方，尤其是北方就不一样了，如果是在公司的话，除了一些老板的办公室，很少能满足这样喝茶的条件，最多也就是喝个袋泡茶，这个对条件最没要求，有杯子有热水就行。可见，是否方便饮用是限制茶产业发展的一个重要因素。

立顿的启示

立顿是来自英国的品牌，但英国是一个不产茶的地区，英国人最早接触茶是在公元1662年，但是当时从中国把茶运到英国要8个月甚至一年以上，在这个过程中茶的味道都变了，于是他们就往里面加牛奶加糖，就这样也只有贵族才能够享用，这在我们看来简直是暴殄天物。后来他们开始喝印度的茶，那印度的茶是从哪儿来的？正是从中国被偷过去的。

第一次鸦片战争以后，一个来自英国的植物学家罗伯特·福钧专门跑到中国来偷植物标本和种子，他把很多中国花卉引入了英国，包括荷花、牡丹、蒲葵、紫藤、栀子花、金橘等。

但是当时清政府有一项政策，就是不允许外国人涉足中国茶产业，靠近都不行，这个罗伯特·福钧就乔装打扮成中国人的样子，穿上长衫，剃了头，还带上一根假辫子，学了几句中国话，竟然到处蒙混过关，几年时间里，偷走了中国几万株茶苗、茶籽，还挖走了很多炒茶、炼茶的技术人员。

"不生产茶叶，只是茶叶搬运工"的立顿做什么呢？它所做的是整合资源，建立品牌，疏通渠道，管理流程。

立顿并没有把自己的茶叶品牌做成奢侈品，那毕竟只有少数人能够享用，立顿认为茶作为消耗品，只有抓住大多数人，才能赢得更大的市场。立顿当时的做法，可以说跟我们现在的不少企业有异曲同工之妙，就是提出一个问题：喝茶到底对身体有没有好处？

因为当时有医生反对喝茶，他们认为茶叶在漫长的运输过程中已经变质了、有毒了，所以喝茶就等于慢性中毒。也有的医生认为茶是万能的，还提倡每人每天都要喝茶，如果可以的话最好是按时间喝，病人更要多喝，每天最少喝50杯茶。

到底喝茶好还是不好？在立顿看来，有争议就是最好的，因为在这个过程中人人都知道了茶叶，那么它需要解决的唯一问题就是保证茶叶的品质。的确，在长途运输过程中，散装的茶叶很容易受潮变味，甚至霉变，也容易变形压碎，这都可能对企业造成难以预计的损失。那么，推出包装好的茶叶一定是一门好生意，于是立顿就有了最初1英镑、0.5英镑和0.25英镑等几种不同规格的包装茶，分量、品质都得到了保障，消费者放心，购买饮用都方便，还更容易储存运输，一举多得。

立顿在包装盒上还印上秀美的锡兰茶园风光，写上广告语"从茶园直接到茶壶"，果然立顿茶一经推出，快速被抢购一空。

这时候问题又来了，产品卖得这么好，光锡兰的几个茶园已经供应不上了，于是立顿还是去了印度。不断地扩大生产，优化包装和销售方式，立顿茶也逐渐变成了现在一袋一冲的简便包装，不光英国人喜欢，美国人也很快爱上了立顿茶叶。

茶叶还有一大特点，就是其本身是农产品，受地域、气候、海拔、土壤等条件的影响非常大，仅仅是采摘前后几天的天气因素都会对当年茶叶的品质、口味产生很大的影响，作为一家规模庞大的企业，口味不可控肯定是不行的，消费者只管好不好喝，不管其他的东西。

托马斯·立顿去世之后，立顿的家族企业也一直在寻求解决这一问题的办法。第二次世界大战之后，随着食品包装工业的快速发展，立顿找来很多这方面的专家，用更科学的方法把立顿产品的口味稳定下来。

最后找到的办法是打破传统思维，严格制茶工艺，通过专业茶艺师的调配，保证茶叶口味和质量的稳定，形成固定的质量标准。这个办法一下子给行业带来了一场巨大的变革，彻底解决了茶叶作为现代商品，必不可少的标准化和大规模生产的问题，保持了茶叶的品质。

他山之石，可以攻玉。中国的茶产业在全国、全球品牌化发展道路上可以借鉴立顿的成功经验。

中国茶产业的机会和使命

我曾多次到浙江杭州、福建福鼎与武夷山、云南普洱等原产地考察茶产业，在当地喝的很多茶非常好喝，但很多茶我们自己拿回来泡，味道却不一样，没有在当地好喝。我们想要喝一杯一模一样口味的茶，其实很不容易。解决不了标准化的问题，也就很难进入更大的流通渠道。

当然，立顿在刚开始进入我们国家的时候也遇到过这样的问题，毕竟我们的茶文化实在是博大精深、源远流长，一开始对于这种工业化生产的标准茶，很多从小喝茶的人是觉得难以下咽的，"我们洗茶的水都比这好喝"。

而立顿没有先去征服这些"精通茶道"的消费者，要知道就算到了今天，我们中国人均喝茶量都还远远落后于英国、土耳其、俄罗斯这些国家。正如前文提到的，中国人均喝茶量连全球排名前十都进不去，中国市场空间还大得很。

1992年立顿正式进入中国这个喝茶历史最悠久的国家，只过了五年，就在中国百家商城系列调查中的茶包销售额占据了第一名，同时市场占有率也是第一名。立顿当时主打的就是一个品类：红茶，压根不推出什么正山小种、金骏眉的概念，就是红茶。

同理，如果雀巢、星巴克极致苛求咖啡的口味和饮用方法，也难以成就如今的品牌知名度和市场规模。咖啡的种类、口味也多如牛毛，但是消费者不需要先成为咖啡的行家再去消费，他们只要选择是喝星巴克还是雀巢，是自己买咖啡豆现磨现泡，还是速溶就够了。

我国的新兴咖啡品牌"三顿半"正是在此时创新了咖啡的饮用方法，更方便消费者选择和冲泡，才在短短两三年的时间里迅速崛起。

在茶的新品研发上，除了原茶，茶饮料、茶食品更是潜力巨大，我国的喜茶、奈雪的茶都是其中的佼佼者，奈雪的茶背后的供应链就是八马茶业，这也是品质稳定输出的重要保障。

中国连锁经营协会新茶饮委员会联合美团新餐饮研究院发布的《2023新茶饮研究报告》显示，2023年全国新茶饮市场规模达1498亿元，到2025年国内消费市场规模有望突破2000亿元，新式茶饮中蕴藏着巨大商机。大红袍、高山云雾等名茶，芒果、葡萄等新鲜水果，鲜奶、芝士等乳产品……各类新式茶饮发展迅速。报告指出，从2023年上半年新茶饮外卖订单量表现来看，一线城市新茶饮外卖订单量增速最高，达到38%。与此同时，四线及五线城市新茶饮外卖订单量增速高于新一线至三线城市市场，下沉市场新茶饮空间逐步打开。新茶饮快速发展与连锁加盟的良性发展息息相关。2022年以来，喜茶、乐乐茶、奈雪的茶等直营品牌陆续开放加盟，有效触达更多用户，加快完成三、四、五线市场的渠道布局。与此同时，新茶饮品牌在加盟商选择、运营辅导、数字化能力建设等方面的水平均在逐步加强。

同时茶叶市场越来越释放出巨大的健康消费需求。在国内，越来越多年轻、专业素质高的人才加入制茶队伍当中，中国的茶产业正在向着现代化、工业化的方向前进，这个趋势是不可阻挡的。

商业和文化并非二元对立的产物，未来我们的茶叶既要有高端的奢侈品，更要大力发展市场空间巨大的快消品牌。

接下来，将茶业和文旅相结合，做茶文化旅游、研学教育也是一条可持续发展的道路。

中国茶产业在快速发展的同时，健康、可持续是重中之重。中国茶业能否可持续发展，关键在于对土壤的保护，不是为做有机而做有机，而是为了真正保持茶园、人与自然的和谐，养护土壤，保持生态平衡，为子孙后代留下一片干净的土地，这是中国茶人未来的希望和使命。

SECTION 4　第四节

中国餐饮品牌如何逆势而为，应时而变

无论经济周期如何，餐饮永远都是黄金产业。人是铁饭是钢，一顿不吃饿得慌。餐饮永远是人们最大的刚需，中国餐饮行业已成为支柱性的市场，2014年至2023年，中国餐饮业年复合增长率达7.3%，市场规模已达5.28万亿，对社会消费的贡献率达到11.2%。

新业态、新消费、新品牌、新传播，所有企业都面临着如何重构、如何进行营销创新的问题。只要把握住消费者的痛点就是行业的新机会，"高刚海"中找到"高刚痛"就能发现新赛道，高频、刚需、海量，餐饮完全符合"高刚海"这三个字，有的东西一个月会买一次，有的一年买一次，有的是一生买一次，但唯有餐饮，一日三餐少一顿都不行。那么如何在"高刚海"中发现新商机？就是要"高刚痛"，"痛"就是消费者没有满足的需求，就是餐饮行业的机会。中国许多的餐饮品牌都在积极探索半成品食物、预制菜品、主食厨房等细分领域，逐渐向餐饮新零售方向发展和突破。

正餐还是快餐：吃饱与吃好并不矛盾

中国餐饮行业未来的两大主力趋势就是高端化和大众化的相得益彰，这两个趋势在任何时候都是餐饮发展的两个指归。从高端化角度来看，疫情促使大家更关注健康，"关爱自己、关爱身体、每天吃好饭"成了新的追求，餐饮的品质会更趋向健康和高端。在大众化层面，消费者对餐饮的大众化和便捷化提出了新的需求，车要加油，人要吃饭，要能够随时、随地、安全地解决吃饭问题，同时还要具有选择的广泛性，两方面都不可偏废。

对于中国餐饮行业中众多的地域性品牌，虽然在当地可以做到小富即安，但是我们要思考两个问题：要不要走向全国，如何走向全国？如果已具备了走向全国的战略意愿与能力，首先必须确立走向全国的模式定位，是以中餐店的方式，还是以快餐店的方式。

快餐店首先要让消费者方便地吃饱。消费者去任何一家快餐店，是要吃饱一顿饭。这是快餐要解决的问题。例如，一个卖肉夹馍的店，这个肉夹馍做得比别人好就行了吗？其实不是。要看综合指数，人到吃饭的时候，是吃一个肉夹馍还是吃两个肉夹馍？饭量小的人可能一个肉夹馍就吃饱了，但是对于饭量大的人来说，一个肉夹馍吃不饱。这种地方名小吃就要解决消费者这个痛点，要知道他不是来吃个肉夹馍的。因此，成功的肉夹馍店应该如何呢？是让顾客吃饱饭，要合理配餐。比如一个肉夹馍再配一碗臊子面，饭量大的这顿饭就吃饱了，可能同时还有一碗小米粥，一份凉皮，基本上是这种配置。所以这种店要解决的是卖一餐饭的问题。要做成一个快餐店或者要在全国推广，地域性餐饮品牌一定要解决一餐饭的问题。我们要给消费者一个配置，光吃特色主食，其实是解决不了一餐饭的问题的。

李光斗在第二届中国餐饮品牌节上发表主题演讲

如果定位于一家综合的中餐店，在全国推广，单纯地让消费者吃饱则会遇到障碍。我们都知道在餐厅里一般主食是放在最后上的，如果我请客光吃特色名吃就显得这顿饭有些单调。各地名小吃如果做全国性的门店，我们一定要把它快餐化，但快餐化的形式其实是做一个餐品组合，并影响到业态经营的方方面面。为什么麦当劳竖着排队，星巴克横着排队？因为它们的餐饮定位是不一样的，麦当劳扎扎实实地定位在快餐品牌上，所以它让你竖着排队是为了给你压力，快速点餐，快速结账，快速吃完走人，提高翻台率。但是星巴克呢，它希望消费者排队的时候多浏览一会儿，看看星巴克有什么新产品，不仅仅是喝一杯咖啡，更希望消费者购买它的餐点甚至咖啡杯。餐饮的定位是不一样的，环境的安排自然也就不一样。

尝鲜偏好为中国餐饮业创造无限可能

我国菜系众多、地域差异明显的特点促使中国餐饮行业出现丰富度高，但集中度低的行业发展的瓶颈，独立运营餐厅仍占据主导地位，相比发达国家的餐饮行业，集中度、连锁化仍非常低。中国的许多餐饮店其实是规模很小的家庭店。十几平米一个小店，卖包子或者卖什么吃的都有可能维持生存。但是这类生意一旦停下来，就会发现很多小店扛不住了，能够生存下来的是更大更强的连锁企业、头部企业。所以地域名小吃在拓展全国市场时必须突破心智认知的局限，克服"谁不说俺家乡好"的固有认知。每个人都对自己家乡的小吃有口味依赖，无论在心理上还是在味蕾的反应上，这是有科学根据的。人的味蕾是有记忆的，小时候在家乡吃过什么，常听什么，都会像乡音未改一样，永远刻入脑海。其实胃的记忆是人的记忆里最深刻的。如果是西方人，他对汉堡的记忆、对披萨的记忆非常深刻，走到哪都要吃。东方人也有东方人的味觉记忆，每个人都有独特的家乡情结和味觉记忆。

中国的餐饮市场是一个无限广阔的大赛道，任何一个单一的产品都可以走向全国，只要能够在消费者心里占有一定位置，就都具备走向全国的条件。这个菜品是不是只有当地人爱吃，其他地方的人不爱吃，在中国是不存在的。因为中国人喜欢尝鲜，只要菜品做得好，地方名小吃都可以走向全国，哪怕是卖碗刀削面，卖个肉夹馍，卖笼烧卖，甚至卖煲仔饭，都可以，只不过可能区域重点不同。地域性品牌首先应在大本营、根据地做好可以在全国推广的实验门店，把它变成一种商业模式。

餐饮的本质是好吃：用供应链保证口味的一致

餐饮的核心是什么？"革命不是请客吃饭"，但干任何工作都要吃饭。中国悠久的饮食文化奠定了中国餐饮行业稳固的基石，使其在多次面对外来餐饮冲击的时候能够立于不败之地。所以，餐饮企业的破局之道最终还是需要回归本质。餐饮解决的是三个问题：第一是请客问题，就是为了面子；第二是"干革命要吃饭"（工作餐）的问题，人是铁饭是钢，一顿不吃饿得慌，吃饭是刚性需求，每个人都离不开；第三是就餐环境问题，请客就要环境好，无论是商务宴请，还是家庭、朋友聚会。餐饮的本质是什么？好喝的汤配上美味的菜，这是顾客的本质需求。当然还有吃饭的环境，好环境成本很高，如看得见海的海滩餐厅，价钱就会比一般地方高好几倍。未来全产业链和数字化转型将成为餐饮行业的重要发展趋势。一方面，从全产业链的角度来看，饮食的问题解决之后，人们更关心的是能否吃到健康、绿色、安全的食品，因此对产业链的要求更高。如果企业能在产业链布局上先行一步，就能赢得竞争先机。另一方面，从数字化转型的角度来看，经过数字化的赋能，现在的消费者到餐厅吃饭，从点菜到离开都可以不跟人打交道，因此，线上线下打通也是餐饮发展的趋势,未来在基础服务上对人的依赖越来越少,整体效率的提升是大势所趋。

作为一个信奉"民以食为天"的民族,消费者对餐饮品牌的要求是"食不厌精,脍不厌细",地域性餐饮品牌要想走向全国,就要解决餐饮最核心的口味问题,要做到标准化的好吃。现在餐饮的竞争是供应链的竞争,保证所有的门店味道一样、品质一样,供应链能力的构建,决定餐饮品牌能走多远、做多大。

让食客沉浸在餐饮品牌的创新与年轻化中

创新永远都是一个行业最强劲的动力源泉,新餐饮形势的变化主要就得益于行业的创新与品牌的年轻化。因为新的主流——年轻消费群体的消费习惯已经改变,现在他们坐到餐厅的桌子面前,从点完菜到最后结账走人,可以全程不跟人说一句话。但你的门店有什么瑕疵,哪个菜受欢迎,他们甚至比你还清楚。数字化转型不仅是开个外卖那么简单,而是产品的转型、组织的转型,乃至传播引流的转型。对顾客来说,找好馆子是痛点,点菜是痛点,结账也是痛点……建立新消费场景,用数据赋能,利用私域流量和消费者建立强关系,所有这些变化,都是餐饮创新的机会。比如,通过科技赋能来降低劳动成本;通过价值赋能让大家觉得物超所值;通过时尚赋能让餐饮接轨潮流,不仅是吃一个菜,还可以拍照发朋友圈;通过社交赋能让餐饮场景感更强,不仅是简单的吃餐饭,而是跟谁吃、在哪里吃等。赋能应该是全方位的。传统的餐饮品牌,只要找到适合自己的赋能点,就能改变原来传统餐饮的发展路径,就有机会探索出的新的发展路径。

如今,许多年轻人不再把一起聚餐高谈阔论当成主要的社交方式。现在人们吃饭时往往同时做其他事,过去讲究"食不言寝不语"，现在如果说请朋友"专注"吃饭，大概会得罪很多人，因为这基本意味着要"没收"手机请大家吃饭，这是很多成年人都没有办法克服的。未来吃饭将变得更加自由，科技的发展让社交的维度变得更加多元，"吃着碗里的，看着锅里的"被赋予了新的意义，聚餐时既和线下的朋友社交，也在线上跟外界社交。于是，你会发现，现在有的餐厅菜做得很好，消费者满意度却不高，背后的真实原因可能是无线网信号不够好。未来的可穿戴设备能做到我戴着眼镜与你交谈，但是我同时看着另一个世界，沉浸在另一个世界中。所以未来，最宝贵的不是注意力，而是专注，能不能让消费者保持专注将是新的核心竞争力，餐饮行业也要面对这种变化。

掘金之道·财富故事

1. 古越龙山如何实现销售额一年翻五倍

从"只卖九块九"到成为与茅台并肩的国粹代名词，销售额一年翻五倍，中国黄酒行业领军企业古越龙山的品牌升级之路是如何实现的？

在中国整个酒水市场版图中，白酒、啤酒一直占据"老大哥"位置，而黄酒则是默默无闻的"小兄弟"，常常被人们与料酒混为一谈，价格低廉，销量更不及啤酒的十分之一，而且长期以来偏居一隅，消费者主要集中在江浙沪一带。曾几何时，黄酒是我国最古老的酒种，但如今绝大多数的中国人却不知黄酒、不识黄酒，更很少喝黄酒。

为破局市场，2004年，古越龙山绍兴酒股份有限公司聘请我担任企业首席品牌顾问，进行全面品牌升位。

经调研，我们发现其实古越龙山本身品质卓越，具有深厚的文化积淀，不仅是黄酒行业中唯一的中国名牌产品、驰名商标，还早在1988年就正式入选国宴用酒，招待过美国前总统尼克松、克林顿等政坛要客，获得"中国黄酒，天下一绝"的盛赞。

彼时整个黄酒行业高端市场一片空白，古越龙山又作为国礼频繁出现在重大活动中，具备品牌高端化的条件，难点是如何获得大众认可。

第一步，我们策划请来在多部影视作品中扮演皇帝的知名演员陈宝国，担任古越龙山品牌代言人，以"数风流人物，品古越龙山"为主题拍摄系列广告，为品牌赋能。同时进行产品线梳理、分级，升级高端产品包装，设计以鼎、印为视觉元素的瓶型，突出古越龙山"酒中之王，王者风范"的形象。

通过挖掘古越龙山的品牌优势，清晰战略定位，进行系统品牌营销规划，古越龙山从站在料酒堆里，一跃成为国粹黄酒代名词，当年销售额即翻了5倍，突破5亿元。

第二步，对应消费场景进行产品细分，推出女儿红、状元红等产品。绍兴当地有个风俗，谁家生了女儿就会在地下埋一坛酒，等女儿十八岁再取出，据此文化背景古越龙山推出手绘女儿红坛酒，取"蕴藏十八年，只为这一天"之意，该产品还成为央视重磅打造的黄酒文化剧集《女儿红》拍摄产品。

第三步，品牌国际化，推出子品牌东方原酿，并聘请法国干邑世家第五代传人卡慕担任代言人。干邑世家拥有全球免税店渠道，古越龙山的东方原酿系列和茅台同时进入系统，作为黄酒品类代表，走向国际市场。

古越龙山的快速崛起不仅重塑了自身品牌形象，也推动了中国国粹品牌高端化进程。

2.胖东来"倒贴"5000万元帮扶竞争对手

胖东来竟然"倒贴"5000万元帮扶竞争对手,既不收学费,也不要分成,一会儿南下步步高,一会儿北上永辉超市,葫芦里到底卖的什么药?

一个只有小学文凭的人,却坐拥70亿身价,马云、雷军都来向他取经。许昌人于东来用30年时间,把胖东来做成了中国零售业的标杆,然而他没有像其他品牌一样大肆扩张,反而把心思花在研究怎么帮助竞争对手赚钱上。

于东来玩的到底是阴谋还是阳谋?他拉着一批高管组成帮扶团,搭人又搭钱免费帮走下坡路的友商整改。改造措施主要包括:

一是提高员工待遇。别人秒批辞职,他却主动给员工加工资、减工作时长,甚至硬性要求店面每天只要达成目标营业额,就提前闭店下班。对员工的尊重与关爱,换来的是大家充足的干劲和责任心。

二是优化商品质量。胖东来以自己的商品标准,重新帮友商引进优质品牌,尤其是蔬果生鲜等需要严格把控的品类。同时,胖东来将自营的爆品上架到友商的货架上。如今,胖东来出品必属精品已经取得广泛共识,胖东来也建立起自身强大的供应链体系,也许在不久的将来,消费者不必专程跑到河南,就能在全国各地的超市中买到胖东来品牌商品。这一招化敌为友,堪称胖东来、各大商超以及消费者的三赢局面。

三是强化以顾客为中心的经营理念。胖东来不仅优化员工待遇,还向友商导入胖东来的服务理念和规范——既输出管理模式,又输出企业文化。于东来在经营上推崇专注、小而美、活得久，他曾公开表示：胖东来是一所学校，不是企业，希望让更多人懂得怎么做事，怎么生活，让更多人活出人的本色。

胖东来在当下备受关注，也在一定程度上反映出一种社会情绪，这是一场以利益为唯一导向的冰冷理念和以人为本的温情哲学之间的较量。

3. 中国品牌抱团出海，未来还有哪些机会

先人一步出海的商家都赚翻了，传统家电有海尔、美的，电子产品有小米、华为，电子商务有希音、Temu，连美妆服饰、游戏和短视频都霸占了外国友人的屏幕，2023年不少中国企业在海外的年营收规模超千亿元，品牌全球化，市场真的香。未来还有哪些机会？

未来十年，众多中国企业的第二增长曲线必然在海外，品牌全球化是趋势。

2023年被称为"跨境电商四小龙"出海元年，中国互联网巨头旗下的AliExpress、Temu、SHEIN、TikTok组团"围攻"亚马逊，让国货出海更方便了。

北美依然是主力市场，东南亚及中东市场以其快速的消费增长也吸引大批商家，更多新兴市场潜力巨大。品牌出海必须了解以下几点：

第一，过去野蛮生长的时代结束了，未来商家要在监管升级的情况下，更加注重规范化经营。

第二，消费类科技产品持续火热，如智能家居、3D打印机，具有一定技术壁垒的赛道是投资新方向。

第三，随着生产成本的提升和竞争压力增大，商家之间的竞争由价格竞争转向品牌竞争。

在谷歌和益普索联合发布的《2023国内品牌出海发展报告》

中，提出衡量出口核心竞争力"九大能力"框架，包括品牌能力、产品能力、销售与营销能力、服务能力、运营能力、数据与分析能力、财务能力、物流能力、人员与组织能力。

先进的生产标准、快速的反应能力、完备的产业链、日益被国际认可的中国品牌是优势，对于中小品牌来说，挖掘自身优势、发现市场空间，跟紧抱团出海的步伐是企业下一个增长点。

10

第十章
CHAPTER10

新财富对话：
拥抱变化

SECTION 1 第一节

李光斗对话远大集团张跃：中国第一个买私人飞机的企业家，知天命后的新选择

谁是中国第一个买私人飞机的企业家？大多数人会想到马云、王健林……但其实远大集团创始人张跃才是中国企业家里买私人飞机的第一人，他当年不仅买了7架私人飞机，还第一个考了飞机驾照。

1997年，因为买飞机，让做空调起家，年仅37岁的张跃出尽风头。当时，他和弟弟张剑带领远大研制出国内中央空调行业第一台直燃机，成为国内乃至世界空调界直燃机的领先者。如今，兄弟俩各自为战，张跃转战新材料和房地产行业，张剑开始关注科技、低碳、财富传承。

"罗马不是一天建成的。"2010年，远大集团在上海世博园区创造了世界上的建筑奇迹，仅用24小时，用完全轻量的钢结构，远离混凝土垃圾和扬尘，建成了远大馆，其产生的建筑垃圾只有1%，材料消耗只有传统建筑的六分之一，能源消耗只有五分之一。

从美术老师到建筑狂人，张跃自认比马斯克更像"钢铁侠"，因为他有原创。张跃的目标是把艺术和科技相结合，建造真正让人激动的建筑，不久的将来，让人们像抛弃束缚人发展的封建制度一样，抛弃传统的钢筋混凝土建筑，"彻底否定，把它丢到历史的垃圾堆里去"。

李光斗对话远大集团董事长张跃（左）

远大集团董事长张跃被媒体称为中国版"钢铁侠"，因为他开发的建筑是可任意安装、拆卸，能重复使用，几乎不产生建筑垃圾，能当成家庭永久财富传承，还可抗击最剧烈地震屹立不倒的建筑——远大活楼。

2022年仲夏，我应邀到湖南长沙远大科技集团参观了"活楼"，并与"狂人"张跃深度对话。

李光斗对话张跃

李光斗：你觉得人的寿命长还是房子的寿命长？

张跃：人的寿命长，因为人活八九十岁。房子现在只有五十年寿命，这可能是我们这个时代最大的一个笑话。各个方面都有科技，但是我们的房子还是用钢筋混凝土，还是这么短的寿命，还用这么不可靠的东西。钢筋锈了不知道哪一天会塌，有时候是因为地震，有时候没有地震它也会塌。这件事情不仅仅是中国，全世界都没有去解决它，因此我们说人类就还没有进入科技时代。因为跟我们生活关系最密切的，跟我们的健康安全最密切的是房子，如果房子没有科技含量，其他科技有意义吗？

远大科技集团推出可规模化生产的不锈钢低碳"活楼"建筑

李光斗：但是人们只关心自己的寿命，不关心房子的寿命。

张跃：这是另外一个问题，99%的人是随大溜的，觉得大家都是这样建房子的，就没人再去想这个问题了。包括建房子的人也从来不会想这个问题，既然别人也是这样做，国家标准也是这样做，那干嘛让我去想？甚至还认为国家标准肯定是正确的，我们就按国家标准。别人烧水泥我们就用水泥，别人去淘河沙我们就用河沙。建房子的人是如此，那买房子的人更是如此了。

人类有很多问题，但是所有的问题加起来都没有这个问题大。各种社会问题，文化、教育、医疗卫生的问题，我认为所有的问题都不如这个最基本的问题大。我们要居住一个能够作为家庭财产继承的房子，继承我们家庭的财富，继承我们家庭的文化，这是最基本的。

另外，作为有社会价值观的人要考虑房子拆了以后这些建筑往哪堆，尤其是这一轮的建设高峰过去后。世界整体经济发展，21世纪前20年中国是超级繁荣，建设这么多房子。美国的底特律就是一个很明显的例子，大量危房，都是在几十年前建的。但是它现在经济萧条了，住的人少，不需要建新房子了。但老房子不敢拆，因为拆了之后发现建筑垃圾没地方堆，所以就将一栋一栋的高楼打上危楼的标记，闲置在那个地方。

我们未来会不会是这样的？一座一座城市的房屋寿命都到了以后，这座城市、这块地整个荒废掉，贴上封条，然后让它自生自灭。因为拆的话，这些垃圾占的地方会更大。

李光斗：那是楼的坟墓了。

张跃：就变成一个一个的钢筋混凝土坟墓，钢筋混凝土坟场。

李光斗：我也看了远大的"活楼"，你认为你的"活楼"和别人的有什么区别？

张跃：它的区别就太明显了，就是刚刚谈的两个问题，作为人类继承财富的问题和环境的问题。"活楼"不会产生建筑垃圾，就算我们拆了，我们还是可以百分之一百循环利用的，永远不会成为垃圾。还有第三个问题更重要，其实是每个人都应该想的，遇到再强的地震，我们的"活楼"顶多变形，绝对不会轰然倒塌，它是有韧性的东西。我们这个时代里所有的人都应该意识到这个问题，这就是对和错的问题，你不能再做错的事，而且是彻底的错。

钢筋混凝土从经济上讲合算吗？不合算。你说它技术上更先进吗？不先进。你说它美观上更好吗？不好。还可能漏水，还有一大堆的事情，粗制滥造，全靠装修来装饰它。它哪一点好呢？没有好的地方。

我们平常说有时候我们是要妥协的，技术和应用之间有时候是要妥协的，或者是技术跟经济、经济跟科技、科技跟环境、环境跟生活，某些因素在一起的时候它是有矛盾的，是要妥协的。钢筋混凝土建筑，它主要是没有一个优点，干嘛要跟它妥协，这是一个很大的问题。

李光斗：那现在有一个问题，就是如果市场不接受怎么办？因为所有的价格不是由我们的成本决定的，而是由消费者能不能接受决定的。

远大集团董事长张跃

张跃：你这个说法很好。人是需要觉悟的，需要时间。即便是地球上最好的东西，让人类来接受它也是需要时间的。所以我们就稍微等待一下，就像人类的文明发展了几千年以后，封建制度才被彻底地抛弃，建立现代国家制度。所以人类要认识一个新东西，就算这个东西是有百分之一百的好处，也是需要时间的，我们有这个耐心。

李光斗：有一句话，伟大是熬出来的。你觉得在这个过程中，远大能不能熬出来？

张跃：你认为它是伟大的时候，剩下的东西就不是熬的问题了，你永远是沾沾自喜的，你永远是自豪的。损失的是别人，你并不难受。但熬的潜台词是你难受，而我们不难受，是别人在难受，我觉得反而我们应该有一点点同情心，让他们尽早觉悟，尽早地减少损失。

李光斗：你觉得一个企业它的科研投入应该占到利润的多少？

张跃：如果地球上整体的企业划分的话，其实就是三类企业：第一种最普遍的是满足我们基本生存需要的，比方说一般的交易，零售店或者网络贸易公司它有一个组织系统，没有任何主观意识，它就是满足社会的交易需要，这也算是一种企业。

第二种企业就是运用现有的科技、现有的工业模式去完成生产，第一类和第二类永远是地球上最多的企业的主要形式。

第三种企业其实是很少的，就是以技术、以产品作为自己的核心竞争力。它就应该把科技创新当作重中之重。前两种企业，我们通常都认为它不是一个有独特竞争力的企业，这种企业永远为生存而战，疲于奔命。只有第三种企业，有可能某些阶段有劳累，大多数情况它非常自豪，它的创办者也好、员工也好，非常幸福。因为它是创造者，它能体现人更高的价值，不把人当作一个简单的体力劳动者，或一个智力劳动者；而是当作一个对社会贡献最多的群体。

至于这一类企业，你刚刚说研发费用占比是多少，在有些阶段可能研发费用占比是百分之百。

李光斗：你会不会把所有利润都投入进去做研发？

张跃：我们从2009年开始，连续13年都是研发投入大于利润的。

李光斗：那等于是在亏损。

张跃：在吃老本。我们前些年积累的东西，在过去13年里面每一年都是投入巨大，因为我们有这个需要。等到再过一两年，大家觉悟了，也许我们的回报多于我们的投入，我们的利润会多于我们的开支。为了产品的研发、为了生产系统的研发，我们现在投入非常大。这个我心里有底，因为我们是创造地球上最稀缺的这种产品，用不锈钢做的工厂化建筑，用不锈钢做的工厂化道路桥梁，用不锈钢做的风力发电的叶片，用不锈钢做的船舶、汽车、飞机的壳。船舶、汽车、飞机的壳现在还没做，其他的都在做了。

总之是解决人类未来发展所真正需要的东西，而这个东西地球上现在只有我们一家在解决它。因为我们发明了芯板，由于采用芯板，就可以用最少的材料达到最高的强度，这样就可以用得起不锈钢了。如果是用传统的技术，就要用高强度，产生很高的钢材消耗。你不用技术的结果就是你用不了好材料、用不起好材料，你只能用很廉价的碳钢。

李光斗：我看这个一平米要2000元。

张跃：不要那么多。最初我们研发的时候发现要几千元一平米，现在我们大批量、流水线生产以后这个东西很便宜。事实上我用了不锈钢，它的成本是要低于用普通钢的。为什么呢，因为它轻。用普通钢要用很厚的，因为没有这个结构墙。

李光斗：你的"活楼"建出来，建成成本每平米多少钱？

张跃：现在还挺贵的，原因是功能太先进了。如果按照传统建筑的功能需要，它的隔热条件、节能水平、空气质量、装饰品质，成本大概只有普通钢的80%到90%，比它便宜。但是现在的成本是比普通钢贵一点，贵不了多少。

李光斗：你估计这个成本的临界点会哪一年到来，跟传统建筑差不多？

张跃：关键是我们比传统建材好太多了，所以稍微认识我们产品的人都会愿意，我相信都会愿意多出一倍的价钱来买我们的房子。但事实上只让他们出差不多跟传统建筑一样的价钱，达到同等的技术水平，很接近传统的价格。所以价格不是我们的阻碍，完全不是。我们现在要让人看到这个建筑以后激动起来，让他们像否定古代的封建制度一样，来否定传统的钢筋混凝土建筑，彻底否定，把它丢到历史的垃圾堆里去。

李光斗：有媒体说张跃是中国版的"钢铁侠"，你觉得你和马斯克的相同点和区别在哪里？

张跃：说"钢铁侠"倒对，我研究的就是结构，研究用最少的材料达到最高的强度。我是搞原创的，他不搞原创，所以我们俩是有区别的。我做的所有东西，包括你今天参观我们的新风机，是我原创的。包括我们现在看见这个新版材料是原创的，我再把它变成建筑也是原创的，变成那种非常巧妙的扩展式框架结构。

扩展式框架在工厂生产好了以后，出厂的时候它就有2.4米宽，标准的集装箱是12米长、2.4米宽。运到现场以后打开安装就变成4.8米宽了，好宽敞的房子，什么障碍都没有，房子里面想怎么隔就怎么隔，这种巧妙的结构本身又是一种很奇妙的技术。

至于拿它来做风电、拿它来做道路桥梁，那都是很神奇的。拿它来做风电的时候，居然可以把它装到一个集装箱的柜子里面，一个标准集装箱可以装三台风力发电装置，300千瓦。到世界的任何一个角落都没有阻碍,拉到现场把它支撑起来。当天安装,当天发电。

我做的高架路桥,高架架空七八米、六七米高的这种高架路,我一个柜可以装240平方米,很奇妙的。到现场安装也很高效,如果一个小组16个人,一天可以安装1公里。如果说同步搞10个小组的话,分路段安装,一天就可以施工10公里。不仅仅是我刚刚说的材料的科技,在应用技术上,原始创新的这种奇妙程度很吓人,比传统的修路、修桥快百倍,高质量、高效率、零污染。

所以我是搞原创的,你别看马斯克,他也不搞原创。他有一些IT方面的优势是我不具备的,但是从机械角度来说,这个世界上,在我们这个时代有原创的人很少。

李光斗:你的出身其实是个画家,你更欣赏的可能是达·芬奇,所以我看到在远大科技园有一个以达·芬奇名字命名的楼。从这个角度来说,你年轻的时候应该是个艺术少年,你是中国第一个买公务机,第一个考飞行驾照的企业家。如今,回首往事,你有什么遗憾?是不是感到今是而昨非?

张跃:我从来没有这样想,我唯一的想法就是生命太短暂,一晃我就61岁了。我创业刚刚满了34年。

李光斗:你是中国企业家里面的常青树。

张跃:这34年我抓得不够紧,尤其是在有些阶段有点浮躁,精力没有全部用在技术上。我过去的13年时间,90%甚至98%的时间都在搞技术,很值。而在这个之前的20多年时间,搞技术的时间只有60%~70%,我觉得有点可惜。因为事实上我是一个真正的发明家,我们一个时代里面很难出一两个发明家,所以我觉得我有点可惜。我觉得时间过得太快了,如果说地球上有一件事情让我遗憾,就是时间太少了。别的东西都可以控制,时间你不能控制。

李光斗:我代网友问一个问题。两个选择,一个让你留下来保卫地球，一个让你移民火星，你选择哪一个？

张跃：移民火星是很可笑的想法，马斯克很多东西都做得非常好，提这个想法就很幼稚。所以人总是有缺点，像他的缺点就是提这个想法。火星上面没有大气层，没有我们人体能够接受的大气压力，你到火星干什么。移民火星，跟我们走向太空往上走300公里的高度一样，反正都是在真空环境下，人又不能生存，这个想法不是很幼稚吗？又不是说火星上有一丝一毫人可以生存的条件，它没有大气层，没有压力，没有生物的生存条件，也没有氧气。不管是植物还是动物可以生存的任何条件都没有。

李光斗：所以人类只有一个地球，我们还是就在这里跳舞。

张跃：不能说只有一个地球，因为从科学的角度来说宇宙是无垠的，我觉得是没有边的。时间也是无边的，既然宇宙和时间是无边的，那就可能宇宙里面有一万个类似于人类那样的文明，或者一百万个，或者一千万个，或者一亿个，因为它没有边，适合于人类生存的其他地方，我们人类还没找到，但肯定是有的。

甚至宇宙曾经也毁灭过无数个类似于人类这样高度文明的社会，这样的星球。

当一个宇宙是无边的东西的时候，你就不要去想象了，你能够想到的东西它都存在，这是一定的。别的东西可以不一定，对于宇宙而言一切都是一定的。

这是个科学思维，其实我们搞技术也是这样的，我们经常遇到技术上的难题。但是遇到这个难题以后，我就用刚刚说的这种宇宙观来告诉自己，这个难题是可以解决的，遇到这个难题就是我们改进的一个机会。果真如此，我还从来没有被任何难题难倒过。就怕你遇不到难题，你故步自封，你觉得已经是最好的了。当你觉得是最好的时候，这就是你前进的障碍，就是你的石头。因为事实上科学是无边的，宇宙是无边的，我们人类的科技也是无边的。

宇宙观用在我们的科技创新上面是太好不过的，但是用在我们文化、艺术、生活的其他方面，那就要谨慎。我觉得中庸还是对的，我们的生活、我们的观念、我们的人际关系、我们的社会发展进步还是有一个度，有一个恰到好处的限度。就像我们吃东西不喜欢太咸、不喜欢太辣，但是又不能不咸、又不能不辣，一样的，需要中庸。科技是没有中庸的，不应该中庸的，科技是无边的，因为宇宙是无边的。

所以我每次遇到问题的时候总是偷喜，虽然有遇到难题的时候、遇到某一种挫折的时候，尤其是我们搞研发天天都有失败，有一些研发准备了六七个月，投入了巨大的人力、物力，突然失败了。

但我是偷喜的，我从来不会为任何失败沮丧。我过去的十几年是这种状态，我从来不会为失败沮丧。因为它恰恰就是你提升某项技术新的开始。所以要有宇宙观，宇宙是无边的，科技就是无边的。

李光斗：你希望被历史记住，是作为一个科学家还是一个艺术家？

张跃：我是一定被历史记住的，我们的房子这么好，我相信我的后代，我们公司的接班人也会不断地把这个房子建下去。大家以后看到不锈钢的房子，看到不锈钢的路桥，看到不锈钢的风电，尤其是地球上可能都用我们的不锈钢风电解决了可再生能源这个问题的时候，那我的名字肯定会被历史记住。

我在想到这个技术的时候，我知道那一天就是这样的。所以你就不要去想自己，自己一点都不重要，当你想自己的时候只会给自己增加烦恼。你就想着你怎么样解决人类急需解决的问题，你如果带着这个思维你会很幸福，无论成败，你每一天都会很高兴。

SECTION 2 第二节

李光斗对话抖音图书销售一姐王芳：直播带货品牌发展之道

李光斗对话抖音图书销售一姐王芳

2016年，淘宝平台率先嗅到网络直播的商机，签下一批网红，在平台的力主下，电商直播初露锋芒。2019年年末新冠疫情的暴发，把直播推向了一个高峰。2020年，做电商不直播等于白干。短短几年时间，这个赛道从达人直播到品牌自播，再到几乎全民拍短视频、做直播，各大平台也从流量时代进入存量时代。

一方面，近几年绝大多数自播电商其实都没赚到钱；另一方面，李佳琦一场618预售直播，某品牌空调短短几分钟内下单6万台，流量高度向头部集中。

未来，直播带货还有机会吗？新入局者面临怎样的难题，有什么破解之道？个人IP是真命题，还是伪命题？

李光斗与抖音图书销售一姐王芳

以下是2022年李光斗和王芳的对话实录，探讨直播带货的品牌化发展之路。

李光斗：如果有谁想新加入直播、直播带货这个赛道，两个问题，第一，还有没有机会？第二，你作为头部主播有什么忠告？

王芳：首先我觉得直播这个赛道，在中国火起来其实刚刚几年的时间，我觉得任重而道远。所以这个时候加入还是可以的，而且每个月都有新的、很火的主播出现。但是这个时候加入的难度就要比两年前增加了几倍，因为两年前可能你随便拍一个视频就火了，但是在今天这个视频可能就需要各方去推流等，需要很多方法。或者说两年前就跟20世纪80年代的时候，动不动就能成个万元户，这个可能很容易，但是到后来你就得有知识、有文化、有才艺……

今天进这个赛道是可以的，但是难度系数已经是成倍地翻了，这是第一点。第二点，忠告不敢说，如果现在刚进这个赛道，我有什么样的建议。因为我们自己是摸爬滚打起来的，我们是抖音带货主播前10位中唯一一个没有签MCN公司，唯一一个专项带货的。在抖音前30位中只有我们一个是只带书，其他的主播，比如说我的好朋友罗永浩老师，他就是什么都带，很多人都是这样的，我们是专项。

我自己的一点建议就是一定要找准方向，用自己的长项。比如说刘畊宏为什么火了？他确实抓住了一个很好的时机，春夏之交，疫情期间大家又都是在家里健身，他就火了。比如说张同学，是因为他抓住了每一个草根都能成为明星这样一个梦想，他做的是我们老百姓最普通的事情，他火了。

这两年多我们一直都在图书领域，肯定是第一了，一直在这个赛道上走得比较稳，我觉得也是吃老本儿，就是你擅长做这件事。所以一定要做自己擅长的事。

有的领域我根本就不懂，你看我做主持人这么多年，我自己不会化妆，我根本就不懂，我一带化妆品就头疼，不懂就容易说错。那为什么要找我们不擅长的事？但如果你让我讲讲第二次世界大战，讲讲俄罗斯和乌克兰的关系，我就觉得我很擅长。

我自己是妈妈，我站在一个妈妈的角度来说，什么样的直播我会愿意去看？我觉得其实不管唱也好，跳也好，怎么折腾也好，他们有他们的优势，但是最终一定要回到有用。我再说刘畊宏，他的视频为什么有用，真的能让我瘦，没有用的直播是长久不了的。你为什么要听我讲呢？大家每天在我这听，终于明白了，赵匡胤杯酒释兵权原来是这个意思，他觉得我今天有收获，渐渐地就觉得有用。

我们的粉丝抖音忠诚度应该能排到前几名，比如大主播直播间可能100万人同时在线，可能也就卖了10万件东西，100万人同时在线卖10万件，很厉害了，平均10个人就有一个下单。而我的观众只有1万人，我也卖了10万件，什么意思呢？就是一个人买了10件，所以说，我一直想努力追求我们粉丝的忠诚度和黏性，我不追求人多，我也不追求自己好不好看，外在怎么样，我就追求你来了我这儿有收获，没白听。

李光斗：你对打造个人IP有什么见解？这是很热门的一个话题，有什么秘籍给大家分享？王芳的品牌以前我们都知道是知识情感，你的节目在这之前就有很好的积累。

王芳：你一定是要用你的长项，你就想，什么是你最长的长项？比如说是跳舞，那就不断地去展示它，让大家只要看跳舞就去看她。我的长项就算是缝衣服，只要做到这个项目中的顶尖就很厉害。

我想给自己打造的就是，首先我是一个妈妈，我不仅仅是一个卖货的人，那我所有的内容都会站在一个母亲的角度来跟大家分享。其次，我会真正的让大家买到这个东西以后有用。您看到今天我们直播间的人，其实只是我们所有员工的十分之一，剩下的90%在做售后，就是要让顾客觉得在我这买东西很舒服。所以我给自己打造的人设就是一个负责任的妈妈，还有点儿知识，积极向上，乐观有文化，不是大喊大叫的直播间。要准确找到自己的长项。

李光斗：我看到你的品牌也在延伸，现在图书可能占90%，其他的品类会不会拓展？

第十章 新财富对话：拥抱变化 | 395

抖音图书销售一姐王芳的直播现场

王芳：我们现在也会有一些其他的直播，主要是完成抖音的任务，因为我们作为头部主播，抖音会给我们一些任务。有一些大的品牌，就像我们电视台，比如说海尔打广告了，那电视节目主持人就要说，"本节目由海尔独家赞助"一样，我们在抖音中也是一样，一些大的品牌跟抖音有合作，我们就有责任和义务去帮助这些品牌推广，可能不一定是卖多少东西，主要是推广。

作为我们来说，可能转型方面我没有想过，因为没有来抖音卖书之前，我自己就有梦想，我想找到100本世界名著的诞生地，比如说我想去古巴，海明威的《老人与海》的诞生地，我想在那里给孩子们讲课，因为我自己原来的第一份职业就是老师。

我认为真的不能忘掉初心，所以我的目标依然是坚定地做图书，有一些你必须完成的任务，你是要完成的，毕竟要在这个平台生存。但我们所有选择都只能是母亲或者孩子用的，我很少去选择比如手机，我能卖过罗永浩吗？我卖不过他，那我干嘛要去找我不熟悉的东西。

我只做好某一个小的分类，在这个分类中能成为塔尖上的，我就觉得很好了。

李光斗：未来有没有这样一个设想，把"王芳"也做成一个品牌？我们都知道美国有一个玛莎·斯图尔特，她是做主播出身，但是最后在美国的家政领域成了行业佼佼者。

王芳：之前我们确实是没太想过，因为我对我未来的生活打算是，花更多的时间去周游世界，我愿意让自己更轻松一点，当然这也不耽误我去给大家介绍好书。我最初在做这件事的时候，就是想带领公司走出电视界的颓废，我们走出来了。所以对我自己来说，我一直觉得我是一个没有野心的人，我们在这里带货，不太追求带货额，每天开心就好。而且我不会要求自己今天一定要卖到多少钱，你看很多大主播要求自己今天必须卖到多少钱，我没有。累了我就回去睡觉，要是还想再介绍两本书，我就继续再上来讲讲，我在意的是自己内心的感受。

这就是我们四十多岁的人和二十多岁人的区别。我觉得女性到这个年龄的时候，本身应该从容、淡定、优雅，我希望我自己的代名词是这样的，没有那么多的对事业的追求了。

对我今天来说，我希望我的员工通过我以及这个团队共同的努力，能在北京过个小康日子，我们就很开心。我们公司天天都在灌输，咱们不要卖太多，木秀于林，风必摧之，可能跟我读了太多的历史也有关系。我们公司真的是不激进的公司，抖音有几十万的主播，我觉得我排前100就很开心。有一次他们告诉我直播间人数排第29名，实际成交额排第9名。因为很多人会有退货，说明我们买图书的人基本不退，所以最终成交额我们闯进了前十。这个数字我

第十章 新财富对话：拥抱变化 | 397

们还挺震惊的，因为我觉得我们是玩了一年。

李光斗： 而且你的直播像一个课堂一样，腹有诗书气自华，我觉得卖书是很快乐的事情，你的世界观非常好。

王芳： 谢谢。接下来我们的目标也是这样，坚持一条路，我们就是卖书。但是卖多少？那都不是很重要的事情。

李光斗： 最后总结一下两句话，第一是中国人历来讲究耕读传家，不要忘本，不忘初心。第二是薪火相传，尤其是让年轻人多读书，我们说看一个人就是看你读过的书，看一个家族就是看能不能把这种诗书礼仪传承下去。我们也感谢王芳打开了这个赛道。

SECTION 3 第三节

李光斗对话西贝贾国龙：企业如何度过寒冬

2022年北京一个冬日的下午，我来会一位老朋友，西贝的董事长贾国龙。北京西五环的九十九顶毡房，是西贝旗下另一餐饮品牌。贾总在这儿有个小院子，这是西贝在北京的总部，平时贾国龙就在这里办公。

贾国龙是我的内蒙古老乡，也是我多年的老朋友，他在北京开第一家莜面村店的时候，我就是常客，一眨眼20多年过去了，当年一家店变成400家，开遍全国。西贝的年营业额将近60亿元人民币。

李光斗对话西贝餐饮董事长贾国龙（右）

老贾有很多执念，也特别能折腾，比如不做连锁加盟，不上市，比如铁了心要做快餐，即使踩了很多坑，仍然痴心不改。我每年都要和贾总长聊一次，但这是第一次在镜头下全程公开。我们看看疫情之下，西贝经历了什么，老贾又有什么新的奇思妙想。

呼救有用，困难仍有

李光斗：贾总好，好久没见，2020年春节疫情刚开始的时候，贾总是第一个站出来呼救的企业家，当时贾总说如果照这样下去，西贝撑不过三个月。现在两年过去了，2021年西贝的情况怎么样，回首往事，贾总会不会感到当时有点沉不住气。

贾国龙：这两年不是挺过来了嘛，现在活得还可以。当时确实有点害怕，因为疫情来得突然，一切都停下来，我们2万多员工，1万多在宿舍，1万多回家，防疫压力也很大，这些员工得把他们管好，不能被感染。当时生意突然停下来了，我们本来是2020年的春节把仓补满，准备好好做生意，突然停下来了，货都还在仓里，现金流突然就断了。我们盘估了一下账上现金，再加上我们当时有两三个亿的授信,把这些加起来只够发3个月工资,因为我们一个月就要发2个多亿的工资,3个月就是6个多亿的工资,所以心里边还是很恐慌的。政府救助非常及时,还是特别感谢政府出手联系各个金融机构,很快就给我们新的授信,新的授信拿到手上我们就踏实了,其实到现在也用得不多。心里边一踏实,就最起码没那么恐慌了。

接下来下半年就开始生意逐步恢复,所以我们去年收支基本持平,房东也给我们减免一些租金。在最艰难的那两个月,我们都是按最低工资的保障来发的工资,也减轻了不少负担。2020年我们挺过来了,基本处在没亏但是也没挣钱的保本水平。2021年其实反而更艰难,因为什么都正常了,房租各方面正常了,减免没了,员工又是满负荷,都是按满额发工资的,但是2021年的疫情反而是断断续续,最惨的是11月、12月,11月我们历史上第一次发生了现金流是负的,因为客流下降得特别厉害,也是和疫情有关。所以2021年收入反而不如2020年好。

李光斗:也就是2021年达不到2020年60亿元的销售额?

贾国龙:不会,比2020年有所增加,我们2019年是60多亿元,2020年只有50亿元,2021年估计55亿元,但是因为2021年的费用明显大过2020年,所以我们2021年肯定是亏损的,这是我没想到的,我们原来想的2021年应该比2020年强,实际上是2021年的营收比2020年强,但是2021年的费用比2020年明显高很多。

留好子弹,争取IPO

李光斗:现在又到新一年的转换,当时人们在迎接2020年的时候,流传这样一句话,现在无人认领。这句话是这么说的,说2020年将是过去十年中最差的一年,却是未来十年中最好的一年。你觉得它是不是有点一语成谶，或者说道出了残酷的真相。

贾国龙：我倒不这么认为，我觉得其实最大的不确定性就是新冠疫情。但是什么都会过去，现在是寒冬，这是最冷的时候。冬天来了，春天还会远吗？因为中国经济活力的基础还在，增长的基础还在。

李光斗：贾总是整体乐观，2020年的时候有人看到了危险，也有人看到了机会，什么机会呢？就是租金的红利，所以海底捞一口气就新开了500家店，但是2021年关了300家，这是公开的数据。我印象中的贾总是个非常乐观的人，但也不是一个非常谨小慎微的人，拿海底捞和西贝对比一下，贾总认为西贝做对了什么？为什么你没有在这种情况下，觉得租金便宜了，我就大举开店，大举扩张。

贾国龙：我觉得是节奏的问题，因为海底捞它正好之前上市了，手上有现金，手上现金多就更自信一些。海底捞对形势的判断是偏乐观了一些，实际上疫情消失得没那么快；我们手上没那么多现金，就像打仗嘛，资源不一样打法就不一样，海底捞资源多，仗就打得猛一点，我们资源少就打得谨慎一些，仅此而已。

李光斗：但假如当时贾总也有那么多的现金，会不会把这些"子弹"都打出去？

贾国龙：也会，如果我手上现金充足，也会猛冲猛打，之前觉得新冠疫情不会这么长，2020年是最难打的，今年就应该基本差不多了，因为我们经历过"非典"，"非典"才几个月，新冠疫情都已两年以上，我们也是在摸索中找经验。

李光斗：如果当年西贝像海底捞一样上市了，也会把"子弹"都打光么？

贾国龙：人家海底捞子弹还多着呢，只是打猛了一些而已。

李光斗：是，但是它的年报会很难看，2020年海底捞利润下降了86.8%；2021年前9个月利润下降了90%。

贾国龙：海底捞是个上市公司，透明的，我们不是上市公司，2021年的增长也乏力。

李光斗：贾总以前一直在纠结，要不要融资，该不该上市。当年，我曾给西贝介绍了第一笔大的投资，拿完投资之后，因为不想上市，贾总过几年又把这个钱还回去了。贾总现在下没下决心？西贝的战略到底是自主发展还是也要上市进入资本市场？

贾国龙：这个我们决定了，要上市融资。把资本的能量调动起来。没有疫情，我们觉得自己是个现金流行业，自己做生意，自己挣钱，然后再发展自己，没问题。但是疫情还是对我有很大的触动，其实自身的力量还是有限的，如果想有大的发展还得要用资本的力量。

李光斗：也就是贾总终于下定决心了，西贝要上市？

贾国龙：对。

李光斗：那如果按这个年头来算的话，是什么时候开始进入IPO准备的第一个财务年？

贾国龙：未来几年，我们会重新融资，找到一个合适的时间点。那时我们的新业务也跑出成绩来了。

餐饮的本质就是"好吃"，最好是高标准化的"好吃"

李光斗：记得当年我们曾经探讨过餐饮品牌的核心是什么，后来西贝也推出了"好吃战略"，"好吃战略"和餐饮的标准化之间，您觉得有没有什么矛盾之处？

贾国龙：矛盾一定是有，就看能不能把这个矛盾解决好，因为标准化本来就是大规模连锁首先要做的，标准化也有高水平的标准化和低水平的标准化，或者是高质量的标准化和低质量的标准化。我们这几年其实在标准化方面投入非常大，探索得也非常多，这次解决好了，之后的标准化完全可以是高质量的标准化。同样是中餐，标准化之后还让它很好吃，是可以解决的。

李光斗：其实我印象中贾总是个美食家，有时我们会去一起找些很好吃的馆子，贾总有自己心中的美食地图。但是如果作为战略，在开米其林餐厅和开一个中式的麦当劳之间做选择的话，贾总选择哪一个？

贾国龙：我现在选择麦当劳式的餐厅，因为麦当劳这个生意属于可以规模化铺天盖地。米其林餐厅就非常个性化，米其林三星就算顶天立地了。我和新荣记张勇之间有一个玩笑，我说你负责顶天立地，我负责铺天盖地，其实各有各的生态位，不同的战略选择而已。

西贝招牌菜：蒙古牛大骨

李光斗：为什么贾总对标准化的快餐那么有执念？

贾国龙：因为西贝在正餐方面也300多家店，如果没有标准化，我也开不出300多家店，我对做大规模还是有我的追求的，我本人做企业还是追求大规模化。西贝的组织能力其实在这几年积累得也是不错的，我们一直在探索标准化、规模化，越来越有心得，这几年还有实质性的突破。尤其疫情让我们节奏停下来之后做了许多业务的总结、反思，就是我们到底要让哪项能力成为我们的核心能力，那我们决定标准化、大规模化，把企业做大，在这个目标上面要构建我们的核心能力。

李光斗：贾总做了很多的快餐，你在公开演讲里也讲过，之前踩过很多坑。回顾一下你做快餐这些品牌，投入的资金、得到的教训以及给后人有什么样的启发。我想在快餐业方面，你的经验可能比正餐的更多。

贾国龙：快餐我们前后做了满打满算是5年的时间，5年我们做了7个项目，5年屡战屡败，屡败屡战，其实前7个项目都放弃了，我们现在做的贾国龙功夫菜已经不是快餐了，它有零售属性。快餐这么多年，我们教训很多，也积累了经验。

李光斗：这7个快餐品牌是哪几个？

贾国龙：有西贝燕麦工坊、西贝燕麦面、麦香村、超级肉夹馍、西贝酸奶屋、弓长张，还有贾国龙功夫菜。直到贾国龙功夫菜项目出来之后，我才觉得我们以前对快餐标准化的理解还是浅的，还是原来的正餐思维，只是想在门店端去标准厨师的动作，在门店的SOP方面反复打磨，其实在源头上的研发做得不够，还有生产转化、高水准的预制等方面下的功夫不够。贾国龙功夫菜出来之后，因为它有很强的零售属性，我们开始研究这些食品企业，研究食品企业之后才反思我们做快餐的时候是工业化思维不够，对食品科学的学习和利用也不够，所以导致我们当时的快餐都是卡在一些成本问题、规模化复制问题、技术问题上。

李光斗：中国很多快餐品牌，能够做得很大的，大部分其实是连锁加盟做得多，但是死亡率也很高。您觉得西贝做快餐也不成功，跟没有开放连锁加盟有没有关系？

贾国龙：没关系，连锁加盟、特许加盟是什么呢？就是你只有在源头上能够标准化输出的时候，你的连锁加盟才能"Hold住"，你看现在中国市场上什么连锁加盟的店很多？汉堡连锁加盟比较多，炸鸡连锁加盟比较多，火锅连锁加盟比较多，因为生产链标准化了。

李光斗：拉面也比较多。

贾国龙：因为这些产品简单，容易标准化。我们以前一直做正餐，它是多SKU，就导致标准化难度提高了，而我们以前的标准化一直在门店端使力，反而在源头上使的力并不多，直到我们最近才觉得正餐或者炒菜的快餐连锁要做大，应该在源头产业链标准化上多使力。

李光斗：刚才您讲到贾国龙功夫菜它是有零售属性的，但是我们现在看到其实它能见度最高的地方还是在西贝的餐厅，您觉得这两方面不会发生冲突？未来贾国龙功夫菜这个品牌的前景会怎么样？您会在哪方面去集中发力？

贾国龙：这个结合不好就会冲突，如果结合好了，它应该是个互补。我们一年多来一直在探索怎么结合才不是有冲突的结合，像我们现在自己也找到一些感觉，我觉得没有本质的冲突。

李光斗：爱折腾是人们给贾总贴的标签之一，贾总怎么看待自己性格中的爱折腾，当年贾总从大学退学在老家开了第一家餐厅，如今人到五十知天命之年，会不会还继续折腾？

贾国龙：这个有我自己性格的因素，还有自己做企业的手法。成功的人都爱折腾，只是我的折腾是被别人知道了，许多人的折腾是悄悄地折腾，没被别人知道。我自己觉得做企业就和运动员的体育项目一样，在训练期间你肯定是输了赢了、赢了输了，只有反复跟自己较劲，才能最终在赛场上比出好成绩。折腾只是一种方法，对了错了都在长见识，都在找体感、找手感，我们自己想的是在不确定性的时候就多点测试，这是折腾，一旦确定了就饱和攻击，我反而觉得正常，这个和年龄没关系，只是和你做企业的方法有关系。

李光斗：有种说法，贾总是"人在曹营心在汉"，因为西贝是正餐业的龙头，但是贾总一直心向快餐。从第一家北京的莜面村店开始，西贝进北京已经20多年了，这20多年来，你有没有感觉到西贝的品牌有老化的趋势？现在西贝门店大力推儿童餐，儿童餐一直是家庭聚餐的消费主力，如果年轻人不来了怎么办？

贾国龙：我觉得任何品牌如果不创新都会老化，不只是西贝，我们是意识到这个问题了，前5年我的精力放在快餐新项目的探索上比较多，所以在老品牌投入方面有一些欠账，我们现在往回找，开始补课，西贝重新开始品牌年轻化。投入资源，通过创新增加活跃度，其实家庭餐饮是一个好的选择，因为我们这么多年发现带孩子的家庭特别喜欢西贝餐厅，总觉得西贝安全、放心，味道又没那么刺激，所以我们在这点上就配的资源多一些，也明确地提出来我们是家庭友好餐厅，儿童友好餐厅，家有宝贝就吃西贝，其实反馈还是不错的。我们对西贝莜面村整体的投入，从今年开始已经加大了，而且还会加大，我们一手培育的新项目现在已经有了雏形，老品牌现在也开始认真地去提升它，我自己觉得每个品牌发展过程中都可能会遇到类似的问题，防品牌老化是每个品牌都要过的一个关。

李光斗：西贝我觉得不管它有没有宣传过，其实它有个定位叫家庭餐，我发现过一个很奇怪的现象，我去吃过很多家西贝餐厅，没有遇到过一次有人在西贝聚餐喝酒，但是中餐要想增加客单价，一定是多人聚餐。现在西贝又在大力地推"家有宝贝，就来西贝"，你有没有觉得方向偏了，如果说聚餐的不来西贝，又都是家庭餐，年轻人会不会流失？

贾国龙：我自己觉得有一头就没一头，你既然想做家庭友好餐厅，想做儿童友好餐厅，你对这个群体友好，另一部分人选择你的可能性就少了，因为你不可能两全嘛。我们有意不卖酒，因为既然做家庭友好餐厅，做儿童友好餐厅，不太适合卖酒。

李光斗：那么贾总如何看待这些层出不穷的网红店呢？您认为西贝和这些网红店最大的区别是什么，或者应该向网红店学到点什么？

贾国龙：现在叫网红店，其实历史上每年都会有流行，就是流行如何变经典，这是一个难题。还有经典也让它怎么能够流行起来，让它一直有热点，这是做企业的基本功。餐饮毕竟是一个每年4万亿元的大的市场，现在最大规模的海底捞市场占有率也不到百分之一。餐饮业好就好在市场很大，企业规模足够大，高中低各种业态，百花齐放。网红店对西贝没有实质性的冲击，我们也很欣赏这样的餐饮网红店，网红品牌很会做营销，关键是能红多久？这才是对网红店真正的考验。

李光斗：贾总当年曾说过，要让全世界大街小巷都能看到西贝，面对以内循环为主的双循环经济，贾总让中餐走向全世界的雄心壮志有没有变化？

贾国龙：没有变化，我们是愿景引领的公司，我们为什么折腾快餐？就是觉得快餐可以服务的人更多，更亲民，随时随地做好饭，我们的愿景是全球每一个城市每一条街都开有西贝，"一顿好饭，随时随地；因为西贝，人生喜悦"。

李光斗：在我心中贾总就是一个美食家，而美食家都是非常热爱生活的，贾总有没有算过，你在美食上前前后后花过多少钱？

贾国龙：对我们来说吃饭就是工作，工作就是吃饭，到处找好的吃，那你找好的吃可能就得花钱。我们的研发部投入大，西贝现在最大规模的是研发部，365个人，上一次报的是365个人，它是动态的，300多人吧，今年我们研发费用是一个亿，我觉得应该是餐饮行业里研发投入最大的企业。

西贝不敢贵，消费者的口碑更贵

李光斗：今年的西贝涨价曾上过热搜，甚至引发"西贝很贵，平民不配"这样的网络风波，您怎么回应"西贝太贵了"这种评价呢？

贾国龙：我承认西贝有一些单品确实是把价定得高了，消费者的反应我们已经收到了。该往低调要往低调，在做生意的过程中，确实我们有一段时间是有一点小骄傲。生意一好，定价就定得比较随意，疫情其实也教训了我们，消费者也教训了我们：第一，定价贵，消费者骂你，第二，"我不来，我不吃了不行吗"，其实反馈我们都收到了，我们现在在性价比方面特别的注意，在定价方面也是今后很重要的一项工作。定价定生死，定价定高了最终伤害的是企业自己，消费者选择太多了，不来你家（餐厅）不就行了吗！所以我们特别感谢消费者对我们的教训、教育，其实当你做错事，有人教育你、教训你、纠正你是好事，因为消费者他还是希望你做好，价格合适我还来吃，支持你。因为好多抱怨你贵的人还是一些曾经支持过你、喜欢你的人，如果他从来没吃过，他也不知道你贵贱，他也不会骂你，他就是吃过你的东西，过去觉得你那个价格合适，现在突然把价定那么高，而且有一些不该高的东西高起来，他肯定会不爽。经历过这些事情之后，让我们对定价这些事变得特别的谨慎，我们已经成立了一个定价委员会，每一个定价都到我们定价委员会来把关、评估，还要做消费者测试。

李光斗：以前西贝也是经常有排队的现象，现在遇到一个危机，就是西贝的门店排队的越来越少了，您觉得这是什么原因？

贾国龙：我觉得首先不止西贝排队少了，其实家家都排队少了，为什么？因为商场总客流的下降，家家都排队少了。另外，总有一些网红品牌，极少数的网红品牌店还在排队，你觉得他们家排队多，我们家排队少了，其实我们周六日、节假日还是排队的，只是没有原来那么多了，这个我们也关注到了。这可能和你定价高也有关系，价格调节嘛，你定价高了，来的人就少了。

李光斗：西贝的菜单一直在缩减，很多老顾客抱怨为什么好吃的菜砍掉了？西贝砍哪些菜，增哪些菜的标准是什么？一直以来西贝标榜自己多少个月就要推新菜，如今西贝推新菜的速度为什么变慢了？

贾国龙：为了标准化，我们会减菜单。从2022年开始，我们新菜单要扩品，要扩很多，每个店都会增加20道菜，由原来的五六十道菜增加到六七十道菜，增加十几道菜，西贝的菜单会重新丰富起来。

李光斗：以前贾总说西贝所有门店都要控制在38道菜以内。这是不是贾总爱折腾的一种表现？

贾国龙：也算吧。菜单缩缩放放，有段时间缩了，现在又大幅增加。因为顾客反映得比较厉害，再说我们现在研发能力也上来了，以前有段时间我们的研发能力没那么强，想把菜减得少一点，容易标准化。后来我们就开始不断强化我们的研发能力，我们研发能力上来之后，我们又开始扩品。消费者呼声我们早就收到了。

李光斗：还有个问题，就是面对网络舆情，您认为西贝的危机公关做得怎么样？

贾国龙：这对西贝是个挑战，因为这些年骂西贝的声音也很大、很多，有的我们觉得也挺冤枉的，但是又没法去解释，我们现在就做好自己，有错就认，马上就改。至于有的骂得不对，那就靠时间，关键是你真的要把菜和服务做好，长时间以后让消费者再去评价你，吃了的顾客会评价你，没吃的顾客也会听别人说，这个只能靠时间，你实实在在把事干好了，把菜做好，把服务做好，把价格定实了，靠一个长的时间让消费者再重新认识你，只能这样，我现在不想玩任何技巧，日久见人心吧。

李光斗：如果西贝未来要上市，可能需要公关、沟通，无论对政府的沟通、对消费者的沟通、对媒体的沟通，都会是一个非常专业的事情，您认为您对目前公关的状态满意吗？

贾国龙：谈不上满意不满意，我现在把这个事情静下来往本质上想，就和人跟人打交道一样，你是个好人就不会被冤枉，早晚会被认可。首先要确保自己做个好人，做好事，至于别人怎么评价你，认不认你，我还真的没那么在意。

李光斗：当下年轻的消费者对餐饮的口味变化是非常快的，我们西贝有什么应对之道？

贾国龙：现在年轻人选择更多，因为现在供给比较充分，东南西北中，各种供给都有，现在的年轻人有口福，花钱就什么东西都能吃得上，见多识广，不像我们那个年代就能吃那么几样东西。西贝莜面村供给的强项在于选牛羊肉、选莜面杂粮我们肯定最好，接下来功夫菜我们也会做各地菜，从名菜到下饭菜都会做，增大自己的供给能力，满足年轻人的多样化需求。

西贝是个能留人的地方，重视年轻人

李光斗：很多餐饮业的老板都遇到一个非常难的问题，就是用工荒，西贝在这方面是怎么破解这个难题的？

贾国龙：我们目前不存在这个问题。因为餐饮业两三千万人的就业，我们才用多少？我们才用2万人，不到千分之一，打工的人就是哪儿给的待遇好我去哪儿，哪儿对我好我去哪儿，哪个地方能学到东西，上升机会多我就去哪儿。你每月多给500块钱员工由你挑，多给1000块钱那就优中挑优，如果你不愿意多给，那肯定就用工荒嘛，我觉得就是这么一个规律。

李光斗：核心是待遇留人？

贾国龙：待遇留人，事业留人，还有情感留人。

李光斗：贾总也多次讲过自己的创业经历，我们也非常好奇，当年为什么贾总在大连读书，突然退学了回去创业，这些年一直是一个奋斗青年，从巴盟到呼市，再到全国，让西贝成为全国餐饮行业的龙头。回顾一下您创业的过程，这些年一路下来，感觉什么时候最艰难，感觉什么时候又自信心最足，为什么也会有坚持不住要呼救的时候？

贾国龙：餐饮是一个勤行，这个行业是懒人干不了的，能人还不愿意干，所以我就是属于那个勤奋的还不太能的人，选这个行业一干30多年，这个行业没有不难的时候，从我创业的时候就觉得挺难，过程中每一个阶段都很难，现在也觉得很难，怎么说呢？"百年老店百年忙，稍一懈怠落一旁"。

李光斗：还有一句话叫"烟熏火烤厨子的命"，说的就是做厨师做餐饮的。

贾国龙：做餐饮就别想懈怠，这个行业没办法一劳永逸，完全是吃口碑的行业。这次体验好我就下次来,这次体验不好我下次就不来了。

李光斗:而且转移成本特别低,随时跳来跳去。

贾国龙:选择太多了,满大街各种餐馆,非得吃你西贝吗?你对我好我就吃,对我不好我立马就到东贝了,真的,我太明白了,所以我们真的不敢懈怠。

李光斗:回顾一下你当时的创业,为什么退学?因为当时在80年代的时候,万般皆下品,唯有读书高,读完书就有一份好的工作,国家包分配。

贾国龙:我上大学时遇到很大的问题,那个时候患上了神经衰弱,一看书就睡不着觉,我那时候又特别喜欢商业。我1986年上大学,本来应该1990年毕业的,我1988年就退学了,那个时代,大学生、研究生退学经商的,有那么一股小潮流,我就跑回老家了,挺好,现在觉得跑回来是对的。

李光斗:西贝这2万多员工平均年龄是多少?

贾国龙:一线人员年轻,一线门店的服务员、厨师年轻,我们偏大了,但是被年轻人一拉,平均年龄我估计不会超过30岁。

李光斗:"00后"就要进入职场了,您认为怎么和年轻人一起做好管理?

贾国龙:我们是用美食和顾客沟通,你喜欢吃什么我就做什么。

李光斗:那和内部的员工呢?

贾国龙:内部员工我一直认为没障碍,人们说不同年龄的人需求会不一样,我们开始是觉得"90后"不一样,后来也觉得没什么不一样,"90后"的人也是第一都想升职,第二都想多挣钱,也是一点不缺奋斗者,就是想奋斗的人也很多,当然都一样,我觉得每个时代的人都一样,只是后面贴标签贴的"90后"怎么样、"00后"

怎么样,我觉得是贴了标签了,如果从人性的角度来讲都差不多,就像我们父辈说我们跟他们不一样,后来这么多年以后,发现从这些底层需求来说,没什么不一样,只是表现方式会有一些不一样,但是本质上没什么不一样。

李光斗:2021年的流行语,国家语言资源监测与研究中心筛选出来,其中有一个词就是"躺平",就是这些对年轻人的精神激励,他们称之为"职场PUA",他们觉得我更看重现实的利益。网络当时也有一个风波,这些互联网大佬讲996的时候,当时的贾总就说了一句话,说"什么996,我们都是715,白加黑、夜总会",如果现在"00后"的员工入职,您还会不会有一种新的沟通方式,还是说您认为本质没有变,还是要激励他们。

贾国龙:本质没有变,那本来是我们内部沟通语言,讲我们自己的,因为我们公司年轻人用得特别多,我们从去年就提出来重视优秀年轻人,补了一大批年轻人,像刚才茶室那个小孩,那就是安徽大学金融专业的,我们去年招进来的,我们办公室的几个年轻小孩,其实一样一样地上进,一样一样地都是年轻的奋斗者,一点没有娇气、躺平这个意识,一点点都没有,只是话语体系这个是要注意的,不同的时代人们的表达会有不一样,这个我要注意,我发现用我们老的语言和现在年轻人沟通就有一些不通,仅仅是在这个方面上会注意,但我不认为年轻人整体会有什么不一样,真的。还有价值观的导向,这个可能一个时代和一个时代会有一些不一样,我也正在学习。

李光斗:您有没有想到像董明珠一样,现在也开始要有西贝的接班人计划了?

贾国龙:其实我们的接班人计划一直有,就是整体,就像我们去年开始重视那些优秀年轻人,我们整个建立干部的梯队。

李光斗： 李白曾经有一句诗，"古来圣贤皆寂寞，惟有饮者留其名"，中国古代文人除了诗书传家之外，还有一个最高的荣誉，就是以他的名字命名一道菜，在历史上流传下来。很多文人都是美食家，孔夫子说"食不厌精，脍不厌细"，东坡肉、宫保鸡丁，袁枚的《随园食单》都青史留名。如果以贾国龙的名字给历史留一道菜，你希望会是哪道菜？

贾国龙： 你这个问题倒是个新问题，贾国龙其实是个品牌，东坡肉它还是个菜名。

用名字命名它有能量，我自己后来想了半天，我名字就是一道菜也挺好的，说今天吃什么，吃贾国龙。不过贾国龙是个品牌，对应每一道菜，煲仔饭也可以叫贾国龙功夫菜，蒜泥白肉也可以叫，宫保鸡丁也可以叫，狮子头也可以叫，在贾国龙这个品牌下面有无数道菜。我要把那些下足功夫的菜，通过急冻锁鲜技术把它们送到千家万户，它们就构成了一个吃一顿饭的解决方案，我最终其实提供的是吃一顿饭的解决方案，至于说哪道菜会被命名，实际上跑出来哪道菜就哪道菜，必须是大单品。

明厨明档的西贝莜面村门店

李光斗：中餐历史上还没有标准化过，我们的菜谱拿出来都是盐少许，酱油少许，都是一种非常随意的。

贾国龙：历史上没有，但广东、香港的粤菜厨师已经开始尝试了，广东、香港的厨师从来不会说盐少许、酱油少许，不会，都是计量，时间、温度、顺序，都是用计量单位描述盛多少、温度多少，香港、广东的师傅在粤菜里已经开始标准化了，后来全国的厨师也都在学这个。

李光斗：很多中餐都在迭代，其实我们看到的眉州东坡、那家小馆、海底捞其实都能在海外有门店，您认为西贝会在什么时候也建海外店？

贾国龙：我们先在中国做好，因为中国美食走出去一点都不困难，做好还是我们的追求，随着中国国力的提升，一定会走向全世界的。因为国力强了，文化自然就强了，而美食它本来就有文化属性。中国有三个和功夫有关的人，在弘扬中国文化，李小龙、成龙、贾国龙，都和功夫有关。

李光斗：这三人里至少两个人都是我好朋友：我们当年第一个请成龙到中国大陆来拍的小霸王广告，成龙的好功夫，贾国龙功夫菜也是好功夫。最后我送你和西贝一句广告语，"有功夫，来西贝，好吃到家"。

贾国龙：谢谢光斗老师。

贾国龙：我们首先不拒绝开放，不会不开放，但是什么时间开放合适，只有走着看。

李光斗：我们知道在企业管理上，当你的团队超过15个人的时候，你就不能单纯以物质刺激来引领了，一定要有一个愿景，或者说我们要会讲故事，要用故事和愿景引领这个团队，那么用不好听的话来说，老板要会吹牛，最牛的老板是等我回首往事的时候，我这辈子吹过的"牛"都实现了。那么贾总认为,你迄今为止吹过最大的"牛"是什么?

贾国龙:我觉得我们愿景这个牛就吹得过大,全球每一个城市每一条街都开有西贝,"一顿好饭,随时随地因为西贝,人生喜悦",这"牛"吹得足够大,但我们全体西贝人捍卫这个"牛",让这个"牛"变成现实。

李光斗:对于现在想进入餐饮行业创业的这些年轻人,您有什么忠告?

贾国龙:喜欢就做,餐饮行业创业门槛很低,但你首先得喜欢美食,而且愿意把自己喜欢的美食跟顾客分享,虽然餐饮行业门槛不高,谁都能开餐馆,但是把餐馆开好开久还是有相当难度的。

李光斗:非常高兴今天很多问题,贾总都非常坦诚地给大家做了沟通,您描绘一下西贝的未来。

贾国龙:我觉得西贝就是开饭馆的嘛,把饭馆开好,把菜做好,我们的核心价值观就是"用我们的好产品幸福顾客,一切为了顾客",其实就是美食给顾客提供价值,用美食和顾客沟通,把这件事做好就够了,因为人嘛,吃好喝好,这就是幸福的基础,不能说全部,只能说吃好喝好是人的幸福基础。

后记

贾国龙是一个非常真诚的企业家,也是一个非常有追求的企业家。他的西贝从无到有,从零到大,一点一点把一开始几张桌子的小店开遍了全中国。当然大有大的麻烦,贾国龙和所有的企业家一样,也遇到过各种各样的问题,也遇到过各种各样的舆情危机,他有这样一句话给我印象很深,他说错了就认,认了就改。

贾国龙从来不掩饰自己的错误,他是一个爱折腾的人,我们看到他也在不断地试错。他在快餐行业踩了很多的坑,但是这都成为未来成长的动力。

对于西贝来说，难能可贵的是不安于仅做一家餐饮店，而是要用工业化的思维来让中餐能够走向全世界。我们希望中国越来越多这样的真诚有追求、有思想而且勇于实践的企业家，尤其是在互联网的"下半场"，良好地和年轻的消费者沟通，让我们的品牌永远保持活力。

SECTION 4 第四节

李光斗对话小咖主景建华：世界咖啡品牌的中国新赛道

茶叶原产于中国，而不生长茶树的英国却打造出赚全世界钱的立顿茶品牌；咖啡原产于非洲，美国的雀巢、星巴克却是全球最具竞争力的咖啡品牌。可见在全球大市场上，原产地品牌不一定卖得过流通品牌，好品牌应该是卖出来的。

李光斗在中非咖啡产业合作论坛发表主题演讲

2023年3月20日，李光斗受邀出席中非咖啡产业合作论坛，在演讲中表示，中国是新消费品牌快速成长之地，品牌是农产品产业化的最重要推手。中国作为全球咖啡消费增速最快的国家，未来随着消费者对价格的敏感性降低，会更多地关注咖啡产地、咖啡豆品种和品牌背后的故事，使得咖啡不只是饮品，还要带有文化社交属性和生活方式。

李光斗对话小咖主品牌创始人景建华（右）

而在中非经贸深度合作先行区落户湖南的背景下，主打非洲直采咖啡豆的咖啡连锁品牌"小咖主"如何能充分把握住中非合作的历史机遇，打造出一个世界性的中国咖啡品牌？为此，李光斗在论坛期间走进小咖主创造营调研，并深度对话在咖啡行业深耕二十余年的品牌创始人景建华，探讨当非洲的直采咖啡遇上中国的网红城市，会产生怎样奇妙的化学反应？

李光斗：最近网友有一个话题说他们不愿意去喝星巴克咖啡了，你怎么看？

景建华：这个问题说明我们的消费者越来越理性了，从早期喝咖啡是为标榜身份、情怀、趣味的标签，逐渐过渡到咖啡就是一种生活方式，就需要一杯好喝、很纯正的咖啡而已，越来越单纯，越来越简单。

李光斗：咖啡其实是一种口味文化，好咖啡的标准是什么？

景建华：早期速溶咖啡就是好咖啡，第一波是以速溶咖啡为代表，第二波是以星巴克的现磨咖啡为代表，第三波是精品咖啡时代，强调品质和口感，讲究花香、果酸、调性、产区以及微气候赋予它的一种无穷的魅力。

李光斗：长沙诞生了很多消费品的升级品牌、网红品牌，产生了聚集效应，你认为在长沙我们的消费品品牌有什么样的优势？

景建华：首先，长沙具备湖南人的一种精神，敢为人先，敢去做别人不敢做的事情，敢于冒险，这非常难得，在这种精神之下，大家更多的愿意去创造、去创新。所以我们在长沙看到了很多网红美食、餐饮等。我觉得这种城市和文化赋予了我们这些品牌一些千载难逢的机遇。

其次就是政府将长沙打造成一个网红城市过程当中所做的对外的宣传。国庆或者是重大节假日的时候，长沙人山人海，"半个中国的人都在长沙"。而且长沙是一个娱乐之都，更能够形成全国的品牌效应。

小咖主主打非洲直采咖啡豆

李光斗：很多业内人士说，其实咖啡的创业面临非常大的竞争压力，前有星巴克后有瑞幸，如果我们用非洲的直采好咖啡，卖五块钱到十块钱，自信在哪里？这个是一杯咖啡，还是称之为咖啡的奶茶而已？

景建华：当别人认为中国咖啡市场竞争白热化，甚至是非常激烈的时候，我却认为中国的咖啡市场才刚刚开始。为什么这么讲呢？中国目前有14亿多人口，有10亿人没有喝过咖啡，在4亿人当中，真正喝咖啡的人群只有1亿，还有3亿只是偶尔喝一喝。

从国际上来讲，我们知道在欧美等发达国家，年人均饮咖啡600杯到800杯，芬兰是1100杯，德国是400杯，日本、韩国是240杯。我们最新从灼识咨询看到的数据显示，中国目前的咖啡年人均饮量只有11杯，这是个巨大的赛道，我认为咖啡才刚刚开始。

李光斗：那再回到原点，就是作为非洲咖啡，它的赛道在哪里？

景建华：非洲是全世界公认的咖啡发源地，得天独厚的气候、海拔孕育了高品质的咖啡，有浓郁的花香、水果的果酸以及醇厚的口感，这就是众多懂咖啡、喜欢咖啡的人梦寐以求的追求。

还有一个重要的点是什么呢？就是价格。到底多少钱才是消费者能够接受的价格？这里要谈到咖啡的三个特点：刚需、高频、成瘾性。当消费者越来越理性的时候，追求的是一种极致的、产品本身的性价比，不再关注别的东西，就是咖啡本身要很好。

我想聊一个话题，就是我之前看到一个数据，在美国一杯美式、一杯拿铁是3美元左右，中国差不多也是按照这个价格甚至更高。但这里有一个现实就是根据国家统计局显示的数据，2021年中国年人均可支配收入是35128元，也就是说一个月不到3000元，当一个月不到3000元，我们要花30元买咖啡的时候，我觉得是巨大的压力。假如欧美国家人均一个月3000欧元、3000美元的支出，那么3欧元、3美元对他们而言是1‰而已。当我们的咖啡好喝不贵,真正把价格压下来,让消费者没有压力地喝一杯咖啡的时候,咖啡才能真正成为我们的一种生活方式。

李光斗:瑞幸把咖啡的价格打下来因为它有上万家的门店,你想成为价格杀手,那你的底气何来?

乌干达驻华大使奥利弗·沃内卡在
中非咖啡产业合作论坛致辞

景建华:有三个重点。第一,中非经贸博览会落户在湖南长沙,这是国家的一个战略和平台。第二,依托湖南自贸区和中非经贸的平台,我们可以和非洲直接面对面地沟通和交流。第三,在去年我还只有十家店的时候,我就已经建立了咖啡的烘焙工厂,星巴克也是在三年前才建了昆山的第一家工厂,包括瑞幸也是在去年才建立了新的工厂。我们其实还没有布局扩张的时候就已经建立了工厂,中国有句古话,兵马未动,粮草先行。

今年是我做咖啡的第24个年头,在过去的20多年当中我一直在耕耘,从人才的储备,包括供应链、设备及售后方面,从后端转向前端，过去这么多年对咖啡的理解以及沉淀，我相信这可能是我们最大的自信。现在我们看到中国的咖啡市场确实很繁荣，也吸引了更多的人入局和更多的资本加持，但是大部分从事咖啡行业可能只有三个月甚至半年一年的时间。对我而言，我是本着一个信条，就是一生只做一件事，一生做好一件事的目标去做的。

过去的24年是开篇，现在我们才认为时间到了，让我们来尝试着做一件有意义、有价值的事情。我是一名咖啡师出身，那我保证首先我的咖啡一定要做得好喝。我也做过咖啡的参赛选手，做过大赛的评委，我知道怎么样做好一杯咖啡。同时我也去非洲考察过、交流过、学习过，我知道怎么把非洲的好的咖啡豆引进中国。我们也知道怎么样依托自贸区的平台，依托湖南整个的优势政策，帮助我们进行品牌赋能。我相信把几个环节都做好的时候，小咖主一定是一个稳健的、持续发展的品牌。我们不知道100年是多久，但是我们知道当下每一时每一刻把咖啡做好，让咖啡成为一种生活方式，用一辈子的行动去践行它，去落实它，至死不渝。

香郁醇厚的小咖主咖啡

李光斗：未来你的定价策略是一直坚持平民的定价，还是也有高端化品牌的追求？

景建华：在中国来讲，我们需要一个国民的咖啡品牌，那价格一定是基于这个产品当下的一个非常重要的考量，同时未来我们也会考虑推出精选的咖啡品牌以及咖啡豆。我们的产品有个三七法则，70%的产品是经典产品，还有30%的特选。但是目前中国处在一个咖啡市场刚刚启蒙的过程当中，我觉得更多的还是会考虑为广大人民提供一杯好喝不贵的咖啡。

李光斗：年轻人都喜欢尝鲜，餐饮店的特点是一阵风过去之后消费者又去追逐新的潮流了，你有什么独门暗器让消费者真正成为你的铁粉？

景建华：咖啡这门生意它跟别的生意还有所不同，在今天全中国任何一个地方都能看到咖啡馆琳琅满目，大家不断追求产品创新，这个其实我认为大可不必。为什么大可不必呢？你会发现，在全世界任何一个地方卖得最好的还是那杯卡布奇诺，还是那杯拿铁，好咖啡永远是有国际标准的。但我们现在确实看到很多破坏性的创新，咖啡里面加桂子油、加辣椒、加山核桃油等，这种可以在短时间内获得大家的关注，但是回到原点，一杯好喝的咖啡，一定要回到老老实实做好咖啡当中。一杯稳定而且始终如一的有品质的咖啡，这是我们的基石。我们在创业的时候，希望将咖啡原有的元素和中国文化、湖南以及长沙的特色有机融合，而不是破坏性的创新，破坏性的创新小咖主一定不会去做。

李光斗：小咖主怎么样能用一种世界的语言讲好故事？

景建华：我的故事是从一匹斑马开始的。在2018年的时候，当时有机会在湖南省政府的主导下去非洲交流、考察和学习。当我到咖啡农家里走访的时候，一些画面让我非常触动，一路上我看到很多很多的草棚，最开始以为是装咖啡豆的仓库。中途下车我就走进一个草棚，一位年轻的母亲出来和我们打招呼，还有一个穿着斑马条纹衫的男孩趴在门口，很好奇地看着我，在那一刹那我愣住了，泪流满面。做了二十年的咖啡，来到咖啡发源地才发现，在整个咖啡产业链的底端，他们的生活竟然是如此不堪，眼泪唰唰地往下流。

我希望未来能通过我的努力，以及通过大家所有人的努力，能够借助中国快速增长的咖啡市场，让更多的中国人能够采购非洲咖啡，买非洲咖啡。最后在创立品牌的时候，我一直在想用什么Logo来代表我的理念？那个穿着斑马条纹衫的男孩的眼神，明亮的眼睛看着我，那个眼神时时刻刻提醒着我的初心，所以最后我们选择了斑马。

黑代表着什么？就是咖啡，白代表的就是牛奶，咖啡和牛奶的融合，寓意着和谐共生的中非友谊，在这种互惠互利的过程当中，孕育出一个咖啡品牌走向全国。只要有消费者的地方，就应该有喝咖啡的人的存在，有喝咖啡的人存在的地方，就应该有小咖主的存在。我希望能够从长沙这样一个网红城市走出湖南，走向全国，成为一个全国性的品牌。

去年我们已经将门店开到了整个长沙最火的国金街，有两家旗舰店，同时将我们的门店开到了南昌和广东的茂名，也开到了江浙沪的一些区域，最重要的是我们去年把门店开到了上海的迪士尼，这个其实就代表着我们本身是希望发源于长沙，起步于湖南，立足于上海，走向全国。

李光斗：咖啡赛道的人很多，很多人是讲商业模式的故事，我还是第一次听到有追求的创业者讲咖啡本身的故事。

景建华：在中国确实目前我们看到咖啡业每年20%～25%的增速，成为餐饮行业乃至所有行业当中增速最快的一个板块，从这个角度来讲咖啡确实是一个好生意。但是短短两三年，你发现很多品牌销声匿迹了，同时还有更多的人参与进来，这样一波一波的浪潮，是资本需要咖啡，还是咖啡需要资本？大部分人认为资本需要咖啡，咖啡仅仅是一个媒介，所以参与进来对资本而言是个生意，是一个投机的生意，很少有人会考虑10年、20年甚至是30年的事情。我们今天思考的问题是，10年之后那些跟我一起做咖啡的人，他们还在吗？15年、20年、30年之后，那些做咖啡的人他们还在吗？

还有一点，做咖啡看似一个简单的生意，买台咖啡机，买上咖啡豆，找个老师教教，会拉个花就能做好一杯咖啡，其实不然，看上去入门门槛很低，但是要做精做透必须躬身入局，要细心去研磨，要细心去打造。单纯有商业模式是不够的，单纯有供应链也是不够的，需要有好的产品、好的供应链、资本的加持、文化的赋能、天时地利人和，再加上创始人以及团队的恒心和毅力以及信仰，才有可能成为一个品牌。

李光斗：你觉得目前中国咖啡这个赛道是不是太拥挤了？

景建华：一点都不拥挤。我们看到很多品牌可能一夜之间开了很多店，要开300家、500家、1000家店，这个其实不是一件特别难的事情，只要广告、宣传的费用足够，做好招商加盟其实不难，我相信对我也不难。但是这些是花钱能解决的问题，哪些东西是花钱都解决不了的问题呢？是团队对咖啡本身的理解和认知，持久的供应链，以及对咖啡行业的经营钻研和琢磨，甚至把它当成一种学术去探讨。这些东西其实在资本市场，在我们大部分的消费者当中是看不到的。大家关注的是在大海中那块冰山上面能够看到的东西，其实冰下面的东西，或者一棵树的树根才是关键。20多年来我们一直在琢磨怎么把这个树根扎深、扎牢、扎透。

李光斗：其实你的竞争对手很多时候不是做的真正的咖啡。

景建华：我们有一个企业文化叫"做自己，做最好的自己"。小咖主一定不会去随波逐流，也不会去因为竞争对手开发了什么新东西而去莫名地追随。我觉得我们今天要做的事情其实是要把事情做得很简单，当潮水退去的时候，当消费者懂得喝咖啡的时候，你会发现他还是最喜欢就像妈妈做的那份米饭，我们长沙的一份辣椒炒肉，就是我们日常生活当中的那种烟火气。咖啡不需要太多的绚烂，不需要太多的盲目追随，老老实实做好这杯咖啡，小咖主还是要坚持产品主义，产品为王。

李光斗：小咖主的标志coffee Z，这个"Z"有什么样的品牌寓意？

景建华：它有三层意思，第一，咖啡"Z"就是咖啡主的意思，就是咖啡的主人，告诉每一个消费者做咖啡的主人，知道咖啡的好与不好。第二，它也是英文单词"Zebra"的第一个字母，就是斑马的意思。第三，做一个斑马企业，我们要做一个持续增长、持续盈利的企业，同时还要承担一些社会责任，我们的标志也能把这些寓意融合在一起，这就是coffee Z的意思，做最好的自己，做最好的咖啡。

李光斗：咖啡的品牌也需要差异化，小咖主最大的优势是供应链优势。我给小咖主提供一个差异化的思路，那就是"世界原产地咖啡"，这样可以让小咖主迅速脱颖而出。

景建华：谢谢李老师。这个定位非常棒，而且可以成为品牌的广告语——"小咖主：世界原产地咖啡"。